KB275384

절반으로
줄이는
상속·증여
절세법

절반으로 줄이는 상속·증여 절세법

초판 1쇄 인쇄 2011년 11월 10일
초판 2쇄 발행 2014년　5월 19일

지은이 | 신방수
펴낸이 | 김경수
기획편집 | 박향미 · 배은경
마케팅 | 김형열
제작 | 팩컴 AAP(주)
펴낸곳 | 팩컴북스
출판등록 | 2008년 5월 19일 제 381-2005-000074호
주소 | 463-867 경기도 성남시 분당구 정자동 159-4 젤존타워2차 8층
전화 | 031-726-3666
팩스 | 031-711-3653
이메일 | pacombooks@gopacom.com

값 | 15,000원
ISBN 978-89-97032-03-7 13320

* 이 책은 팩컴코리아(주)가 저작권자와의 계약에 따라 발행한 것이므로 본사의 서면 허락 없이는 어떠한 형
　태나 수단으로도 책의 내용을 이용하지 못합니다.
* 잘못된 책은 구입하신 서점에서 바꾸어 드립니다.
* 팩컴북스는 팩컴코리아(주)의 출판 브랜드입니다.

* 이 도서의 국립중앙도서관 출판시도서목록(CIP)은 e-CIP 홈페이지(http://www.nl.go.kr/ecip)에서 이용하
　실 수 있습니다.(CIP 제어번호 : CIP2011004271)

절반으로 줄이는

상속·증여 절세법

신방수 지음

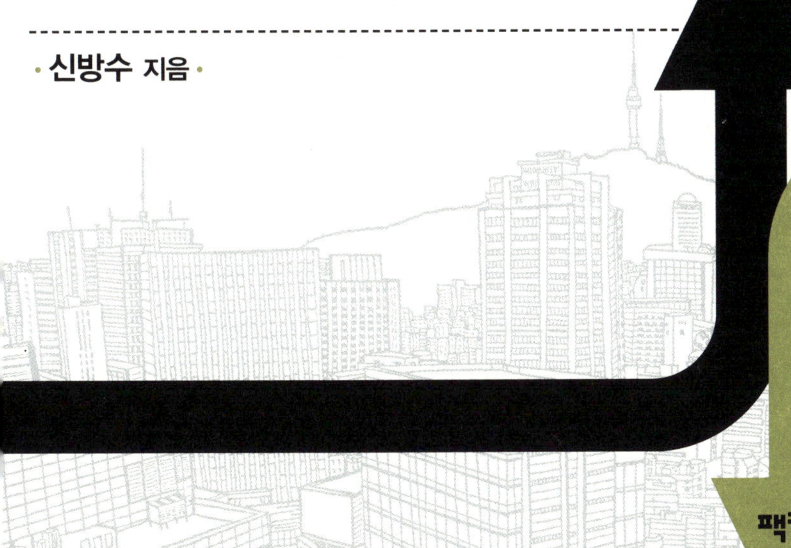

팩컴북스

| 머리말 |

상속·증여 절세 전략으로
재산을 지켜라!

이 세상에 태어나 피할 수 없는 것이 있다면 그것은 아마 죽음과 세금이 아닐까 싶다. 그런데 상속은 이 두 가지가 동시에 발생하는 사건이다. 상속으로 이전되는 재산에 대해 국가가 상속세를 부과하고 있기 때문이다. 하지만 상속세는 재산이 어느 정도 있어야 나온다. 그러다 보니 상속세를 걱정하는 사람들을 꼽아보면 상당히 부를 축적한 이들이다. 이와는 달리 생전에 재산이 무상으로 이전되는 증여의 경우에는 부유층이 아니더라도 세금을 내야 하는 경우가 종종 있다. 부동산이나 금융자산의 이전을 통해 누군가가 이익을 보는 일이 발생하면 증여가 성립되기 때문이다.

그런데 실제 현실에서 상속 및 증여가 발생하면 이에 대한 세금 문제를 따지는 것이 상당히 까다롭다. 가족 간에 은밀하게 일어나는 상속이나 증여를 방지하기 위한 장치들이 도처에 마련되어 있기 때문이다. 요즘 재계에서 화두가 되고 있는 기업의 일감몰아주기에 대한 증여세 과세도 그와 같은 행위를 통해 부의 이전이 발생했기 때문이다.

이러한 규정들 때문에 재산가 집안은 아예 세금을 내지 않기 위해 땅 속에 금괴를 묻어두거나 장롱 속에 미술품 등을 숨겨두기도 한다. 또 차명으로 자금을 분산시키기도 한다. 하지만 이렇게 불법행위를 저지른 상태에서는 두 발 뻗고 잠자기가 어디 쉽겠는가! 또 은닉재산이 발견되면 많은 세금을 내야 하는데 차라리 세금을 내고 마는 게 좋지 않을까?

이 책은 이러한 배경에, 대한민국 땅에서 발생하고 있는 상속과 증여에 대한 모든 세금 문제를 쉽게 해결하기 위해 태어났다. 종전처럼 주먹구구식 관리가 아닌 체계적인 절세 전략이 필요한 시대적인 소명도 작용했다. 이 책의 특징을 요약하면 다음과 같다.

첫째, 일상에서 겪게 되는 상속과 증여와 관련된 모든 세금 문제를 다루었다. 상속과 증여의 기본 개념부터 시작하여 일상생활에서 발생하는 상속 및 증여와 관련된 세금 문제, 상속이나 증여하는 과정에서 일어나기 쉬운 탈세 사례와 세무조사, 그리고 상속이나 증여받은 재산을 양도할 때 일어나는 양도소득세 문제까지도 다루었다. 그 밖에 상속이나 증여 과정에서 발생하기 쉬운 재산 분쟁에 대한 내용도 추가하였다.

둘째, 실수하기 쉽거나 놓치기 쉬운 주제, 꼭 알아야 되는 핵심 주제들을 선별하였다. 상속과 증여에 관련된 세금 문제는 생각보다 범위가 상당히 넓다. 그래서 한정된 지면에 정보를 담으려면 주제를 선별할 수밖에 없다. 실수하기 쉬운 가족 간 거래나 상속 및 증여 재산의 재산평가 방법,

배우자 상속 공제 제도의 적용법 등은 물론 부동산이나 금융자산 등에 대한 맞춤별 절세 방안과 가업승계 시 세금 활용법 등 개인이나 기업들이 꼭 알아야 하는 내용들을 다루었다.

이외에도 최근에 도입된 해외 금융계좌 신고 제도나 차명자산을 다루는 법, 차용증을 만드는 방법 등 실무적으로 쟁점이 되는 내용들도 다루었다.

셋째, 스스로 상속세와 증여세 절세 전략을 세울 수 있도록 다양한 사례를 들었다. 상속세와 증여세는 서로 보완적인 관계에 있는 세금이다. 따라서 사전 상속을 하면 상속세가 줄어들게 되지만, 이를 방치하면 조세를 회피하는 결과가 발생하므로 10년 합산과세를 하고 있다. 따라서 사전 상속 시점을 잘 선택하는 것이 상당히 중요하다. 독자 스스로가 합법적인 절세 전략을 세울 수 있도록 다양한 사례들을 실었다.

초보자뿐만 아니라 좀 더 체계화된 세금 지식을 요구하는 독자들을 위해 알기 쉽고 재미나게 책을 썼다. 책에 등장하는 인물인 이알뜰과 강꼼꼼, 그리고 왕빛나 세무사가 전하는 메시지만을 확인하더라도 상속과 증여 등에 대한 기본원리 및 고급 정보를 자연스럽게 획득할 수 있을 것이다. 그리고 그 정보를 바탕으로 고객 발굴이나 상담 등을 위해 요긴하게 사용할 수 있을 것이다. 언제라도 꺼내보아도 그 가치가 손상되지 않을 것이며, 주위의 친지나 고객들에게 선물용으로도 손색이 없을 것으로 확신한다.

아무쪼록 이 책 한 권이 독자 여러분의 앞날에 많은 기여를 했으면 한다. 다만, 세법 개정이나 과세관청 해석 등에 따라 책의 내용이 바뀔 수 있

으므로 실무에 적용할 때에는 필자의 이메일 등을 통해 최신의 정보를 확
인하기 바란다.

마지막으로 이 책이 세상에 나오기까지 팩컴북스의 도움이 컸다. 세심
한 배려에 거듭 감사의 말씀을 전한다. 그리고 아빠와 대화를 시작하고
있는 초등학교 다니는 두 딸 하영이와 주영이, 그리고 모든 일에 열성적
인 아내 배순자에게 이 자리를 빌려 감사의 말을 전하고 싶다.

2014년 5월
신방수 세무사

Contents

눈으로 우물 메워 봤자

상속·증여세 탈세와 세무조사

매사는 불여튼튼

무엇이든 물어보세요

알아야 면장질하지!

상속·증여 기본 알기

가족 간
주택 거래에
증여세가 붙는 이유

“꼼꼼아, 오랜만이다. 그동안 별일 없었지?”

강탄탄 사장이 동생 강꼼꼼에게 오랜만에 전화했다. 강 사장은 현재 중소기업을 10년째 운영하고 있고 동생은 은행에서 자산관리 팀장을 맡고 있다.

“형, 요즘 사업은 어때?”

“사업이야 그럭저럭 잘되고 있어. 그런데 어제 세무서에서 안내문이 왔더구나.”

꼼꼼은 그 말을 듣는 순간, ‘무슨 일이 터졌구나.’ 하고 생각했다.

“무슨 일인데?”

“2년 전에 내가 아버지께 판 주택이 문제가 되었나 봐. 그 거래에 대한 자금 흐름을 입증하래.”

“담당 세무사가 있잖아.”

"그런데 이런 문제까지 상의하는 건 좀 그래. 그래서 네가 내막을 조금 알 것 같아서 이렇게 전화했지."

"형, 일단 그 안내문을 팩스로 보내 줘. 한번 검토해 볼 테니."

잠시 후 꼼꼼은 안내문을 자세히 살펴보았다. 안내문에는 형과 아버지 사이의 주택 매매에 대해 자금 흐름이 입증되지 않거나 소명을 하지 않으면 증여로 본다는 내용이 들어 있었다.

순간 꼼꼼의 얼굴이 붉으락푸르락했다. 왜냐하면 그 주택 거래가 사실은 가짜 매매 거래였기 때문이었다. 문제는 강꼼꼼 자신이 중간에 끼어서 이 거래를 알선했는데, 설마 무슨 문제가 발생할까 싶어 아버지한테 소유권을 이전해 두라고 했던 것이다.

그렇게 하루 일과를 마치고 꼼꼼은 집으로 돌아왔다. 마침 아내인 이알뜰도 퇴근해 집에 있었다. 알뜰은 건실한 보험회사에서 FC(Financial Consultant, 재정 설계사)로 근무하고 있다. 보험 일이 힘들기는 했지만 그녀는 하루하루 최선을 다하는 당찬 여성이었다.

"알뜰 씨, 이걸 봐."

"뭔데? 아, 이건……."

알뜰은 더 이상 말을 잇지 못했다. 알뜰의 표정으로 봐서도 예사로운 일은 아닌 듯 보였다.

"내일이라도 당장 담당 세무사한테 연락해서 잘 해결하시라고 해. 이건 세무 현안에 밝은 사람이 해결할 문제야."

그렇게 해서 강탄탄 사장과 회사의 담당 세무사가 마주하게 됐다.

"사장님, 그때 왜 그러셨어요?"

"그렇게 하면 세금을 아낄 수 있다고 해서요."

한숨을 쉰 후, 강탄탄 사장이 자초지종을 전하기 시작했다.

"그 당시에 일시적으로 2주택 소유자가 되었습니다. 그런데 양도소득세 비과세에 해당되려면 기존 주택을 새로운 주택을 산 날로부터 2년(현재는 3년으로 연장되었음) 안에 처분해야 했습니다. 그런데 기존 주택이 안 팔리는 겁니다. 그래서 하는 수 없이 매매 형식을 취했습니다."

"가족 간에 매매를 하면 세법에서는 증여로 추정한다는 얘기를 못 들으셨나 보군요."

"아, 네……."

"사장님, 매매 대금을 주고받은 것을 입증하지 못하면 증여에 해당돼 매매가 취소되고 그에 따라 증여세가 나옵니다."

"하지만 제 상식으로는 이게 왜 증여가 되는지 모르겠습니다. 다른 사람들은 가족끼리 잘도 주고받던데요."

"그럴 수 있습니다. 하지만 세법은 가족 같은 특수 관계자끼리 거래를 통해 세금을 줄이는 것을 용납하지 않습니다. 사장님의 경우가 대표적인 경우죠."

"그렇다면 달리 특별한 방법이라도 있을까요?"

"일단 자금출처를 입증할 만한 자료가 있는지 찾아봅시다."

그러나 두 사람의 노력에도 불구하고 세무서의 과세 논리를 반박하기란 상당히 힘들어 보였다.

금융회사 FC도 세금 모르면 말짱 꽝이다

"아니, 자산을 관리하신다는 분이 말씀하시는 것이 어째 신통치 않네요."

알뜰은 어제 만난 고객으로부터 들은 핀잔을 곱씹고 있었다. 그럴수록 한쪽에서는 일에 대한 회의감으로, 다른 쪽에서는 이 상황을 어떻게 돌파해야 할지 마음이 복잡해졌다.

알뜰이 생각에 잠겨 있는데 팀장인 판매왕이 다가왔다. 판매왕은 보험업계에서 실적이 선두 그룹에 속할 만큼 실력 있는 팀장이었다.

"알뜰 씨, 뭘 그렇게 골똘히 생각하고 있어요?"

"아, 아니에요."

"그러지 말고 솔직히 말해 봐요."

"다름이 아니라 어제 만난 고객이 제게 하소연을 하더라고요. 재산을 누구에게 줘야 하는지, 또 세금 대책은 어떻게 세워야 하는지. 그분은 평생 피땀 흘려 일구어낸 재산을 자식에게 물려주는데 왜 상속세를 내야 하는지 납득하지 못하더군요. 그래선지 불만을 마구 터뜨렸어요. 상속세가 폐지되거나 세율이 인하되지는 않는지 질문도 여러 번 하셨고요.”

“그분은 재산이 많은가 보죠?”

“살고 있는 집에다 5층짜리 상가도 있나 봐요. 기준 시가로 평가해도 족히 수십억은 되어 보이던데요.”

“그러니 고충이 많겠죠. 이알뜰 씨는 어떻게 대응했나요?”

“딱히 변변한 답변은 못 드리고 위로의 말만 하고 왔습니다. 조금만 기다려 보시면 세율이 인하될 것이라고 말이죠.”

“이알뜰 씨, 이번 기회에 그 고객의 어려움을 한번 해결해 보면 어떨까요?”

“제가 어떻게…….”

“생각해 보세요. 고객의 어려움을 해결해 주면, 고객 입장에서는 가려운 곳을 긁어 주는 셈이니 얼마나 고맙겠어요? 덩달아 실적도 올라가고요. 무엇보다 이런 기회를 통해 실력을 더욱 키울 수 있으니 좋죠.”

알뜰은 판매왕의 말이 가슴에 쏙 들어왔다. 그래서 무슨 수를 써서라도 꼭 그렇게 되었으면 좋겠다고 생각했다.

“팀장님의 말씀에 백 퍼센트 동의합니다. 하지만 저 혼자 해결하기에는 여러모로 힘에 부칠 것 같아요. 팀장님 같은 분들의 도움이 절실히 필요합니다. 팀장님, 도와주실 거죠?”

“물론입니다. 하지만 마무리는 알뜰 씨가 알아서 하는 겁니다. 스스로 공부하고 직접 몸으로 부닥쳐 일을 해결해야 진짜 본인의 실력이 되겠죠. 하하.”

알뜰은 판매왕과 대화하면서 생각했던 점들을 당장 실천하기로 마음먹었다. 실천하지 않으면 아무것도 이룰 수 없다는 사실을 누구보다도 잘 알고 있었다.

알뜰은 먼저 왕빛나 세무사부터 찾아갔다. 그는 얼마 전 인사를 나눈 사이로 세무 컨설턴트로서 명성이 자자했다. 재산가들의 고민은 주로 상속세나 증여세에 관한 것이었다. 그러니 이를 체계적으로 파악하려면 그에게 도움을 청하는 것이 빠를 듯했다.

"하시는 일은 잘되죠?"

왕 세무사가 먼저 말문을 열었다.

"네. 그런데 요즘 경기가 좋지 않아서인지 예전보단 힘이 드네요. 물론 잘하는 사람들은 상황에 관계없이 꾸준히 실적을 올리는 것 같습니다만."

"그렇군요. 이알뜰 씨도 빨리 궤도에 올라서야 할 텐데요."

"그래서 오늘 이렇게 찾아왔어요."

"그래요? 무슨 문제가 있나요?"

알뜰은 이때다 싶어 준비한 말을 꺼냈다.

"상속세와 증여세에 대해 구체적으로 알고 싶습니다. 업무적으로도 매우 유용할 뿐 아니라 살아가면서도 두루두루 도움이 될 것 같아서요."

알뜰은 시아주버니인 강탄탄 사장이 겪은 일, 그리고 자신의 고객들이 겪고 있는 일을 떠올리며 그렇게 말했다.

"아하, 그렇군요. 이알뜰 씨가 상속세와 증여세 지식을 본격적으로 업무에 활용하려고 하는군요. 자산 관리를 하는 분들이 상속세와 증여세를 모르고서 업무를 한다는 건 상당히 문제가 있죠. 일반 대중들은 책이나 인터넷을 통해 여러 가지 정보를 습득하여 저만치 앞서 가는데 그보다 뒤처져서야 말이 안 되죠.”

“맞아요. 사실 저만 해도 상속세와 증여세에 대해서 나름대로 공부했지만 실무적으로 아직도 알쏭달쏭한 것들이 많거든요. 별문제 없어 보이던 것들이 나중에는 문제가 되기도 했고요. 그러다 보니 상담이 제대로 이루어지지 못할 때가 많습니다. 제 어설픈 상담으로 고객이 재산상 손실을 입을 수도 있다는 생각에 항상 긴장하고 있습니다.”

“이해가 갑니다. 상속세와 증여세가 어렵다고 느끼는 분들은 대충 공부했거나 단편적인 세무 정보 하나만 가지고 업무에 적용해서 그럴 겁니다. 그건 실력이 아닌데 말입니다.”

“꼭 저를 두고 하시는 말씀 같네요. 세무사님, 도와주실 거죠?”

“네. 마침 저도 상속세와 증여세에 대해 연구를 진행하고 있으니 틈나는 대로 도와드리겠습니다. 일단 기본기를 익힌 다음 실제 사례가 나올 때마다 해결책을 찾아봅시다. 그러다 보면 어느 날 전문가 못지 않게 될 겁니다.”

“정말 고맙습니다. 세무사님.”

알뜰은 이번 과정이 자신의 운명을 바꿀 수도 있다고 생각했다.

상속세와 증여세는 부자들만의 문제가 아니다

"상속과 증여는 부자에게만 해당된다고 생각해서인지 사람들은 대개 상속과 증여에 대해 별 신경을 쓰지 않는 것 같아요. 그러다가 막상 자신에게 그런 문제들이 닥치면 허둥대기 일쑤죠."

알뜰은 말을 이어 나갔다.

"일리가 있습니다만, 평범한 가정에서도 상속과 증여 문제에서는 결코 벗어날 수가 없습니다. 경제가 발달하고 사회가 복잡해지면서 가족 간에도 자산 거래가 상당히 많아졌어요. 당연히 세금 문제도 엄청 늘어났죠. 제대로 알지 못해서 소중한 자산을 세금으로 바치는 일이 종종 벌어지고 있습니다."

"정신 바짝 차려야겠군요. 세무사님, 우리 주위에서 흔하게 볼 수 있는 사례 몇 가지만 소개해 주시겠어요?"

"좋습니다."

왕 세무사는 일반인들이 상속과 증여를 몰라서 손해 본 사례들을 차례대로 소개했다.

"첫 번째 사례입니다. 인천에 살고 있는 신절망 씨라는 분이 있는데, 최근 황당한 경험을 했답니다. 이분이 시골에 있는 토지를 자녀에게 증여하고 취득세 등을 모두 납부했는데 얼마 뒤 세무서로부터 증여세로 2,000만 원에 가까운 돈을 내라는 연락을 받았다지 뭡니까? 증여세가 있는 줄 몰랐던 모양입니다. 그런데 이 과정에서 아쉬운 것은 등기를 도와주던 사람들이 세금 문제를 전혀 언급하지 않았다는 점입니다. 등기만 하면 모든 일이 끝나는 줄 알았던 모양입니다."

"어휴, 세무사님, 이런 일들이 아직도 발생하고 있군요. 증여세를 신고하지 않으면 가산세도 만만치 않을 텐데요."

"그렇죠. 실제 이런 사례들이 아주 많아요."

"역시 내 재산은 내가 지켜야 한다는 점을 여기서도 알 수 있네요."

"맞습니다. 이제 다음 사례를 보죠. 경기도 화성시에 살고 있는 어떤 분이 자녀에게 땅을 증여했습니다. 이렇게 증여가 된 땅은 수증자(증여를 받은 사람)의 소유물이 되었으므로 수증자가 마음대로 처분할 수 있습니다. 그런데 평소 자녀의 씀씀이가 헤프다는 걸 안 아버지가 증여를 후회해 이 땅을 도로 찾아왔습니다. 증여의 경우 취소할 수 있거든요. 소유권을 찾아와서 다행이라고 생각하고 있는데 난데없이 세무서로부터 증여세를 내라는 통보를 받았다고 합니다."

"세무사님, 당초 분은 증여세가 나오더라도 반환받은 부분은 증여세가 없지 않나요?"

"아닙니다. 세법은 신고 기한 경과 후 6개월이 지난 경우에는 반환분에도 세금을 부과합니다.”

“그래서 그분은 세금을 이중으로 냈겠군요.”

“그렇죠. 재산을 이전할 때에는 예기치 않은 세금까지 따라다닐 수 있으므로 항상 주의해야 합니다. 이제 마지막 사례를 들어보죠. 천안에 살고 있는 김나라 씨의 경우입니다. 김 씨는 새 주택을 사면서 기존 주택을 2년(현재는 3년) 이내에 양도하려 했어요. 당시에는 2년 이내에 양도하면 양도소득세를 비과세 받았거든요. 그런데 기존 주택이 팔리지 않자 비과세 처분 기한 이내에 아버지에게 그 주택을 파는 형식으로 소유권을 이전했습니다. 양도소득세는 내지 않았죠. 그런데 나중에 문제가 터졌어요. 관할 세무서에서 직계존비속 간의 매매에 대해서는 일단 증여로 추정한다는 사실을 깜빡했던 겁니다. 이 제도의 취지는 거래 당사자가 유상으로 대가가 오갔다는 걸 입증하지 못하면 증여세를 부과하는 데 있습니다. 김 씨의 경우 실제 돈이 오가지 않아 매매임을 입증하지 못했습니다. 그 결과 아버지에게 증여세가 부과되었죠.”

“이런 사례들이 종종 있군요.”

알뜰은 시아주버니의 경우와 유사한 사례를 접하고는 새삼 놀랐다.

“그래요. 이런 사례들이 심심찮게 일어납니다. 이때 증여세는 그렇지 않아도 세율이 높다 보니 가산세를 포함해 수천만 원이 부과될 가능성이 높습니다.”

“세무사님, 상속과 증여는 부잣집 일인 줄로만 알았는데 평범한 집에서도 이런 문제들이 발생하네요.”

“네. 그리고 실무에서는 언급한 사례들 외에도 주의할 것들이 상당히 많습니다. 한 가지 더 예를 들겠습니다. 상속받은 부동산을 팔 때 양도소득세가 많이 나오는 경우들이 있습니다. 이는 요즘 양도소득세는 모두 시가로 신고하는데 상속받은 부동산의 취득 가액이 기준 시가로 되어 있기 때문입니다. 취득 가액이 기준 시가로 되어 있는 것은 상속세 신고를 대충했거나 아니면 아예 하지 않아서 그렇습니다. 그렇지만 미리 관심을 기울였다면 자신에게 유리한 쪽으로 행동했을 겁니다."

일상생활과 상속세 · 증여세

일상생활 중에 발생할 수 있는 상속세와 증여세 문제는 다음과 같다.

- 명의를 이전하는 경우
- 가족끼리 거래를 하는 경우
- 가족에게 펀드나 보험 등을 가입해 주는 경우
- 가족에게 전세보증금을 주거나 부동산을 사 주는 경우
- 상속 전에 재산을 은닉하는 경우
- 고가의 미술품이나 골동품을 상속하는 경우
- 회사를 물려주는 경우 등

세파라치 뜬다, 효도로 집 사드렸다 자랑 마라

"우리가 알게 모르게 세금이 부과되는 경우가 많네요. 특히 세금 하면 딱딱하고 어렵다고만 생각하는 사람들이 많은데요. 이대로 무방비로 있다가는 또 다른 문제에 직면하겠다는 생각이 듭니다."

알뜰은 소감을 말했다.

"그럴 가능성이 높습니다. 이런 말이 있죠. '권리 위에 잠자는 자는 보호받지 못한다.' 틈틈이 공부를 하면서 따질 것은 따져야 손해를 보지 않습니다. 사람들이 상속과 증여에 대해 얼마나 개념이 없는지 한 가지 더 말해 볼까요? 들으시면 아주 놀랄 겁니다."

"좋죠. 뭔데요?"

"텔레비전이나 신문 등에서 잘나가는 연예인이나 운동선수들이 큰돈을 벌자마자 부모님께 집을 사드렸다고 하는 말을 종종 하죠."

"예, 많죠."

"자, 그러면 집을 받은 사람들에게 생길 수 있는 문제점들은 무엇일까
요?"

"세무사님, 그건 증여에 해당하잖아요. 그렇게 되면 증여세가 나올 텐
데요."

"맞습니다. 증여세가 부과될 수 있습니다."

"하지만 그들은 그런 행위에 세금이 부과된다는 사실조차도 모르잖아
요."

"그러니 답답하다는 겁니다. 몰랐다고 증여세를 내지 않는 건 아니니
까요."

"세무사님, 만일 그런 상황에 부닥치면 증여 재산을 반환하면 되잖아
요. 도로 줘 버리면 증여로 보지 않을 것 같은데요."

"하하하, 이알뜰 씨. 세상이 그렇게 호락호락할 것 같습니까? 앞에서도
말했지만 세법에서는 이러한 상황을 막기 위해 반환하는 물건에 대해서
도 증여세를 부과하고 있습니다. 그러니 지금부터는 공짜로 이전되는 물
건에는 증여세가 있다고 생각하는 것이 좋겠죠."

"그렇군요. 하여간 재산 행위를 할 때에는 돌다리도 두들겨 보는 심정
으로 조심해야 할 것 같네요."

현실적으로 상속이나 증여 행위는 자주 일어나지 않는다. 상속은 사망
할 때 발생하므로 평생 한 번에 그치며, 증여는 수시로 발생할 수는 있으
나 증여할 자산이 어느 정도 있어야 하기 때문이다. 그러다 보니 대부분
의 가정에서는 상속이나 증여에 대한 지식이 없는 상태에서 이런 일을 겪
게 되고 그때마다 우왕좌왕한다. 하지만 모른다고 대충 지나가면 예기치

않은 손해를 볼 수 있는 것이 바로 상속과 증여다. 따라서 내 가정의 재산은 내가 지킨다는 마음으로 임해야 한다.

그렇다면 앞의 예처럼 부모가 집을 증여받을 경우 세금은 얼마나 낼까? 이를 위해서는 먼저 증여세의 계산 구조부터 이해할 필요가 있다. 증여세는 증여받은 재산에 대해 증여받은 사람이 내는 세금이다. 증여세는 증여받은 자산에서 부채를 차감한 순자산 가액에 증여 공제를 한 후 확정한 과세표준에 10~50%의 세율을 매겨 부과한다.

그런데 증여는 인위적으로 발생하는 데다 다른 사회 구성원들로부터 기회의 균등을 빼앗는 셈이 되므로 공제액을 최소화하고 있다. 예를 들면 배우자는 6억 원이나 성년자는 5,000만 원, 미성년자는 2,000만 원에 불과하다. 그리고 증여 공제를 적용하는 기간은 최종 증여일로부터 소급하여 10년이다. 10년 동안 다음과 같은 금액을 공제받을 수 있다.

구분	공제액	비고
배우자로부터 받은 경우	6억 원	
성년자가 직계존속으로부터 받은 경우	5,000만 원	10년간의 공제 금액
미성년자가 직계존속으로부터 받은 경우	2,000만 원	
기타 친족으로부터 받은 경우	500만 원	

* 2014년 이후 증여 분부터 적용된다(단, 직계존속이 직계비속으로부터 증여를 받으면 종전처럼 3,000만 원이 증여재산공제액이 된다).

예를 들어 배우자로부터 3년 전에 3억 원을 증여받았다면 남아 있는 7년 동안 나머지 3억 원을 추가로 공제받을 수 있다. 이렇게 하면 총 6억 원을 공제받을 수 있다. 물론 10년이 지난 경우에는 새로이 6억 원을 공제받을 수 있다. 이런 원리로 보면 적절한 증여 행위를 통해 재산 분산을 합법적으로 할 수 있어 세금 측면에서도 유리하다.

이제 세금을 계산해 보자.

어떤 연예인이 CF를 찍고 5억 원을 받은 후 그 돈으로 부모에게 집을 사 줬다고 하자. 그 연예인은 증여세의 유무를 생각지 못하고 효도했다는 생각에 마음은 뿌듯할 것이다. 하지만 세법상 이는 명백히 증여에 해당되므로 다음과 같이 세금이 추징된다.

• 증여세 산출 세액＝(5억 원－5,000만 원)×증여세 세율(10~50%)*

＝4억 5,000만 원×20%－1,000만 원(누진 공제)

＝8,000만 원

＊세율 적용법 : 79쪽 참조

그리고 여기에 가산세가 두 가지 더 붙는다. 하나는 신고불성실가산세로서 위 산출 세액의 10~40%이고, 다른 하나는 납부불성실가산세가 위의 금액에 하루 1만 분의 3만큼 부과된다. 이렇게 신고 및 납부를 하지 않음으로써 추징되는 세금은 1억 원을 넘어설 가능성이 높다.

상속 공제를 알면 상속세 걱정은 기우일 뿐이다

"이걸 알면 앞으로 텔레비전에 나와 자랑스럽게 집을 사드렸다 하는 말은 더는 못 하겠군요, 하하."

알뜰이 말했다.

"하하하, 그렇겠죠. 요즘같이 험한 세상에 세(稅)파라치들에게 걸리면 꼼짝없이 당할 수 있으니 잘 새겨들어야겠죠."

"세무사님, 앞에서 살펴본 것처럼 증여의 경우 증여를 하는 사람과 받는 사람 간의 관계에 따라 증여 공제 액수가 달라지잖아요. 그렇다면 상속은 어떤지 모르겠네요."

"상속세는 사망 시점에 발생하는 세금입니다. 그런데 보통 재산이 10억 원 아래면 상속세를 내지 않는다고들 생각하는데 사실은 그렇지 않습니다."

"왜 그렇죠?"

“상속 공제액이 0원에서 500억 원대로 다양하게 구성되어 있기 때문입니다.”

“정말요?”

상속세는 유산에 대해 부과되는 세금이다. 여기서 유산은 적극적 재산인 자산과 소극적 재산인 부채를 말한다. 상속세도 증여세처럼 자산에서 부채를 차감한 순자산에 대해 과세가 된다. 그리고 순자산 가액에서 상속 공제를 차감한 과세표준에 대해 10~50%의 세율을 곱해 계산한다.

일반적으로 상속 공제액은 10억 원 정도를 받을 수 있다. 따라서 이 금액 이하에 해당하는 가정에서 상속이 발생하면 세금은 한푼도 내지 않아도 된다. 이렇게 상속 공제를 적용하는 이유는 유산을 받아 생활하는 상속인들을 배려하기 위해서다.

그런데 상속 공제액은 상황마다 달라지므로 이를 정확히 이해할 필요가 있다. 아래를 보자.

구분	내용
피상속인의 배우자가 생존한 경우	10억 원+α
피상속인의 배우자가 없는 경우	5억 원+α

상속 공제액이 10억 원인 경우는 주로 피상속인(사망자)의 배우자가 생존한 때에 생긴다. 배우자 몫으로 최소한 5억 원까지 공제해 주고 기타 일괄 공제로 5억 원을 다시 해 주기 때문이다. 만일 배우자가 없는 상태에서 상속이 발생하면 최소 5억 원 정도는 공제받을 수 있다.

그런데 상속 공제액이 고무줄처럼 늘어났다 줄어드는 경우가 있다. 늘어나는 것이 상속인에게 이익이 되므로 이를 먼저 살펴보자. 표의 'α'에 해당하는데 여기에는 다음과 같은 공제 항목들이 있다.

- 배우자 상속 공제 : 최고 30억 원까지 가능하다.
- 동거주택 상속 공제 : 최고 5억 원까지 가능하다.
- 금융재산 상속 공제 : 최고 2억 원까지 가능하다.
- 가업(家業) 상속 공제 : 최고 500억 원*까지 가능하다.

* 2013년 세법개정 : 500억 원 한도(35쪽, 218쪽 참조)

배우자 상속 공제는 최하 5억 원에서 30억 원으로 늘어날 수 있고, 10년 이상 동거한 주택을 상속받으면 최고 5억 원을 공제받을 수 있다. 또한 기업을 운영하는 사람이 사망하면 최고 500억 원까지 공제액이 늘어날 수 있다. 이렇게 보면 상속 공제액은 대략적으로 540억 원까지도 받을 수 있다.

그렇다면 상속 공제액이 0원이 되는 경우는 어떤 경우인가?

상속 공제액은 무분별한 공제를 적용하지 않기 위해 다음과 같은 한도를 둔다.

• 상속 공제의 한도액 = 상속세 과세 가액 − ① − ② − ③
① 상속인이 아닌 자에게 유증(遺贈) 등을 한 재산의 가액
② 상속인의 상속 포기로 그 다음 순위의 상속인이 상속받은 재산의 가액
③ 상속세 과세 가액에 가산한 증여 재산 가액(증여 재산 공제액을 차감한 후의 금액)

식이 좀 어렵지만 가만히 살펴보면 상속세 과세 가액에서 세 항목을 차

감한 금액이 한도가 된다. 예를 들어 상속세 과세 가액이 10억 원이나 아버지가 상속을 포기(민법상 적법하게 상속 포기 신청을 해야 함)하여 손자가 10억 원을 상속받으면 한도액이 0원이 된다. 이렇게 되면 10억 원에서 공제되는 금액이 없으므로 세금이 나온다. 따라서 실제 상황에서는 위의 세가지 요소 때문에 상속 공제액이 축소되지 않도록 주의할 필요가 있다.

이상의 내용을 보면 배우자가 있는 경우 순자산 가액이 10억 원 이상이라도 세금이 나오지 않을 가능성이 높다. 그러나 실무적으로는 상속세의 면세점은 10억 원(배우자가 생존한 경우) 또는 5억 원(배우자가 없는 경우)으로 생각하고 자산을 관리해도 무방하다. 참고로 여기서 재산 가액 파악은 시가를 원칙으로 한다.

이제 앞의 내용들을 토대로 상속세와 증여세가 부과되는지 여부를 알아보자.

- K씨가 사망했다. K씨의 배우자가 없다면?

  → 유산 가액이 5억 원을 넘으면 상속세가 나올 수 있다.

- L씨가 사망했다. L씨의 배우자가 있다면?

  → 유산 가액이 10억 원을 넘으면 상속세가 나올 수 있다.

상속세, 폐지해야 할까?

"이런 공제 제도가 있어도 부를 웬만큼 갖춘 사람들은 상속세가 못마땅할 것 같습니다. 노력해서 일구어낸 재산에 세금을 부과하니까요."

알뜰이 왕 세무사를 향해 말했다.

"그렇겠죠. 그 사람들뿐만 아니라 대부분의 사람들이 세금 내는 것은 싫어하죠."

"그렇다면 모두가 싫어하는 세금을 거두는 이유는 뭘까요?"

"일단 세금이라는 제도에는 정책적인 목적이 있을 수밖에 없습니다. 아시다시피 상속세와 증여세는 부의 대물림을 어느 정도 규제하는 기능이 있습니다. 부의 대물림을 마냥 허용하면 이 나라의 재산은 부자들이 독차지할 수밖에 없겠죠."

"하지만 사회 일각에서는 이런저런 이유를 들어 상속세를 폐지하라고 요구하잖아요."

"그렇기는 하죠. 그러면 공부하는 입장에서 양측 의견을 정리해 보면 어떨까요?"

국세청 발표 내용에 따르면 우리나라에서 상속세를 내는 사람들은 사망자 중 1% 내외다. 이는 상속세가 주로 부유층을 대상으로 하는 세금임을 뜻하는 것이다. 하지만 상속세는 상속 재산의 규모에 따라 부유층이 아니더라도 부과될 수 있다. 예를 들어 배우자가 살아 있는 상태에서 10억 원, 배우자가 없는 상태에서 5억 원이 초과되는 경우가 여기에 해당된다. 따라서 어느 정도 재산을 형성한 중산층도 상속세 납부 대상자가 될 수 있다.

지금부터는 상속세 폐지 또는 존속에 대한 상반된 입장과 정부의 입장을 살펴보자. 먼저 상속세를 폐지해야 한다는 주장부터 살펴보자.

상속세는 재산 가액이 많을수록 내야 하는 세금도 많아진다. 상속세의 과세표준이 30억 원을 넘으면 50%의 세금을 내야 한다. 그러면 재산의 절반을 상속세로 내는 상황이 될 수도 있다. 이런 이유로 재산이 많은 집안은 상속세 폐지를 원하고 있다. 특히 한평생 기업을 키운 창업주가 나이가 많은 경우에는 더더욱 그렇다. 세금 문제로 가업 승계가 불가능하게 되는 경우가 생기기 때문이다. 상속세 폐지를 주장하는 쪽에서는 상속세가 세금을 납부한 후의 재산에 대해 이중과세를 하거나 자본 축적에 대해 과세하는 것이므로 경제 성장도 저해한다고 말한다. 열심히 일해 모은 재산에 대해 과세하므로 소비를 조장하기도 하고 근로 의욕을 떨어뜨린다고도 말한다. 다시 말해 상속세가 열심히 일한 사람들에게 벌을 과하는 측면이 있다는 것이다.

한편 상속세를 폐지하면 안 된다는 주장은 이렇다.

상속세를 폐지하면 부의 대물림이 빈부 차이를 항구화시킨다. 즉 부유층과 그렇지 못한 계층은 인생의 출발점부터 다르기 때문에 결코 평등한 세상이 될 수 없다는 것이다. 따라서 부유층의 부의 대물림을 차단하려면 상속세가 꼭 필요하다고 말한다.

상속세를 폐지하자는 쪽에서 말하는 가업 승계를 저해한다는 주장은 소유권과 경영권을 혼동하는 오해에 해당한다. 경영 능력이 검증되지 않는 후세대가 단지 가족이라는 이유만으로 경영권을 승계받는다면 오히려 기업 경영이 위태로울 수 있다. 따라서 이런 이유로 상속세 폐지를 주장하는 것은 어불성설이다.

그렇다면 정부의 입장은 어떤가?

정부는 상속세 폐지에 대해서는 난색을 표하나 상속세 부담을 줄이기 위해 공제 제도는 확대했다. 예를 들어 1주택을 보유한 상태에서 상속이 발생하고 동거인이 10년 이상 동거하고 무주택자에 해당하면 5억 원을 추가로 공제한다. 따라서 부부가 같이 살면서 그중 생존한 배우자가 주택을 상속받으면 상속 재산 15억 원까지는 세금이 없다. 동거주택 상속 공제로 5억 원을 한도로 공제하기 때문이다. 이 밖에도 기업을 운영하던 기업주가 사망하면 가업 상속 공제를 최고 500억 원까지 적용한다. 종전에는 최고 300억 원까지 공제하던 것을 가업 승계를 원활히 하고자 2014년에 확대 적용한 것이다.

TIP

가업 상속 공제 확대와 일감몰아주기 과세

상속세 폐지는 당분간 힘들 것으로 보인다. 국민 정서도 그렇고 세수도 부족하기 때문이다. 다만, 국민 생활을 불편하게 하는 상속세는 개선할 필요는 있다. 물론 편법적인 상속이나 증여에 대해서는 지속적으로 규제해야 할 것이다. 이러한 측면에서 2013년 세법개정안에서는 가업 상속 공제를 100%로 하되 한도를 500억 원까지 대폭 올렸다. 이러한 조치로 더 이상 세금 때문에 기업을 운영하지 못하겠다는 말은 쏙 들어갈 것으로 보인다. 한편 최근 대기업의 주주가 자녀의 회사에 일감을 몰아줘 자녀가 막대한 부를 축적하는 일이 사회적으로 문제가 되었다. 이에 따라 정부는 일감몰아주기도 증여의 한 유형으로 보고 2012년부터 이에 대해 증여세를 부과하는 규정을 신설하였다(단, 2014년부터는 중소기업간 일감몰아주기에 대해서는 증여세과세에서 제외된다).

부자들만 아는
상속과
증여 방법

"상속세 폐지가 결코 쉽지 않을 것 같군요."

알뜰이 말했다.

"그래요. 상속세를 없애면 기회의 균등을 해치게 되므로 폐지는 상당히 힘들 겁니다. 다만 세율을 인하하거나 공제 제도를 확대하는 등의 노력은 계속되겠죠."

왕 세무사가 말을 이어 나갔다.

"그렇다면 소위 부자 집안에서는 상속과 증여를 어떤 관점에서 바라보고 있는지 정리 좀 부탁드립니다. 그래야 나중에 할 얘기들이 많아질 것 같아요."

"좋은 의견입니다. 그들이 어떤 식으로 상속과 증여를 이해하고 있는지 또 이를 어떻게 다루고 있는지도 알아봅시다."

앞의 내용을 보면 상속세는 일반적으로 10억 원, 증여세는 그 이하의 금액에도 과세가 가능하다. 따라서 재산이 10억 원이 안 된다면 상속세는 걱정하지 않아도 된다. 물론 배우자가 없는 상황이라면 이 금액은 5억 원이 된다.

하지만 증여는 다르다. 증여 대상이 배우자라면 6억 원, 성년자라면 5,000만 원 등이 공제되는데 이러한 증여 공제 금액은 10년간 한도 규제를 받는다. 따라서 자녀에게 재산을 대물림하고자 하는 집안에서는 일정액의 증여세를 내고 증여하는 것이 일반적이다. 그렇다면 부자들은 구체적으로 어떻게 행동할까?

첫째, 상속을 미리 준비한다.

상속은 유산을 물려주는 것이다. 그런데 상속받을 사람이 많으면 상속 분쟁이 일어날 가능성이 높다. 재산가 집안은 이 점을 고려하여 미리 상속 대비를 한다. 누구를 후계자로 할지, 또 어떤 재산을 누구에게 물려줄지 미리 교통정리를 하는 것이다. 이렇게 해야만 상속 분쟁을 예방할 수 있기 때문이다. 한편 상속세도 무시할 수 없다. 제대로 대비하지 않으면 상속받은 재산의 절반을 세금으로 내야 할지도 모른다. 그래서 많은 사람들이 살아 생전에 미리 재산 규모를 축소시킨다. 이렇게 하면 상속세도 점점 줄어들 것이다. 하지만 세법은 상속 재산을 미리 분산하여 세금을 줄이는 것을 못마땅하게 생각한다. 그 결과 사전에 증여한 재산 가액을 상속 재산에 합산해 세금을 정산한다. 사망일로부터 소급하여 상속인은 10년 이내, 비상속인은 5년 이내에 증여한 재산 가액만을 대상으로 한다. 이런 점 때문에 부자들은 증여 시점을 빨리 잡아 누적 합산과세 기간

(10년 등)을 피한다.

둘째, 증여 시기를 잘 선택한다.

증여를 할 때에는 증여 대상과 증여 재산의 종류, 그리고 증여 시기 등을 잘 선택해야 소기의 목적을 달성할 수 있다. 그중 증여 시기는 증여가 발생하는 때로서 주로 증여 재산의 평가와 관련이 있다. 예를 들어 시세가 1억 원 정도 하던 어떤 자산의 가치가 증여 시점에 5,000만 원으로 하락했다면 이 시기에 증여하면 5,000만 원으로 신고할 수 있다. 이런 원리로 부동산을 증여할 때에는 새로운 기준 시가가 발표되기 전에 증여를 하곤 한다. 다만 기준 시가가 아닌 시가로 신고하는 부동산의 경우에는 증여 시기가 특별히 중요하지 않을 수도 있다.

셋째, 세금이 없는 자산을 선호한다.

일반적으로 부자들은 세금에 과민 반응을 보인다. 세금에는 금융자산에서 발생하는 금융소득종합과세나 부동산에서 발생하는 보유세와 양도소득세, 또 자녀들에게 대물림할 때 발생하는 상속세와 증여세 등 여러 가지가 있다. 그래서인지 과세망에 쉽게 걸리지 않는 자산을 선호한다. 예를 들면 미술품이나 골동품, 일명 묻지마 채권(예 : 고용안정채권 등), 골드바, 기타 현금성 자산이다. 이러한 자산들의 공통점은 세원 포착이 힘들다는 것이다. 특히 현금성 자산은 당사자 간에 담합이 잘 유지되면 과세 당국이 추적하기란 거의 불가능하다. 큰손들이 지하에서 활동하는 것은 바로 이 때문이다.

넷째, 재산의 형성 시점부터 대책을 마련한다.

상속과 증여는 이미 형성된 재산을 이전하는 것이므로 당연히 세금이나 각종 수수료 등이 뒤따르게 된다. 따라서 부자들은 이러한 비용을 없애려고 재산이 형성되는 초기 시점부터 재산 배분 활동을 한다. 예를 들어 부동산을 취득할 때에는 배우자와 공동 명의로 하고 주식은 액면가액으로 취득한다. 미리 재산을 분산해 두거나 낮은 가격에 취득하면 나중에 가치가 변하더라도 한결 여유롭게 세금 문제에 대처할 수 있다.

다섯째, 상속세 납부 대책은 미리 마련한다.

상속세는 원칙적으로 상속 개시일(사망일)이 속하는 달의 말일부터 6개월 이내에 현금으로 납부해야 한다. 그런데 부동산 위주로 자산을 보유하고 있다면 상속세를 납부하기 위해서라도 부동산을 헐값에 처분할 수밖에 없다. 기업을 운영하고 있다면 주식으로 세금을 납부하여 경영권 유지에 심각한 영향을 받을 수도 있다. 이런 이유로 재산 규모가 큰 집안에서는 미리 상속세 납부 대책을 세워 둔다. 일반적으로 상속세 납부 대책은 보험이나 예금 등 금융상품을 수단으로 하는 경우가 많다.

최근 주요 세법개정 내용들

다음은 최근 상속 · 증여세와 관련된 세법개정 내용들이다.

구분	종전	현행
1. 가업 상속 공제 확대	• 공제율 70% • 한도 : 100~300억 원	• 공제율 100% • 한도 : 200~500억 원
2. 영농상속 공제 확대	공제한도 : 2억 원	5억 원으로 상향조정
3. 비영리법인 과다인건비 제한	1인당 인건비에 대한 직접적인 제한은 없음	임직원 총 인건비가 8천만 원 초과하는 금액은 공익목적 사용으로 보지 않음(이에 해당 시 기부금단체 취소 등의 불이익이 있음).
4. 일감몰아주기에 대한 증여세 과세	특수 법인 간 일감몰아주기로 인한 이익에 대해 증여세부과	중소기업간 일감 몰아주기는 제외
5. 임원퇴직소득 한도	한도 없음	퇴직 전 3년간 평균급여×10%×근속연수×3배(한도축소로 임원들의 세금증가가 예상됨)
6. 소득 세율 및 법인 세율	• 소득 세율 : 6~38% • 법인 세율 : 10~22%	• 소득 세율 : 좌동 • 법인 세율 : 10%~22%(단, 2억 원 초과~200억 원 이하는 20%)
7. 현금증여추정제도의 신설	(신설)	현금입금시점을 증여로 추정함. 따라서 이에 대한 반대의 증거를 대지 못하면 증여세가 부과됨.

Chapter 2

콩 한쪽도 나눠 먹는 건 옛말

상속에 관한 불편한 진실

이알뜰과 강꼼꼼이 오붓하게 저녁 시간을 보내는 중이다. 마침 텔레비전 드라마에서는 상속 재산을 차지하기 위해 가족들이 싸우는 모습이 나오고 있었다.

"꼼꼼 씨, 재산이 많은 것도 문제야. 재산을 둘러싸고 저런 다툼이 벌어지니 말이야."

"맞아. 재산이 없으면 없는 대로 있으면 있는 대로 걱정거리가 생기는 것 같아."

"근데 난 재산이 좀 있어서 걱정이라도 해 봤으면 좋겠어. 호호."

"푸하하하. 저 사람들 봐. 돈이 많다고 꼭 행복한 것도 아니잖아. 지금 우리가 얼마나 행복한지 느껴 봐."

"그나저나 꼼꼼 씨, 한 가지 물어볼게. 왜 저렇게 가족 간에 철천지원수처럼 상속 싸움을 벌인다고 생각해? 이런 걸 잘 알면 분쟁을 예방할 수도 있을 텐데."

"그야, 서로 욕심을 부려서 그렇지 않을까?"

"그 외엔?"

"……."

여기저기서 상속 재산을 조금이라도 더 차지하기 위해 가족 간에 싸움이 빈번히 발생한다. 심지어 재산 분쟁 때문에 법정을 오가는 집안도 늘어나고 있다.

그렇다면 상속 분쟁은 왜 발생할까?

상속 재산과 관련하여 분쟁이 일어나는 이유 중 하나는 서툰 재산 분배 방법도 포함된다. 우리 정서상 재산을 물려줄 사람이나 받을 사람 모두 상속 재산의 분배 방법에 대해 쉽게 얘기를 못 꺼낸다. 그러다 보니 막상 상속이 발생했을 때 우왕좌왕하는 경우가 태반이다. 즉 상속에 대한 대비가 거의 없는 상황에서 재산 분배가 이루어지다 보니 갈등이 증폭되는 것이다. 특히 상속인이 여러 명이거나 재혼 등으로 이해관계가 얽혀 있는 경우, 그리고 특정 상속인에게 사전에 증여한 재산이 있거나 학업이나 기타 상황 등에서 불공평한 재산 분배가 있었던 경우에는 예기치 않는 상황을 맞게 된다.

문제는 가족 간에 상속 분쟁이 발생하고 이를 해결하기 위해 소송에 의지한 경우 가족 관계가 파탄난다는 것이다. 따라서 상속 분쟁을 예방하기 위해서는 이에 대한 해결책을 가지고 있어야 한다.

그렇다면 실행 가능한 해결책으로는 어떤 것들이 있을까?

첫째, 유언장을 작성한다.

유언장은 누구에게 어떤 자산을 남길 것인지 법적으로 미리 정해 둔 증서 등을 의미한다. 따라서 유언장이 적법하게 만들어졌다면 법률상 효력이 있다. 하지만 유언장을 남길 때는 상속인들의 유류분을 고려해야 한다. 유류분은 상속인이 최소한 법적으로 보장받는 상속 지분을 말하는데, 통상 법정 상속 지분의 2분의 1 정도가 된다. 이 유류분을 무시한 유언장은 유류분 반환청구 소송 대상이 될 수 있음에 유의해야 한다.

둘째, 사전에 증여한다.

사전에 증여하는 경우 소유권이 완전히 이전된다. 따라서 합법적으로 발생하는 증여에 대해서는 차후에 상속인들이 반환을 청구할 수 없다. 물론 유류분 제도가 있기는 하지만 상속 개시일 1년 전에 증여하면 사실상 반환을 청구할 수 없게 된다. 그러나 사안에 따라서는 1년 전의 것도 유류분 반환청구 대상이 되는 경우도 있다. 대법원 판례(95다 17885, 1996년 2월 9일)에서는 생전 증여에 의한 특별 수익을 유류분 청구대상에 포함시키고 있다. 예를 들어 3년 전에 장남에게 2억 원을 사업자금으로 증여한 경우 이 금액도 상속 재산 가액에 포함시켜 유류분을 산정할 수 있다는 것이다. 한편 증여는 확실하게 증여임을 밝힌 상태에서 시행해야 추후 문제의 소지가 없다. 혼미한 상태에서 증여 계약을 하는 경우에는 소송 대상이 될 수도 있음에 유의하자.

셋째, 합리적인 재산 분배 방법을 개발한다.

상속 재산은 유언장에 따라 분배하는 것이 원칙이나 유언이 없는 경우에는 협의 분할, 그리고 법정 상속 순으로 나누게 된다. 그런데 상속 재산에 특정인이 기여한 부분이 있다면 상속 재산에서 이를 공제하고 나누는 것이 타당하다. 하지만 기여분을 어떤 식으로 산정할 것인지를 두고 분쟁이 일어날 가능성이 높다. 분쟁 소지를 조금이라도 줄이고 싶다면 전문가에게 위임하는 것도 한 방법이다.

TIP

재산을 분배하기 전에 세금 관계부터 살피자

많은 사람들이 부모 등으로부터 재산을 어떻게 이전 받을까만 생각하고 세금 문제는 등한시한다. 그 결과 등기를 끝낸 후, 재산을 처분하고 나온 세금에 당황하는 경우가 많다. 예를 들면 손자에게 상속 재산을 분배하여 상속 공제액이 축소되거나 8년 자경한 농지를 증여하여 감면을 못 받는 경우 등이다. 이 밖에도 일일이 열거하지 못할 정도로 사례가 다양하다.

이러한 일이 발생하는 이유는 재산 분배 전에 세금 문제를 검토하지 않았기 때문이다. 따라서 상속이나 증여를 고려하기 전에 반드시 세금 문제부터 검토해야 한다.

상속 재산
분배하는
순서

"상속 분쟁이 발생하면 해결하기가 만만치 않을 거야. 다 큰 어른들이 싸운다는 것은 그만큼 해결 가능성이 낮다는 걸 의미하잖아."

꼼꼼은 알뜰을 향해 말했다.

"맞아. 그 사람들 입장에서 상속만큼 좋은 게 어디 있겠어? 노력하지 않아도 재산이 굴러 들어오니 말이야. 그래서 기를 쓰고 달려드는 거겠지."

"그런데 제대로 대비하는 집안은 많지 않은 것 같지?"

꼼꼼이 걱정스런 표정을 지으며 말했다.

"그래서 재산이 많든 적든 상속 분쟁이 발생할 가능성이 아주 높다는 거지."

"그럼 어떻게 대처하는 것이 좋을까? 우리 주변만 해도 부동산이나 기타 자산 가격이 상승해 상속을 걱정하는 사람들이 아주 많아졌다고."

"내 생각엔 재산을 분배하는 방법부터 잘 알아야 할 것 같아. 그러고 나서 방법을 하나씩 찾아보는 것이 좋을 것 같은데?"

상속 재산에 대한 분쟁을 예방하고 세금을 절약하기 위해서는 먼저 상속 재산의 분배 방법을 알아둘 필요가 있다. 상속 재산은 원칙적으로 다음과 같은 순서로 분배된다.

유증 또는 사인 증여 → 상속 재산의 협의 분할 → 법정 상속 지분

첫째, 유증 또는 사인증여

유증(遺贈)은 유언을 통해 상속인에게 재산을 물려주는 것을 말한다. '내가 죽거든 OO에게 재산을 증여하라.'는 식으로 된 것을 말한다. 한편 사인증여(死因贈與)라는 것이 있다. 이는 증여자의 생전에 계약이 체결되었으나 그 효력은 증여자의 사망으로 발생하는 증여를 말한다. 세법은 이 둘에 대해 차별하지 않고 모두 상속세를 부과한다.

참고로 유증 등을 통해 특정인에게 상속 재산을 모두 분배할 수도 있다. 이렇게 되면 상속을 받지 못하는 상속인들의 권리가 제한된다. 그래서 민법에서는 유류분* 제도를 두어 상속인들이 최소한의 상속 재산을 받을 수 있도록 권리를 보호하고 있다.

* 유류분이란 피상속인(사망인)의 생전처분 또는 유언에 의한 상속 재산 처분의 자유를 제한하여 상속인에게 법률상 유보된 상속 재산의 일부를 말한다. 통상 자녀나 배우자는 본인 법정 상속분의 1/2이 이에 해당한다.

둘째, 협의 분할

상속 재산은 상속인들의 공유 재산이므로 유증 등이 없는 한 상속인들끼리 자유롭게 협의하여 재산을 분배할 수 있다. 협의 분할은 언제든지 지분율을 정해도 되지만 등기를 하거나 상속세 신고를 하기 위해서라면 상속일로부터 6개월 이내에 하는 것이 바람직하다.

협의 분할을 할 경우에는 공동 상속인 전원이 의사가 일치되어야 하고 한 사람이라도 의사가 다르다면 상속 재산 분할이 되지 않는다. 만약에 협의 분할이 되지 않을 경우 우선 각 상속인은 가정법원에 조정을 신청해야 하고 조정이 성립되지 않으면 당사자는 심판을 청구할 수 있다. 이러한 문제는 법무 전문가에게 도움을 청하는 것이 좋다.

셋째, 법정 상속 지분에 따른 분배

유증 등이 없고 협의 분할로도 재산이 분배되지 않으면 법률에 따라 상속 재산을 분배하는 방법을 찾을 수밖에 없다. 민법에서는 법정 상속 지분을 공동 상속인들에게 원칙적으로 균등하게 정하고 있으나 피상속인의 배우자에게는 5할을 가산하도록 되어 있다. 따라서 자녀가 2명이 있고 피상속인의 배우자가 있다면 지분은 다음과 같다.

- 자녀 1 → 1/3.5
- 자녀 2 → 1/3.5
- 피상속인의 배우자 → 1.5/3.5

만일 상속 재산이 10억 원이라면 자녀 1의 법정 상속분은 다음과 같다.

- 10억 원×1/3.5 ≒ 2억 8,500만 원

한편 상속인들은 상속 개시가 있음을 안 날로부터 3개월 안에 가정법원에 상속 포기를 할 수 있다. 만일 단독 상속인 또는 공동 상속인 전원이 포기를 한 경우에는 포기한 자의 직계비속이 피상속인의 권리와 의무를 승계한다. 한편 공동 상속의 경우 어느 상속인이 포기해서 생긴 상속분은 나머지 상속인에게 상속분 비율대로 각각 귀속된다. 예를 들어 상속인으로 자녀가 모두 3명인데, 그중 한 명이 상속을 포기하면 포기한 자의 상속 지분은 다른 상속인의 비율대로 나눠진다는 것이다.

TIP

상속 재산 분배 시 알아 두면 좋을 정보들

- 피상속인의 상속 재산에 대해 기여도가 있다면 이를 주장할 수 있나?
피상속인이 살아 생전에 피상속인의 재산 형성에 기여한 상속인이 있다면 기여분을 인정받을 수 있다. 따라서 기여분을 공제한 나머지 재산이 분배 대상이 된다. 이 기여분은 상속인들 간에 협의해 정하는 것이 원칙이나 협의가 이루어지지 않으면 기여자가 가정법원에 청구해야 한다.

- 상속 재산에 상속인의 재산이 포함되어 있다면 어떻게 상속 재산에서 제외시켜야 하는가?
상속 재산에서 제외하는 것이 당연하다. 그러나 상속이 발생한 상태에서 상속인의 재산을 주장하기가 힘든 경우가 많다. 판결 등을 통해 이를 객관적으로 입증해야 하는 경우도 있다.

- 1인 명의의 단독 상속등기를 합의하고 다른 상속인들이 상속 포기 증명서를 작성 첨부하여 상속등기를 하는 경우에 다시 협의 분할을 할 수 있는가?

당연하다. 일단 특정인의 명의로 등기하고 나중에 분할한다는 내용의 합의가 있는 경우에는 통정의(상대방과 짜고서) 허위 표시를 원인으로 하여 상속 재산 분할 협의의 무효를 주장하여 다시 분할 협의를 할 수 있다.

- 부채가 많은 경우의 상속 포기는?

민법은 사망자가 남긴 재산보다 빚이 많은 경우 상속 포기를 통해 상속인을 보호해 주고 있다. 이 제도로 보호를 받으려면 상속 개시일로부터 3개월 안에 관할 가정법원에 신청해야 한다. 그런데 빚이 얼마인지 모르는 상태에서는 상속 포기를 하기가 쉽지가 않다. 이런 경우를 대비해서 상속으로 받는 재산의 한도 내에서 사망자의 부채를 변제할 것을 조건으로 상속을 승인할 수 있는데 이를 한정승인이라 한다. 이 한정승인을 신청하면 나중에 빚이 발견되더라도 상속받은 재산 한도만큼만 변제하면 된다. 이 제도를 이용하기 위해서는 상속 개시가 있음을 안 날로부터 3개월 안에 피상속인의 최후 주소지를 관할하는 법원에 서류를 제출해야 한다. 그러나 상속인이 상속 채무가 상속 재산을 초과한다는 사실을 중대한 과실 없이 상속 포기 신고 기간 내에 알지 못하고 단순승인을 한 경우에는 그 '사실을 안 날'로부터 3개월 안에 한정승인을 신청할 수 있다.

얼마 전 세계적인 팝 가수인 마이클 잭슨이 사망했다. 그의 재산은 약 10억 달러(한화로 1조 2,000억 원) 정도 되고, 부채는 약 2,000억 원 정도된다고 한다.

그의 유족으로는 세 자녀와 여러 형제자매들, 부모 등이 있었다. 그렇다면 이 유산은 누가 받게 될까? 우리나라를 기준으로 삼는다면 자녀들과 배우자가 된다. 따라서 그의 직계존속이나 기타 유족은 상속을 받을 수 없게 된다.

이처럼 상속에서는 상속인에 해당되는지를 아는 것이 매우 중요하다. 그래서 상속이 발생하면 먼저 법에서 정하고 있는 상속인의 범위를 잘 가려내야 한다. 현행 민법에서는 다음과 같이 상속 순위를 정하고 있다.

1순위 : 피상속인의 직계비속(자녀, 손자·손녀)
2순위 : 피상속인의 직계존속
3순위 : 피상속인의 형제자매
4순위 : 피상속인의 4촌 이내의 방계혈족

1순위는 피상속인의 직계비속(태아를 포함)을 말한다. 여기서 직계비속은 혼인 중 또는 혼인 외의 출생자, 미혼 또는 기혼, 분가·입양 등에 의해 다른 호적에 있더라도 이를 인정한다. 따라서 입양자도, 시집간 딸도 직계비속에 해당하므로 당연히 상속인이 된다.

그런데 직계비속은 자녀와 손자·손녀 등을 말하므로 경우에 따라서는 상속인이 수십 명 이상이 될 수 있다. 그래서 민법에서는 이렇게 직계비속이 많은 경우에는 피상속인과 최근친 자녀가 상속받도록 하고 있다. 예를 들어 피상속인에게 자녀 2명과 손자 2명이 있다면 자녀 2인이 최근친으로서 공동 상속인이 되고, 손자 2명은 자녀가 상속을 포기하는 경우에만 상속을 받을 수 있다.

그런데 만일 자녀가 먼저 사망한 경우라면 대를 이은 상속을 허용한다. 이를 '대습상속(代襲相續)'이라고 한다. 대습상속과 달리 상속 포기를 하지 않은 상태에서 손자·손녀가 상속 재산을 취득하면 일단 아버지에게 상속세를 부과하고 손자·손녀가 증여받은 것으로 보아 증여세를 부과한다. 이 관계를 다시 한 번 살펴보기를 바란다.

이렇게 피상속인의 재산은 보통 1순위에서 정리가 되지만 만일 1순위가 없는 경우에는 직계존속이 2순위자가 된다. 그리고 피상속인의 배우자는 1순위와 혹은 2순위와 공동 상속인이 된다. 만일 자녀가 상속인이 되는 경우 자녀와 함께 공동 상속인이 되는 것이다.

이제 예를 들어 상속 순위를 정해 보자. 서울 강서구 등촌동에 거주하는 노유산 씨가 갑자기 사망했다. 그의 가족에는 배우자와 형제자매 2명, 자녀 2명, 손자 · 손녀 4명이 있다. 이 경우의 상속 순위는?

① 상속 1순위는 직계비속이다.

② 자녀와 손자 · 손녀가 1순위가 되는 경우에는 피상속인과 가장 근친인 자녀가 상속인이 된다. 손자 · 손녀는 상속인에 해당되지 않는다.

③ 배우자는 공동 상속인이 된다.

④ 결국 자녀 2명과 배우자가 공동 상속인이 되며, 나머지 사람들은 앞의 상속인들이 상속 포기를 하지 않는 한 상속을 받을 수 없다.

또 하나 예를 들어보자.

서울 종로구에 사는 최영수 씨가 사망했다. 최 씨는 김영미 씨와 이혼하고, 설경숙 씨와 재혼했다. 최 씨의 자녀로는 김 씨와의 사이에서 태어난 최일등과 최이등이 있으며, 설 씨에게서 태어난 최삼등과 최사등이 있다. 이 경우 상속인은 어떻게 결정될까?

이 사례는 가족 관계가 약간 복잡한 경우다. 일단 설경숙 씨와 최 씨의 모든 자녀들이 상속인이 된다. 직계비속은 촌수만 같다면 자연혈족(친생자)이건 법정혈족(양자)이건, 혼인 중의 출생자이건 혼인 외의 출생자이건 가리지 않고 동순위로 본다.

참고로 설경숙 씨가 사망했다면 상속인은 누구일까? 이 경우 최영수 씨와 설경숙 씨의 직계비속인 최삼등과 최사등이 상속인이 된다. 현행법에서는 설 씨와 최일등, 최이등 씨는 혈족이 아니라 인척 관계이므로 서로 상속할 수 없도록 하고 있다.

상속은 무상으로 나의 재산을 키울 수 있는 기회가 된다. 따라서 상속이 발생하면 우선 상속받을 자격이 있는지 살펴보고 만일 자격이 있다면 권리를 행사하는 것이 자연스럽다. 그런데 상속 재산을 분배받는 방법을 모르면 상속을 쉽게 포기하는 일이 생길 수 있고 재산 분쟁이 발생했을 때 불리한 위치에 놓일 수도 있다. 따라서 본인이 상속인인지 먼저 따져 보고 상속 재산에 대한 권리를 주장할 수 있는지 등도 점검해야 한다. 만일 상속인에서 배제시키거나 상속 재산을 은닉하거나 미리 증여하는 방식으로 불이익을 당한 경우에는 이에 대한 법적 대응 방법도 알아 두는 것이 좋다. 분쟁의 소지를 조금이라도 줄이고 싶다면 전문가에게 위임하는 것도 좋은 방법이다.

유언장으로
상속 분쟁을
막아라

왕빛나 세무사가 근무하고 있는 '정밀 세무법인'에 한 고객이 방문하여 왕 세무사와 상담하고 있다.

"저희 아버지 재산이 좀 많습니다. 그래서 시집간 누나들과 그 조카들이 아버지 재산에 상당한 관심을 갖고 있습니다. 부끄러운 말씀이지만 재산을 한푼이라도 더 받기 위해선지 아버지께 선물을 드린다 어쩐다 하면서 요즘 부쩍 방문이 잦아졌습니다. 그런데 아버지께서는 시집간 누나들에게는 별로 상속하고 싶지 않으신가 봅니다. 그래서 그 문제로 이렇게 찾아왔습니다."

고객이 말을 먼저 꺼냈다.

"그렇군요. 그런데 선생님, 지금은 출가한 딸들도 아들과 동등한 상속 지분을 갖고 있습니다. 또 특정인에게 유산이 100% 가도록 유언하더라도 법정 상속인에게는 최소한의 상속 지분을 행사할 권리가 주어집니다."

“그야 그렇죠.”

“따라서 현실적으로 누나들에게도 상속 재산을 나눠 주는 것이 좋을 것 같습니다.”

“저야 그렇게 하고 싶지만 아버지 생각이 너무 완고하셔서요.”

고객은 한동안 말문을 잇지 못했다.

그때 고객의 누나들은 다른 곳에 모여 대책을 강구하고 있었다. 가장 똑똑한 셋째가 먼저 말문을 열었다.

“세상에 이런 법이 어디 있어? 그동안 우리가 아버지에게 얼마나 잘했는데. 왜 우리들한테는 쥐꼬리만큼만 주시겠다는 거야?”

다른 자매들도 불만의 소리를 내기 시작했다.

“맞아. 우리 이럴 게 아니라 아버지와 그 잘난 아들들을 모아 놓고 직접 담판을 짓자.”

첫째 언니가 나서서 말했다.

“좋아. 우리 그렇게 하자.”

그렇게 해서 가족들이 오랜만에 만났다.

“아버지, 아버지 재산은 우리들 모두의 재산입니다. 그러니 골고루 나눠 주세요.”

셋째였다.

병석에 누운 아버지는 아무런 말씀이 없었다. 그저 조용히 눈물만 흘릴 뿐이었다.

보다 못한 어머니가 자녀들에게 큰소리를 쳤다.

“해도 해도 너무한다. 아버지는 지금 곧 돌아가시게 생겼다. 그런데도 너희들은 모였다 하면 재산 싸움을 하는구나.”

그때 아버지가 나지막한 소리로 말했다.

"얘들아, 그렇게 싸우지 마라. 이미 유언장을 작성해 놓았단다."

얼마 지나지 않아 그 고객의 아버지가 세상을 떴다. 유언장에는 재산의 절반은 사회에 기부하고 나머지는 법대로 분배하라고 되어 있었다.

유언장은 누구에게 어떤 자산을 남길 것인지 법적으로 미리 정해 둔 증서 등을 말한다. 유언의 방식에는 자필증서, 녹음, 공정증서, 구수(口授)증서 등이 있다. 하지만 이러한 유언들은 법에서 정한 요건들을 갖추어야 그 효력이 인정되므로 유의해야 할 점들이 많다.

예를 들어 자필증서의 경우 유언자가 그 전문과 연월일, 주소, 성명을 본인이 직접 서명하고 날인해야 한다. 연월일이나 주소, 날인 등이 빠져 있으면 유언의 효력이 없다. 공정증서는 유언자가 증인 2인을 참석시키고 공증인의 면전에서 유언의 취지를 구수하고 공증인이 이를 필기 낭독하며, 유언자와 증인이 그 정확함을 승인한 후 각자 서명 또는 기명날인해야 한다. 결국 유언 방식도 엄격한 형식을 요하므로 반드시 변호사 등을 통해 해결하는 것이 좋다.

참고로 유언장을 남길 때에는 상속인들의 유류분을 고려할 필요가 있다. 유류분만큼의 재산을 남겨 둬야 소송이 발생하지 않기 때문이다. 유류분 제도를 좀 더 자세히 보자.

유류분권을 행사할 수 있는 사람은 순위상 상속권이 있는 사람이다. 상속인 중 직계비속, 배우자, 직계존속, 형제자매만 이 제도를 활용할 수 있다. 만약 1순위인 자녀와 배우자가 있다면 2순위인 직계존속이나 3순위인 형제자매는 유류분권을 행사할 수 없다. 유류분권은 본인의 법정 상속 지분의 2분의 1(단 피상속인의 직계존속과 형제자매는 3분의 1)이다.

예를 들어보자. 상속 재산이 10억 원이고 상속인이 자녀 2명이라면 자녀 1인의 유류분권은 다음과 같다.

- 유류분 산정을 위한 기초 가액

  상속 재산(유산)＋증여 재산 가액－채무액

  ＝10억 원＋0원－0원＝10억 원

- 유류분

  법정 상속 지분 가액(10억 원×1/2)×유류분(법정 상속 지분 가액×1/2)

  ＝5억 원×1/2＝2억 5,000만 원

상속받은 상속인으로부터 2억 5,000만 원을 반환 청구할 수 있다.

유류분 산정을 위한 기초 가액에는 상속 개시 전 1년간의 증여 금액과 그 이전의 증여액 중 악의적인 증여액, 특별 수익자가 생전 증여로 받은 증여분 등이 포함된다. 유류분 권리자는 증여 또는 유증을 한 사실을 안 때로부터 1년 이내 또는 상속이 개시된 때로부터 10년 이내에 유류분 권리를 행사해야 한다.

"알뜰 씨, 상속 재산을 협의 분할로 분배할 때 많은 문제가 발생하는 것 같아."

"왜?"

"생각해 봐. 상속받을 사람들 모두가 협의 분할 계약서에 서명하면 그만이지만 그중 한 사람이라도 반대하면 재산 분할을 할 수 없잖아."

"그렇지. 현실적으로 이러한 협의 분할 과정에서 분쟁이 많이 발생한다고 해. 서로 이해관계가 다르다 보니 그렇겠지."

"맞아. 그러다 보면 어느새 법정으로도 가게 되고."

"그래서 미리 대비해야 한다는 거야. 돌아가신 분도 그런 상황을 결코 원하지는 않았을 테니."

"요즘은 협의 분할보다는 법대로 하자는 사람들이 점점 많아지는 추세인가 봐."

“법대로?”

“그래. 민법에서는 상속 지분을 미리 정해 두고 있잖아.”

상속 재산을 협의 분할하는 것은 쉬운 작업이 아니다. 상속인이 여러 명이거나 사전에 증여한 재산이 있거나, 또는 기여분 등을 주장하는 상속인이 있는 경우에는 가족 간에 이를 조정하는 것이 말처럼 쉽지 않다. 그래서 협의 분할 단계에서 법으로 정해진 대로 재산을 분배하는 경우가 종종 있다.

다음 사례를 보자.

심의철 씨가 슬하에 3남매를 두고 세상을 떠났다. 심의철 씨의 유족이 다음과 같을 때 누가 상속 1순위가 될 것인가? 그리고 각각의 법정 상속 지분은 얼마인가? 법정 상속 지분은 피상속인의 직계비속은 1, 배우자는 1.5이다.

〈가족 상황〉
- 부인: 김영순
- 자녀: 심일식, 심이식, 심삼식(배우자 A)
- 손자·손녀: 심일식−B·C, 심이식−D, 심삼식−E
- 심삼식은 심의철 씨보다 먼저 사망함

먼저, 상속인을 결정해 보자.

상속인의 제1순위는 직계비속이며 피상속인의 배우자는 직계비속과 공동 상속인이 된다. 따라서 상속인은 김영순, 심일식, 심이식, 심삼식이 된다. 직계비속 중 손자·손녀는 그 위에 상속인이 있으므로 상속인에 해당하지 않는다. 그런데 심삼식의 경우 심의철 씨보다 먼저 사망했으므로 심삼식의 상속분을 누가 갖는지가 궁금할 것이다. 법에서는 피상속인(심의철)의 직계비속(심삼식)이 상속 개시 전에 사망한 경우 그 직계비속의 배우자(A)와 자녀(E)가 대습상속을 한다. 여기서 대습상속이란 피상속인의 직계비속이 없는 경우 피상속인의 손자·손녀가 대를 잇는 상속을 말한다.

다음으로 상속 지분을 계산해 보자. 이해를 편하게 하기 위해 분배 대상 상속 재산은 4억 5,000만 원이라고 하자.

상속인	당초 지분	대습상속	금액
김영순	1.5/4.5	–	1억 5,000만 원
심일식	1/4.5	–	1억 원
심이식	1/4.5	–	1억 원
심삼식	1/4.5	A : 1/4.5×1.5/2.5 E : 1/4.5×1/2.5	A : 6,000만 원 E : 4,000만 원
계	4.5/4.5	–	4억 5,000만 원

심삼식의 경우 당초 지분은 1/4.5이며 이 지분이 심삼식의 배우자인 A와 그의 자녀인 E에게 대습상속이 되었다. 배우자의 경우에는 자녀에 비해 상속 지분이 50%가 더 많다.

패륜 자식은 상속 배제? 그러나 유류분만큼은……

패륜 자식이라고 하더라도 상속인에 해당하면 일정액의 상속 지분이 주어진다. 그렇다면 그에게 상속 지분을 주지 않으려면 어떻게 하면 될까?

먼저 유언장을 통해 상속 지분을 배제하는 경우를 보자. 이러한 경우에도 최소한 유류분만큼은 지분을 보장하고 있으므로 이를 감안해야 한다.

다음으로 사전에 증여하는 경우를 보자. 상속 개시일 전 1년 이내의 것은 유류분 청구 대상이 된다. 이 기간을 벗어난 경우에는 일단 유류분 청구 대상에서 제외될 수 있으나 유류분권자의 권리를 박탈하였다면 청구 대상이 된다.

결국 이런 상황에서는 본인이 스스로 상속 포기를 하지 않는 이상 현실적으로 상속 지분을 박탈하기란 상당히 힘들다고 볼 수 있다.

효도하는
자식에게
재산을 줘라

"이리저리 따져 보면 결국 증여가 여러모로 도움이 될 것 같아."

꼼꼼이 알뜰에게 말했다.

"왜?"

"사전에 증여하면 재산 분쟁도 예방할 수 있고 세금도 아낄 수 있잖아."

"그런데 꼼꼼 씨, 미리 증여했더니 증여받은 자식들의 태도가 싹 돌변하는 바람에 뒤늦게 증여한 걸 후회하는 어르신들이 많다고 해. 재산 분쟁을 예방하려다가 오히려 다른 문제로 골머리를 썩는 거지."

"나도 그런 얘길 많이 듣긴 했어. 증여받기 전에 열심히 효도하던 사람들이 증여받은 후 태도가 돌변해 부모의 마음을 아프게 한다는……."

"그래서 재산이 많아도 증여를 주저하게 되는가 봐."

"그래서인지 요즘은 증여하더라도 조건을 걸어 두고 한대. 효도를 안 하면 증여를 취소하고 도로 반환하겠다고 말야, 하하."

“어? 나도 그런 증여를 들어보기는 했는데. 만약 그렇게 되면 세금 문제는 어떻게 될까?”

“글쎄.”

증여는 증여자와 수증자의 계약에 의해 성립한다. 즉 증여자가 증여하겠다는 의사표시를 하고 수증자가 좋다는 의사표시를 하면 계약이 성립한다. 물론 미성년자는 의사표시를 할 수 없으나 법에서는 묵시적 동의도 증여 계약의 성립에 아무런 문제가 없다고 규정하고 있다.

증여는 원래 무상 계약이므로 수증자가 어떤 의무를 부담하지 않는 것이 원칙이다. 하지만 요즘에는 살아 생전 부양을 조건으로 거는 조건부 증여를 하는 어르신들이 많아지고 있다. 이러한 조건부 증여에 대해서 법에서는 어떻게 규정하고 있을까?

이에 대해 민법 제556조(수증자의 행위와 증여의 해제)에서는 수증자가 증여자에 대하여 다음 각 호의 사유가 있는 때에는 그 증여를 해제할 수 있다고 정하고 있다.

- 증여자 또는 그 배우자나 직계혈족에 대한 범죄행위가 있는 때
- 증여자에 대하여 부양 의무가 있는 경우에 이를 이행하지 아니하는 때

즉 수증자의 증여자에 대한 일정한 망은(忘恩) 행위가 있는 때에는 증여자가 증여 계약을 해제할 수 있다는 것이다. 그런데 이렇게 증여 계약이 취소되어 증여 물건이 반환되는 경우에는 세금 문제에 유의할 필요가 있다. 세법에서는 과세의 안정성을 위해 반환되는 금전은 반환 시기를 불문

하고 증여세를 과세하고 있기 때문이다. 금전 외의 재산은 증여일로부터 6개월이 지나서 반환되면 반환분에 대해서도 증여세를 부과한다. 따라서 이런 문제를 사전에 따져서 반환 여부를 결정해야 할 것이다.

증여 재산의 반환과 세금의 관계를 좀 더 구체적으로 알아보자.

현행 세법에서는 수증자가 증여 계약의 해제 등으로 당초 증여받은 재산을 증여자에게 반환하거나 다시 증여한 경우에는 다음에 따라 과세 대상 여부를 판정하게 된다.

구분	내용
금전	증여세 과세(반환 시기 불문)
금전 외 재산	• 증여세 신고 기한으로부터 3개월 이내 반환 등 : 당초 분과 반환 분 등 모두 과세되지 않음 • 신고 기한 경과 후 3개월 이내 반환 등 : 당초 분은 과세, 반환 분 등은 과세되지 않음 • 신고 기한 경과 후 3개월 이후에 반환 등 : 당초 분과 반환 분 등은 모두 과세됨

금전의 경우 당초 증여분과 반환분 모두 반환 시기를 불문하고 증여세가 부과된다. 그런데 부동산은 금전과 다소 내용에서 차이가 있다. 증여세 신고 기한을 기준으로 3개월 이내에 반환하면 세금 문제는 없다. 하지만 신고 기한 경과 후 3개월이 지난 경우에는 당초분과 반환분에 대해 모두 과세가 된다.

다만, 증여세 과세 대상이 되는 재산이 취득 원인 무효 판결에 의하여 그 재산상의 권리가 말소되는 때는 반환 기간에 관계없이 증여세를 과세하지 않으며 과세된 증여세는 취소한다. 당초 증여자의 인감도장을 위조하거나 도용 등의 방법으로 증여등기 등이 된 재산이 그 대표적인 사례다. 그러나 형식적인 재판 절차만 경유한 사실이 확인되는 경우에는 증여세를 과세한다. 당초 정상적인 증여 계약에 의하여 증여등기 등을 했다가 형식적인 재판 절차를 거쳐서 판결문에 의해 증여등기 등이 말소되는 경우인데 기간이 경과하여 반환된 부분에 대해서는 증여세가 과세된다.

한편 증여는 상속이 발생하기 전 10년 이전에 미리 해 두는 것이 좋다. 현행 세법에서는 상속 개시일을 기준으로 소급하여 상속인에게 10년(비상속인은 5년) 이내에 증여한 금액은 상속 재산에 합산하여 과세한다. 따라서 이 기간을 벗어나면 합산과세에서 제외되므로 증여는 될 수 있는 한 빨리 하는 것이 좋다. 그리고 미리 재산을 나눠 줄 때에는 배우자의 몫을 충분히 남겨 두는 것이 좋다. 이를 위해 부동산을 공동소유로 하는 것도 생각해 볼 수 있고 금융상품으로 노후자금을 마련해 두는 지혜도 필요하다.

자녀에게 큰돈을 주면 탕진하기 쉽다. 또한 돈을 쉽게 주면 자립심을 해칠 가능성도 높다. 따라서 돈은 꼭 필요한 일이 있을 때 소액으로 증여하는 것이 바람직하다.

사전 증여의 원리

실무적으로 사전 증여는 상속 재산 가액을 수준별로 나눠서 시행하는 것이 일반적이다. 사전 증여의 원리를 알아보자.

보유 재산이 10억 원 이하인 경우
상속 재산 가액이 10억 원(배우자가 없는 경우는 5억 원) 이하가 되는 경우에는 상속세가 원칙적으로 과세되지 않는다. 5억 원의 배우자 상속 공제를 받을 수 있고, 5억 원의 일괄 공제를 받을 수 있기 때문이다. 따라서 상속 재산이 이 금액에 미달될 것으로 예상되는 경우에는 사전에 증여할 필요가 없게 된다. 무턱대고 증여하면 오히려 증여세와 취득세를 납부하게 된다.

보유 재산이 10억~20억 원 사이인 경우

재산 규모가 10억~20억 원대라면 다양한 대안을 만들 수 있다. 예를 들어 재산의 일부를 사전에 증여하거나 상속 준비 기간 중에 합법적인 범위 내에서 재산을 인출해 사용할 수도 있다. 또 실제 상속이 발생할 때 배우자 상속 공제 제도를 활용하면 세금을 축소시킬 수도 있다. 참고로 상속 준비 기간 중에 재산을 인출한다는 것은 상속 개시일 전 1년(2년) 내에 재산 종류별로 2억 원(5억 원) 이하의 금액은 상속 재산에 합산하지 않는다는 상속 추정 제도를 말한다.

그런데 위에 언급된 사전 증여는 당장 증여세나 취득세 등의 현금 지출이 발생하고, 또 상속 전에 상속 재산을 인출하는 것은 편법적인 재산 은닉으로 비칠 가능성이 있다. 따라서 현실적으로 이 정도의 재산 규모에서는 배우자 상속 공제나 동거주택 상속 공제를 활용하는 것이 괜찮은 방법일 수 있다.

보유 재산이 20억 원을 초과하는 경우

상속 재산이 20억 원대를 넘어서면 미리 증여하거나 처분하여 재산을 리모델링할 필요가 있다. 단 실무적으로는 상속세 예측 등을 통해 사전 증여액의 규모나 증여 시기 등을 꼼꼼히 계산해 보아야 한다. 예를 들어 10년 후쯤에 상속이 발생하고 그 때의 상속 재산이 30억 원쯤 된다고 했을 때 그중 5억 원 정도의 상속 재산을 덜어낸다면 어떤 효과가 발생할까?

구분	당초	변경
상속 재산	30억 원	25억 원
(−) 상속 공제	10억 원	10억 원
(=) 과세표준	20억 원	15억 원
(×) 세율	40%	40%
(−) 누진 공제	1억 6,000만 원	1억 6,000만 원
(=) 산출 세액	6억 4,000만 원	4억 4,000만 원

표를 보면 상속 재산 5억 원이 사전 증여되면 향후 2억 원의 상속세를 절감할 수 있다. 그렇다면 곧바로 증여하는 것이 좋을까?

그런데 증여하기 전에 반드시 고려해야 할 것이 있다. 그것은 다름 아닌 증여세와 취득세 등의 과세 문제다. 그래서 이런 유형의 의사를 결정할 때에는 사전 증여에 의해 증가하는 금액과 추후 상속세 절감액을 비교해 보아야 한다. 단 실무적으로 증여를 부담부 증여 방식(빚과 함께 증여하는 방식)으로 하면 최소한의 세금만 부담할 수도 있다. 이와 함께 증여세는 현재 시점에서의 현금 지출을 의미하므로 이 금액에 대한 기회비용(증여세 현금 지출 분을 다른 투자 상품에 투자했을 때 벌어들일 수 있는 최소한의 수익률)을 생각할 필요가 있다.

한편 부동산 가격이 지속적으로 상승한다고 가정한다면 사전 증여는 득이 될 가능성이 높다. 예를 들어 위의 상속 재산이 물가 상승 등의 영향으로 30억 원에서 35억 원으로 증가되었다면 상속세 예상액은 6억 4,000만 원에서 8억 4,000만 원{과세표준 25억 원×상속세 세율 40%−1억 6,000만 원(누진 공제)}으로 2억 원이 증가한다. 따라서 사전 증여를 하게 되면 2억 원 정도 상속세를 추가로 절감할 수 있다. 이런 점 때문에 부동산 가격이 정체된 시기일 때는 사전 증여가 빠를수록 좋다.

개미 금탑 모으기

증여세 절세 노하우

■

증여세
과세 방식
이해하기

이알뜰이 근무하고 있는 보험회사에서는 판매왕이 나서서 사내 교육을 실시하고 있다. 참석자 가운데는 알뜰 외에도 새내기인 강초롱도 끼어 있다.

"증여세는 수증자가 받은 금액을 기준으로 과세됩니다. 예를 들어 아버지가 여러 명의 자녀에게 증여하는 경우, 증여세는 아버지가 증여한 금액 전체에 과세하는 것이 아니라 자녀들이 받은 금액에 대해 각각 과세된다는 겁니다."

판매왕의 말이 떨어지기가 무섭게 강초롱이 손을 번쩍 들었다.

"팀장님, 상속세는 유산 전체에 대해 과세되는 것 같은데 증여는 그렇지 않네요."

판 팀장은 초롱이 예사롭지 않은 인물이라 직감했다.

"그렇습니다. 상속세는 일단 돌아가신 분의 유산을 모두 모아 계산한 후 나온 세금을 상속인의 지분별로 나누죠. 이러한 과세 방식을 유산 과세형이라 합니다. 그런데 증여는 증여자가 받은 금액을 기준으로 과세하고 있습니다. 이러한 방식을 취득 과세형이라 합니다."

"그러면 할아버지와 아버지, 그리고 어머니한테 증여를 받으면 각각 공제를 적용하고 세금도 따로따로 계산하나요?"

판 팀장은 이 상황을 어떻게 돌파할 것인가?

지금부터 판 팀장이 강초롱에게 어떤 식으로 답변해야 할지 예를 들어 설명하겠다. 성년인 고소득 씨가 다음과 같이 증여를 받았다고 하자.

증여자	증여 금액	증여받은 날짜
할아버지	3,000만 원	2014년 2월 1일
할머니	2,000만 원	2014년 3월 1일
아버지	5,000만 원	2014년 4월 1일
어머니	1,000만 원	2014년 5월 1일
형	1,000만 원	2014년 6월 1일
계	1억 2,000만 원	−

총 증여받은 금액은 1억 원인데 증여자가 5명이다. 세금 계산은 어떻게 할까?

일단 지금까지의 내용을 종합해 보면 증여세의 과세 방식은 다음과 같이 요약할 수 있다.

"증여세는 증여자와 수증자별로 계산한다."

실무적으로 사례와 같이 증여세를 계산하려면 다음과 같은 절차에 따라야 한다.

먼저 증여자를 결정하는 것이다. 세법은 직계존속의 경우 부부를 동일인으로 본다. 따라서 이 사례에서 증여자는 크게 세 그룹으로 나뉘게 된다. 즉 조부모, 부모, 그리고 형이다.

다음으로 증여 공제액을 결정해야 한다. 그런데 증여 공제는 특이하게도 직계존속 모두를 대상으로 10년간 5,000만 원(미성년자는 2,000만 원)을 한도로 한다. 따라서 이 경우 조부모와 부모를 합하여 5,000만 원밖에 공제를 받을 수 없다. 형은 기타 친족에 해당하여 500만 원의 공제를 받을 수 있다. 증여 공제는 증여 순서에 따라 적용하면 된다.

이제 결론을 내려보자. 할아버지와 할머니의 증여 금액이 합산되어 5,000만 원이 되고 여기에서 5,000만 원 증여 공제를 적용하면 결과적으로 할아버지와 할머니로부터 받은 재산에 대해서는 세금이 없다. 또한 아버지와 어머니의 증여 금액을 합산하면 6,000만 원이 되고 여기에 증여 공제를 적용해야 하나 앞의 증여 재산 가액에서 이미 차감했으므로 추가로 증여 공제를 받을 수 없다. 이러한 내용을 정리하면 다음과 같다.

증여자	증여 금액	증여 공제	과세표준	산출 세액
할아버지 · 할머니	5,000만 원	5,000만 원	–	–
아버지 · 어머니	6,000만 원	–	6,000만 원	600만 원*
형	1,000만 원	500만 원	500만 원	50만 원*
계	1억 2,000만 원	5,500만 원	–	650만 원

＊ 산출 세액 = 과세표준×10%

증여세 계산하기

"자, 이제 증여세 과세 방식을 알았으니 증여세를 직접 계산해 보도록 하겠습니다. 그러기 위해서는 증여세 계산 구조를 정확히 이해할 필요가 있습니다. 먼저 이 그림을 보시죠."

판매왕은 파워포인트로 준비한 증여세 계산 구조를 설명하기 시작했다.

- **증여 재산 가액(시가 원칙, 예외적으로 기준 시가)**
- (−) 증여 재산 공제(배우자 6억 원, 성년자 5,000만 원, 미성년자 2,000만 원)
- (=) 과세표준
- (×) 세율(10~50%)
- (=) 산출 세액
- (−) 신고 세액 공제(10%)
- (=) 결정 세액

"구조가 아주 단순하죠? 보시면 그렇게 어렵지 않습니다. 증여 재산 가액에서 증여 공제를 차감한 과세표준에 바로 세율을 곱하죠. 그런 다음 신고 세액 공제를 적용하여 납부할 세금을 계산합니다. 세금은 일단 눈으로만 계산해서는 절대 실력이 늘지 않습니다. 계산기를 이용해야 합니다. 자, 성년인 자녀가 처음으로 4억 원을 증여받았습니다. 그리고 사전에 동일인으로부터 1억 원을 별도로 증여받았습니다. 이번에 낼 세금은 얼마가 나올까요?"

얼마 뒤 판 팀장은 다음과 같은 결과를 보여 주었다.

구분	금액	비고
증여 재산 가액	4억 원	
(+) 증여 재산 가산액	1억 원	
(=) 총 증여 재산 가액	5억 원	
(-) 부담부 증여 시 인수 채무	-	
(=) 과세 가액	5억 원	
(-) 증여 공제	5,000만 원	성년자 공제
(-) 감정평가수수료 공제		
(=) 과세표준	4억 5,000만 원	
(×)세율	20%	5억 원 이하 20%
(-) 누진 공제액	1,000만 원	5억 원 이하 1,000만 원
(=) 산출 세액	8,000만 원	과세표준×20% - 1,000만 원
(+) 세대 생략 가산액	-	
(=) 산출 세액 합계	8,000만 원	
(-) 기납부 세액 공제	500만 원	사전 증여 재산(1억 원)의 산출 세액
(-) 신고 세액 공제	750만 원	(산출 세액 - 기납부 세액 공제)×10%
(+) 가산세	-	
(=) 납부 세액	6,750만 원	

초롱의 표정이 점점 굳어져 갔다. 초롱은 옆에 있는 알뜰을 향해 귓속

말을 했다.

"선배님, 뭐가 이렇게 복잡하죠? 팀장님 말로는 아주 쉽게 해결될 것 같았는데 저걸 보니 정말 아리송해요."

판 팀장이 초롱의 모습을 보더니 웃음을 지었다.

"초롱 씨, 초조하게 생각하지 말고 차근차근 설명을 들어봐요. 그러면 쉽게 이해될 테니."

"알겠습니다."

"이 계산 내용을 보면 우선 사전에 증여한 재산이 당해 증여 재산 가액에 합산되었습니다. 동일인으로부터 받은 사전 증여 재산은 합산되죠. 물론 합산 기간은 10년입니다."

"팀장님, 합산은 상속이 발생할 때 하는 것이 아닌가요?"

"하하하. 그런 질문이 왜 안 나오나 했네요. 합산은 상속이 발생할 때도 하지만 증여가 발생하더라도 합니다. 왜냐하면 지금 증여하는 사람이 50세라고 합시다. 이분이 100세까지 산다면 지금 증여분은 상속 재산에 합산되지 않겠죠. 만일 이런 상태에서 증여에 대해 합산과세를 하지 않으면 증여세를 상당히 낮출 수 있을 겁니다."

"그러니 합산은 상속과 증여에 모두 적용된다는 결론이네요."

"정확히 맞히셨습니다. 이제 진도를 나가죠. 이렇게 합산한 5억 원에서 5,000만 원의 증여 공제액을 차감한 4억 5,000만 원에 대해 20%의 세율을 곱하고 다시 누진 공제 1,000만 원을 적용하면 8,000만 원이 됩니다. 그리고 여기에 1억 원에 대한 기납부 세액 공제(500만 원)와 신고 세액 공제(750만 원)를 적용하면 납부할 세액을 계산할 수 있습니다."

판 팀장의 세세한 설명에도, 교육장의 분위기는 그리 밝지 못했다. 그

때 눈치 빠른 알뜰이 한 가지 건의를 했다.

"팀장님, 하나하나씩 내용을 뜯어봐야 할 것 같아요. 증여 재산 가액이 뭔지, 세율은 어떻게 결정하는지 등 알아야 할 것이 무척 많네요."

판 팀장은 알뜰의 의견을 받아들였다.

증여세를 결정하는 변수들

첫째, 총 증여 재산 가액은 당해 증여 재산 가액과 사전에 증여한 금액을 합산한 금액을 말한다. 따라서 기본적으로 증여세 과세 대상의 범위를 파악하고 증여 재산 가액을 어떻게 평가해야 하는지를 확인해야 한다. 또한 10년 이내에 증여한 재산 가액도 합산되어야 한다.

둘째, 증여를 받을 때 부담한 부채는 차감된다. 증여 재산에 담보된 부채와 함께 증여를 받으면 순수한 증여 금액이 줄어든다. 따라서 증여세는 일부 줄어든다. 하지만 부채는 세법상 유상 양도에 해당하여 이에 대해서는 양도소득세가 부과된다. 이러한 증여 방식을 '부담부 증여'라고 한다.

셋째, 증여 공제에는 증여 재산 공제와 감정평가수수료 공제 등이 있다. 증여 재산 가액에서 공제되는 증여 공제에는 증여 재산 공제, 재해손실 공제, 감정평가수수료 공제가 있다.

① 증여 재산 공제
거주자가 증여를 받은 경우 다음의 구분에 따른 금액을 공제한다.

구분	내용
배우자로부터 증여	6억 원
직계존속과 직계비속	5,000만 원(미성년자 2,000만 원)
배우자, 직계존비속 아닌 친족	500만 원

증여 재산 공제는 합산 기간인 10년 동안 수증자를 기준으로 위 금액을 적용하므로 아버지와 어머니, 조부모로부터 각각 5,000만 원씩을 받더라도 5,000만 원밖에 공제되지 않는다. 또한 최대 6억 5,500만 원을 한도로 한다.

② 감정평가수수료 공제
증여세를 납부할 목적으로 감정평가를 받은 경우, 최고 500만 원까지 공제받을 수 있다. 또 신용평가 전문기관에서 비상장주식에 대해 평가를 받은 경우에는 1,000만 원까지 공제를 받을 수 있다.

넷째, 증여세 세율도 세금의 크기를 직접적으로 좌우하는 요소 중 하나다.
한편 세대를 건너뛴 증여의 예로 할아버지가 손자·손녀에게 증여하는 경우에는 30%를 할증하여 과세한다. 물론 손자·손녀의 아버지가 없는 경우에는 할증 과세를 하지 않는다.

다섯째, 증여세는 증여받은 날이 속하는 달의 말일부터 3개월 내에 신고해야 한다. 일단 기한 내에 신고하면 무조건 산출 세액의 10%를 공제해 준다.

증여 재산을
합산하면
세금만 늘어난다

앞에서 판 팀장이 교육한 내용 중 10년 누적 합산과세 문제가 있었다. 이는 상속 재산을 인위적으로 줄여서 세금 부담을 줄이려는 것을 방지하는 제도라 할 수 있다. 그런데 10년 누적 합산과세를 벗어나는 경우에는 사전 증여에 따른 상속세가 추가되지 않는다. 합산과세 기간을 벗어났기 때문이다. 그렇다면 합산과세 기간을 벗어난 상태에서 사전 증여를 여러 번 하면 문제가 없을까?

그렇지 않다. 만일 아무런 여과장치 없이 이를 허용한다면 세금을 내는 사람이 없거나 적은 금액을 내게 될 것이다. 왜냐하면 현재의 증여세는 증여 재산 가액에서 증여 공제액을 차감한 과세표준에 세율 10~50%를 곱하여 계산하는데, 만일 증여 시기를 분산한다면 낮은 세율이 적용되고 따라서 세금액은 적게 계산되기 때문이다. 예를 들어 5억 원을 5회로 나눠 증여세를 계산하면 각 회당 1,000만 원, 5회를 합계하면 5,000만 원이란 세금이 나온다. 증여 공제액은 감안하지 않고 1억 원에 10%의 세율을 적용한 결과다.

그런데 만일 5억 원에 대해 한꺼번에 세율을 적용하면 이는 20%의 세율이 적용되므로 9,000만 원의 세금이 나온다. 5억 원에 20%의 세율을 적용한 다음 1,000만 원을 누진 공제했다. 이렇게 증여 금액을 분산하여 세금을 계산하는가, 아니면 합산하여 계산하는가에 따라 세금 차이가 발생하는 것이다. 결국 합산과세는 재산을 분산하여 세금을 줄이는 것을 방지하는 제도이다.

그렇다면 상속세와 증여세의 세율은 어떻게 구성되는지 자세히 살펴보자. 상속세와 증여세의 세율은 10~50%이다. 이 세율 중 가장 높은 세율 50%는 과세표준이 30억 원을 초과한 부분의 상속이나 증여 재산 가액의 50%가 바로 세금이라는 것을 뜻한다.

과세표준	세율	누진 공제액
1억 원 이하	10%	–
1억 원 초과 ~ 5억 원 이하	20%	1,000만 원
5억 원 초과 ~ 10억 원 이하	30%	6,000만 원
10억 원 초과 ~ 30억 원 이하	40%	1억 6,000만 원
30억 원 초과	50%	4억 6,000만 원

표의 세율 구조는 약간 복잡해 보인다. 그래서 이를 어떻게 적용하는지 이해할 필요가 있다. 예를 들어 상속세 또는 증여세의 과세표준이 7억 원이라고 할 때 세금 계산은 다음과 같다.

- 누진 공제를 이용한 세금 계산

  7억 원×30%−6,000만 원(누진 공제액)=1억 5,000만 원
- 누진 공제를 이용하지 않은 세금 계산

  1억 원×10%+(5억 원−1억 원)×20%+(7억 원−5억 원)×30%=1,000만 원
  +8,000만 원+6,000만 원=1억 5,000만 원

실무적으로 누진 공제를 활용하면 무척 간편하게 세금을 계산할 수 있다.

한편 상속세나 증여세는 상속이나 증여 재산이 많아질수록 커지는 특성이 있다. 예를 들어 10억 원을 2회에 걸쳐 증여받기로 한 경우에 10억 원에 한꺼번에 과세하는 것과 5억 원씩 나눠 과세하여 합한 것 중에서 어느 쪽이 세금 측면에서 더 유리할까?

- 10억 원에 대해 과세하는 경우

  10억 원×30%−6,000만 원(누진 공제)=2억 4,000만 원
- 5억 원씩 나눠 과세한 후 합산하는 경우

  {5억 원×20%−1,000만 원(누진 공제)}×2=1억 8,000만 원

이런 원리로 앞에서 본 누적 합산과세 방식이 다음과 같이 등장하는 것이다.

종전 증여	당해 증여
증여 금액 ①	당해 증여 금액＋종전 증여 금액 ①
증여세 ②	증여세−종전 증여세 ②

참고로 중간 대(代)를 건너뛰는 식으로 상속이나 증여가 발생하면 산출 세액의 30%를 할증 과세한다. 그러나 중간 대가 없어 부득이 대를 잇는 상속이나 증여를 할 경우에는 할증 과세가 되지 않는다. 그렇다면 할증 과세 30%가 반드시 손해가 될까?

예를 들어 1억 원을 할아버지가 아버지에게, 그리고 손자·손녀에게 순차로 증여되는 경우와 할아버지로부터 손자·손녀가 직접 받는 경우 의 세금 크기를 대략적으로 비교해 보자.

① 순차적으로 받는 경우

- 할아버지 → 아버지 : (1억 원 − 5,000만 원) × 10% = 500만 원

- 아버지 → 손자·손녀 : (9,500만 원 − 5,000만 원) × 10% = 450만 원

- 계 : 950만 원

위에서 9,500만 원은 증여 금액 1억 원에서 산출 세액 500만 원을 공제 한 잔액을 말한다. 참고로 신고 세액 공제 10%는 적용하지 않았다.

② 세대를 생략하여 받는 경우(대습상속이 아닌 경우)

- 할아버지 → 손자·손녀 : (1억 원 − 5,000만 원) × 10% × 130%* = 650만 원

＊대습상속의 경우에는 할증 과세되지 않는다.

이상의 분석 결과를 보면 세대를 생략한 증여가 반드시 불리한 것만 은 아님을 알 수 있다. 그러나 상속의 경우에는 세대를 생략한 상속이 순 차적 상속에 비해 불리한 것이 일반적이다. 뒤에서 다시 살펴보기로 하 자(231쪽 참조).

공짜로 받으면 무조건 증여일까?

"이제 합산과세의 원리를 이해했을 줄 믿고 지금부터는 기초적인 내용들을 살펴보겠습니다. 초롱 씨, 증여세 과세 대상을 구별할 수 있나요?"

"글쎄요. 제가 알기로는 공짜로 받는 재산이 증여세 과세 대상이라고 알고 있는데요. 아닌가요?"

"그렇지 않아요. 증여세 과세 대상이 얼마나 복잡한지 한번 보세요."

실무적으로 증여세 과세 대상을 가려내는 것은 쉽지가 않다. 재산의 이전 수단도 다양하고 이를 과세 당국이 일일이 점검할 수도 없기 때문이다. 그렇다고 증여 행위를 규제하지 않으면 신종 증여가 우후죽순으로 등장하고 그에 따라 세금 없는 부의 대물림 현상이 심화될 것이다.

그래서 세법은 증여를 다음과 같이 정의하고 이에 해당되면 증여세를 부과하는 쪽으로 일을 처리한다.

이 내용에는 어떤 행위로 인해 이익을 보았다면 이를 증여로 보아 증여세를 거두겠다는 세법의 의지가 담겨 있다. 다시 말하면 증여 개념에 해당되기만 하면 법에 일정 행위가 열거되어 있지 않더라도 증여세를 과세하겠다는 것이다. 이렇게 개념만을 정의해 두고 과세하는 방식을 '완전포괄주의 과세제도'라고 한다.

그렇다면 세법에서는 증여 대상 범위를 어떻게 정하고 있는지 살펴보자.

본래의 증여 재산＋예시 규정의 증여 재산＋증여 추정 및 증여의제 재산
(상증법 31)　　　　　(상증법 33~42)　　　　　(상증법 44~45의2)

예시 규정	증여 추정 및 의제
① 보험금 ② 저가양도 ③ 채무면제 ④ 부동산 무상 사용 ⑤ 합병 등	① 배우자 등에 양도 시 증여 추정 ② 재산취득자금 등의 증여 추정 ③ 명의신탁재산에 대한 증여의제

본래의 증여 재산은 수증자에게 귀속되는 금전으로 환가(換價)할 수 있는 모든 재산과 권리를 말한다. 즉 수증자가 무상으로 얻은 금전적 이득에 대해서는 증여세를 과세하는 것이 원칙이다. 예시 규정의 증여 재산은 말 그대로 세법에서 예로 든 규정에 불과하다. 이런 규정이 있기 때문에

과세 대상을 좀 더 명확히 할 수 있다.

증여 추정은 가족 간에 가짜로 매매할 때 매매를 취소하고 증여세를 과세하는 방식을 말한다. 물론 가족 간에 진짜로 매매하는 경우에는 증여로 볼 수 없다. 한편 증여의제는 무조건 증여로 보는 것을 말한다. 예를 들어 주식을 명의신탁하는 경우 명의를 빌려 준 사람에게 증여한 것으로 본다. 하지만 부동산을 명의신탁한 경우에는 부동산실명법에 의해 규율되므로 증여로 보지 않는다.

이상의 내용을 토대로 하면 제3자에게 무상으로 증여가 이루어지면 세금이 나온다고 결론지어도 될 것이다.

그런데 아버지가 자녀에게 준 용돈 10만 원에도 과세해야 하는가?

만일 그렇다고 한다면 수많은 범법자가 양산될 수밖에 없을 것이다. 10만 원에 대해 세금 신고를 하는 사람이 거의 없을 것이기 때문이다. 따라서 국민의 생활 편의도 고려하고 세무 행정의 효율성을 위해서 증여 성격을 띠더라도 과세에서 제외하는 경우가 많다. 이에는 용돈이나 세뱃돈, 학자금, 생활비, 치료비 등이 있다. 하지만 용돈 등의 명목으로 돈을 받은 후 이를 예·적금하거나 주식·토지·주택 등의 매입 자금으로 사용하는 경우에는 과세된다. 즉 재산을 불리는 수단으로 사용하는 경우에는 세금을 부과한다.

이외에도 혼인을 하면서 과도한 혼수가 오고가거나 혼주에게 귀속되는 축의금을 자녀에게 전달하면 이에 대해서도 증여세가 부과될 수 있음에 유의해야 한다.

편법 증여를 방지하는 규정들

다음에 열거된 유형에 속하는 경우는 증여에 해당한다.

사유	증여 유형의 예시
보험금	보험료를 내지 않은 사람이 보험금을 타게 된 경우
자산의 양도	특수 관계를 불문하고 시가의 70% 이하 또는 130% 이상의 가액으로 재산을 양도하거나, 시가와 대가의 차액이 3억 원 이상인 경우 • 저가 양수 시의 증여 금액＝(시가－양수 대가)－Min(시가×30%, 3억 원)
채무면제 등	채무를 면제받거나 다른 사람으로부터 채무 인수 또는 변제를 받은 경우
토지 무상 사용 권리	건물을 소유하기 위하여 특수 관계자의 토지를 무상으로 사용한 경우(특수 관계자의 토지 위에 건물을 신축하여 사용하는 경우 등)로서 무상 사용 이익이 1억 원 이상이면 과세함
금전 대부	특수 관계자로부터 1억 원 이상의 금전을 무상 또는 적정 이자율보다 낮은 이자로 대부받은 경우 • 증여의제 금액 ▶무상 대부받은 경우 : 대부 금액　적정 이자율 ▶낮은 이자율로 대부받은 경우 : (대부 금액×적정 이자율)－실제 지급한 이자 상당액 ＊여기서 적정 이자율은 8.5%로 고시됨
합병, 증자 등	법인이 합병·증자·감자를 통하여 부를 무상 이전하는 등 일정 요건에 해당되는 경우에는 증여세가 과세됨
전환사채 등	전환사채 등을 인수·취득·양도하거나 전환사채 등에 의하여 주식으로 전환·교환 또는 주식의 인수로 인해 일정한 이익을 얻은 자는 그 이익에 해당하는 금액을 증여받은 것으로 봄
주식의 상장	기업 경영의 내부 정보 이용이 가능한 최대 주주 등이 주식의 상장이나 등록을 이용해 일정한 이익을 얻은 경우
일감몰아주기 증여세 과세	특수 관계법인 간 일감몰아주기에 따라 이익이 발생하는 경우 이익을 받은 자에게 증여세를 부과

증여 재산 가액
정하기

"이제 증여 재산 가액과 증여 공제법 등을 알아봅시다. 상속세와 증여세의 부과 기준이 시가라는 것 정도는 알고 있습니다만 상속이나 증여 재산 중 부동산은 거래 금액이 없어 시가를 파악하기 힘든 경우가 많습니다. 그래서 상속세나 증여세를 처음 대하는 사람들은 부동산 신고 기준을 시가가 아닌 기준 시가로 단정해 버리는 경우도 있습니다. 하지만 요즘은 시가로 과세되고 있으니 주의해야 합니다."

판 팀장은 계속해서 증여세를 계산하기 위해 필수적으로 알아야 할 내용들을 점검하기 시작했다.

상속세나 증여세를 계산하기 전에 반드시 알아야 할 것은 상속이나 증여 재산을 어떻게 평가하는가 하는 점이다. 어떻게 평가하느냐에 따라 세부담의 크기가 달라지기 때문이다. 물론 현금은 평가가 불필요하지만 건물이나 토지 등은 평가 과정이 반드시 필요하다. 그렇다면 상속세 및 증여세법에서는 어떤 식으로 규정하고 있을까?

먼저 상속세 또는 증여세 과세 대상의 재산 가액은 상속 개시일 또는 증여일 현재의 '시가'로 정하는 것이 원칙이다. 시가란 시장가격으로서 상속 개시일 또는 증여일의 전후 6개월(증여 재산은 3개월) 이내의 기간 중에 발생한 다음의 가액도 시가로 인정한다(상증법 제60조).

- 해당 자산에 대해 매매가 있었던 경우 그 거래 가액(계약일 기준)
- 두 곳 이상의 감정평가 기관이 상속세·증여세 납부 외의 목적으로 평가한 감정 가액이 있는 경우 그 감정 가액의 평균액
- 당해 재산에 대해 수용·경매 또는 공매 사실이 있는 경우 그 보상 가액, 경매 가액, 또는 공매 가액 등

'시가'란 불특정 다수 간에 시장에서 거래되는 가격을 말한다. 하지만 증여 재산은 시장에서 거래되는 것이 아니므로 시가를 알 수가 없다. 그래서 세법은 시가의 범위를 확장하여 위치나 면적 등이 유사한 자산에 대해 상속의 경우 상속 개시일 전 6개월(증여는 3개월)부터 상속세·증여세를 신고할 때까지의 매매사례가격이나 감정가격 등도 시가(이하 '유사 시가'라고 한다)로 인정하고 있다. 그러나 시가가 존재하지 않으면 보충적인 평가 방법을 사용할 수밖에 없다. 여기서 보충적인 방법이란 부동산의 경우 기준 시가를, 기타의 경우에는 법에 정한 방법을 말한다. 이를 정리하면 다음 페이지의 표와 같다.

그런데 이 유사 시가로 인해 실무상 많은 혼란이 발생하고 있다. 유사 시가가 상당히 모호해 납세자가 어디에 기준을 두고 신고해야 할지 모르

원칙적 평가 방법		보충적 평가 방법
시가	유사 시가	
불특정 다수 간의 거래 금액(시장가격)	① 당해 재산에 대한 일정 기간*중의 다음의 가격 – 매매사례 가액 – 경매 · 공매 · 수용 가액 ② 위 ①의 가격이 없는 경우 위치 · 면적 등이 유사한 재산에 대한 일정 기간** 중의 다음의 가격 – 매매사례 가액 – 경매 · 공매 · 수용 가액	• 부동산 : 기준 시가 • 기타 자산 : 법정

* 상속 개시일 전후 6개월(증여일 전후 3개월)
** 상속 개시일 전 6개월(증여는 3개월) □ 상속세(증여세) 신고 시까지

는 상황이 비일비재하기 때문이다.

그렇다면 납세의무자는 어떻게 대응해야 할까? 일단 적극적으로 유사 자산의 매매사례 가액을 찾되, 없는 경우에는 감정평가도 생각해 봐야 한다. 세법에서는 당해 증여 재산에 대하여 두 곳 이상의 공신력 있는 감정 기관(감정평가법인에 한한다)이 평가한 감정 가액이 있는 경우에는 그 감정 가액의 평균액을 시가로 인정하고 있다.

만일 감정평가를 하지 않는 경우에는 관할 세무서에 연락을 취해 신고 가액을 알아보는 것도 좋은 대응법이 된다. 참고로 이처럼 유사한 자산의 매매사례 가액을 시가로 보는 데는 분명 한계가 있으므로 시가를 확인하기 힘든 경우에는 폭넓게 기준 시가를 사용해야 한다. 폭넓게 기준 시가로 과세한 후 양도하면 양도소득세로, 상속이 발생하면 상속세로 정산하면 되기 때문이다.

상속세 및 증여세법에서 정한 부동산 및 그에 관한 권리의 기준 시가는 아래 표와 같다.

구분		내용
부동산 및 부동산 권리	토지	개별공시지가(지정 지역 안의 토지는 '개별공시지가×배율')
	건물	건물의 신축 가격, 구조, 용도, 위치, 신축 연도 등을 참작하여 매년 1회 국세청장이 산정·고시하며 다음과 같은 방법으로 평가 ① 건물의 기준 시가＝㎡당 금액×평가 대상 건물의 연면적(㎡) ② ㎡당 금액＝건물 신축 가격×구조지수×용도지수×위치지수 　　×경과 연수별 잔가율×개별 건물의 특성에 따른 조정률
	주택	• 지정 아파트, 연립주택 : 기준 시가(국세청) • 소규모 연립주택·다세대주택·단독주택 : 개별 주택가격(건설교통부, 2005년 7월 13일 이후 사용)
	지정 상업용 건물, 오피스텔	국세청장이 수도권과 5대 광역시에서 3,000㎡ 이상인 대형 상가와 오피스텔에 대하여 매년 1회 이상 토지 건물을 일괄 산정한 가액을 구분 소유 면적으로 나누어 ㎡당 가액으로 고시한 금액(최초 고시일 : 2005년 1월 1일, 시행일 : 2005년 1월 1일 이후 상속·증여 재산부터 사용)
	부동산에 관한 권리 (분양권, 회원권 등)	분양권 : 평가 기준일까지의 납입 금액＋평가 기준일 현재의 프리미엄

＊ 재산평가와 관련된 세무상 쟁점은 4장 보론 참조. 기타 금융자산에 대한 평가는 5장 168쪽 참조.

소급 감정도 가능할까?

국세청에서는 신고 기한 경과 후 소급하여 감정한 가액을 시가로 인정하는 것은 법적 안정성을 해치고 조세 행정 집행상 혼란을 초래할 우려가 있다는 등의 이유로 일관되게 소급 감정 가액은 인정하지 않고 있다(재삼 46014-1612, 1996. 7. 8, 재삼 46330-274, 1999. 6. 30).

증여 공제
적절히
활용하기

"제가 생각해 봐도 매매사례 가액 제도는 문제가 많은 것 같은데 과세 당국은 왜 기준 시가가 아닌 시가 과세를 고집할까요?"

초롱이 질문했다.

"좋은 질문입니다. 아마도 기준 시가가 시가를 제대로 반영하지 못하기 때문일 겁니다. 기준 시가는 보통 시가의 70~80% 선으로 알려지고 있으나 실상은 그렇지 않죠. 서울 강남 아파트는 시가의 60~70%에 머무르는 경우가 많습니다. 토지의 경우에는 시가의 10%로 기준 시가가 책정되는 경우도 있고요. 이렇다 보니 기준 시가를 선호하는 납세자와 시가로 과세하고 싶은 과세 당국 간에 마찰이 일어날 수밖에 없는 구조적인 문제가 있습니다."

판 팀장이 초롱의 질문에 아주 상세히 답변했다.

"그렇군요. 설명 감사합니다."

"좋습니다. 이제 증여세 계산에서 매우 중요한 증여 공제 활용법에 대해 자세히 살펴봅시다."

판 팀장은 먼저 증여 공제가 요약된 자료를 보여 주었다.

구분	공제액	비고
배우자로부터 수증	6억 원	
성년자가 직계존속으로부터 수증	5,000만 원	소급한 10년간의 공제 금액임
미성년자가 직계존속으로부터 수증	2,000만 원	
기타 친족으로부터 수증	500만 원	

"이 표를 보니까 상당히 쉽다는 생각이 들죠? 하지만 이게 또 만만치 않다니까요."

판 팀장의 말에 초롱의 귀가 번쩍 틔었다.

배우자 증여 공제

배우자로부터 증여를 받는 경우에는 10년 동안 6억 원 이하까지는 증여세가 부과되지 않는다. 하지만 6억 원을 초과하는 경우에는 증여세가 과세된다.

• **증여 가액이 6억 원 이하인 경우**

증여세 문제는 없다. 단 보유한 부동산을 배우자에게 이전하는 경우에는 취득세 등이 기준 시가의 4% 정도 나오므로 유의할 필요가 있다.

• 증여 가액이 6억 원을 초과하는 경우

증여세 문제와 더불어 취득세 등도 나타난다. 한편 신규로 분양되는 주택에 대해서는 증여세 문제를 더더욱 조심해야 한다. 원래 증여세 대상 금액은 시가를 기준으로 하는데 신규 분양주택은 프리미엄이 존재하는 경우가 많기 때문이다. 따라서 고가주택 등을 구입할 때에는 프리미엄 부분을 고려하여 증여 의사 결정을 내릴 필요가 있다.

성년자 증여 공제

성년자 증여 공제는 10년간 5,000만 원밖에 되지 않으므로 부동산을 취득하기에는 역부족이다. 하지만 전세 보증금 등을 활용하면 자녀 명의로도 부동산 거래를 할 수 있다. 예를 들어 1억 원짜리 주택을 자녀 명의로 하는 경우 어떤 문제가 있을지 알아보자. 단 이 주택에는 전세 보증금 5,000만 원이 끼어 있다. 자녀의 나이는 현재 25세다.

• 자녀 명의로 집을 사는 경우 부족한 돈은 7,000만 원이다. 만일 이 돈을 부모가 대신 지급했다면 증여세는 얼마가 예상될까?

→ 전세 보증금은 확실한 자금출처로 인정을 받을 수 있다. 그리고 증여세 비과세 한도인 5,000만 원을 감안하면 2,000만 원이 증여세 과세 대상이 된다. 통상 증여세 과세표준이 1억 원 이하인 경우에는 10%의 증여 세율이 적용된다.

• 만일 자녀 명의로 사 둔 집을 포함해 1세대 2주택이 되었다면 향후 양도소득세는 어떻게 될까?

→ 현재 1세대 2주택이므로 일시적 2주택 비과세 특례를 받지 못하면

과세가 될 것이다. 단, 자녀가 세대 독립 요건을 갖춘 상태에서 양도를 하면 1세대 1주택에 대한 비과세를 받을 수 있다(자세한 것은 저자 등에게 문의).

미성년자 증여 공제

미성년자에 대한 증여 공제는 10년간 2,000만 원이다. 따라서 미성년자에 대한 증여는 주로 금융자산 위주로 이루어진다. 예를 들어 적금이나 보험 또는 펀드 등이 소액으로 증여가 된다. 그런데 만일 미성년자가 부동산을 취득하면 자금출처 조사 대상자로 파악되는 것이 일반적이다. 따라서 미성년자가 부동산을 취득할 때에는 미리 증여세 신고를 해 두는 것이 좋다.

한편 미성년자에서 만 19세로 성년자가 되는 경우에는 증여 공제액은 2,000만 원에서 5,000만 원으로 증가된다. 이때 증여 공제는 다음과 같이 적용한다.

* 19세 미만의 경우 : 2,000만 원을 적용함
* 19세 이상의 경우 : 5,000만 원을 적용함. 만일 미성년자 때 증여받았다면 공제 2,000만 원을 적용하고 성인이 된 이후부터 10년 이내라면 추가로 3,000만 원을 공제하여 계산함

사례를 들어 이 내용을 알아보자.

2014년(미성년자)에 아버지로부터 3,000만 원, 2015년(성년자)에는 아버지로부터 5,000만 원을 증여받은 경우의 과세표준은?

구분	2014년 미성년자 (증여 공제 2,000만 원)	2015년 성년자 (증여 공제 5,000만 원)
증여 가액	3,000만 원	5,000만 원
합산 후 증여 가액	3,000만 원	8,000만 원
공제액 합계	2,000만 원	5,000만 원
증여세 과세표준	1,000만 원	3,000만 원

동일인으로부터 증여를 받으면 10년간 합산하여 과세된다. 마찬가지로 증여 공제액도 10년 동안 적용되는 금액을 말한다. 따라서 미성년자에서 성년자로 넘어간 경우에는 증여 재산 가액의 누계액을 정확히 계산하고 2,000만 원 또는 5,000만 원을 정확히 적용하면 어렵지 않게 세금 계산을 할 수 있다.

두려움 없이
증여세 신고 및
납부하는 방법

"증여세는 증여세 신고 서류를 법정 기한까지 관할 세무서에 제출하고 세금을 납부하면 납세 협력 의무가 종결됩니다. 이렇게 신고 및 납부를 한 뒤 관할 세무서에서 신고 내용을 확정합니다. 그런데 이때 신고 내용에 오류가 발생한다면 관할 세무서에서 경정(更正)하여 세금을 추가로 고지할 수 있습니다. 이제 증여세 신고와 납부 절차 위주로 살펴봅시다."

판 팀장의 교육은 막바지로 치닫고 있었다.

지금부터 관련 내용들을 살펴보자.

증여세 신고 기한

증여세 신고 및 납부 기한이 달라졌다. 종전에는 증여일로부터 3개월 이내에 신고 및 납부하도록 하였으나 2009년부터는 증여일이 속하는 달의 말일로부터 3개월 이내로 바뀌었다. 예를 들어 9월 1일이 증여일이라면 종전에는 이날을 기준으로 3개월 이내인 12월 1일이 그 기한이었으나 바뀐 규정에 의하면 12월 31일이 기한이다. 증여일이 속하는 달의 말일이 9월 30일이기 때문이다.

그렇다면 앞의 '증여일'은 구체적으로 어떤 날을 말할까? 증여 시기를 정하는 것은 증여세 신고 및 납부 기한을 정한다는 의미에서 매우 중요하다.

먼저 부동산의 경우를 보면 일반적으로 세법은 '소유권 이전 등기 접수일'을 증여 시기로 본다. 따라서 사실상 등기가 이루어지 않은 경우에는 증여세를 신고했더라도 증여세는 과세되지 않는다(재삼 46014-1955, 1995. 7. 31).

다음으로 금융자산의 경우에는 입금한 시기가 증여일에 속하나 입금한 시점에 증여임이 밝혀지지 않으면 보통 인출하여 사용한 시점이 증여 시기가 되는 것이 원칙이다. 증여세 신고는 증여를 받은 수증자가 거주하고 있는 소재지 관할 세무서에 한다. 그러나 외국에서 거주하고 있는 비거주자는 증여자의 주소지를 관할하는 세무서에 해야 한다.

증여세 납부 방법

세법은 원칙적으로 현금을 제때 납부하는 것을 원칙으로 한다. 그러나 납부할 금액이 상당한 경우에는 일시에 현금으로 납부하기가 쉽지 않다. 그래서 다음과 같이 다양한 납부 방법을 규정하고 있다.

이중 금액이 큰 경우에는 현실적으로 연부연납 제도를 이용하는 경우가 많다. 연부연납 방법은 세액을 연 단위로 나눠서 납부하는 제도를

구분	납부 방법
현금 납부	납부 기한 내에 현금으로 납부하는 방법이다.
분납	납부할 금액이 1,000만 원을 초과하는 경우 현금을 2회에 나누어 내는 방법이다. 1회는 신고 때, 나머지 1회는 신고 기한 경과 후 2개월 내에 납부할 수 있다.
물납	납부할 금액이 2,000만 원을 초과하는 경우 현금 대신 부동산이나 주식 등의 물건으로 납부할 수 있는 제도를 말한다.
연부연납	납부할 금액이 2,000만 원을 초과하는 경우, 연 단위로 나눠서 납부할 수 있는 제도를 말한다. 통상 6회로 나누어 5회를 연부연납할 수 있다. 연부연납한 금액에 대해서는 가산금이 부과된다.

말한다. 물론 납세의무자가 이를 이용하기 위해서는 미리 관할 세무서장의 허가를 얻어야 한다. 일반적으로 6회로 나눠 1회는 법정 기한 이내에 그리고 나머지는 5년간 나눠서 납부할 수 있다. 단, 늦게 납부하는 만큼 일정한 가산금(연 3.4%, 수시 변동)을 부과한다. 예를 들어 증여세를 1억 2,000만 원 내야 하는데 이를 5회에 걸쳐서 연부연납한다면 다음과 같이 납부가 된다.

- 2,000만 원 : 법정 납부 기한 내에 납부
- 1억 원 : 법정 기한 후 5회에 걸쳐 연 단위로 납부(단, 잔액에 대해서는 매년 3.4% 등의 이자율로 가산금을 계산)

증여세 세목은 양도소득세나 법인세 같은 세목과는 달리 납세의무자의 신고로 세금이 결정되지 않는다. 어렵게 말하면 납세자의 신고 행위는 확정 효력이 없고 과세 관청이 결정해야 확정 효력이 발생한다. 따라서 증여세를 신고한 후에는 통상 신고 기한 후 3개월 이내에 세무서로부터 신고에 대한 실질 조사 등을 받게 된다.

특히 상속재산가액 규모가 일정액(예 30억 원)을 넘어가면 일선 관할 세무서가 아닌 그 위의 상위기관인 지방국세청에서 조사가 이루어진다.

TIP

증여세 연대납세 의무

증여세는 원칙적으로 수증자가 납부하는 것이 원칙이다. 하지만 조세채권을 확보하기가 힘든 경우나 수증자가 비거주자 또는 명의신탁자인 경우에는 증여자가 연대납세 의무를 부담한다. 그리고 연대납세 의무에 의해 대납한 증여 세액은 증여로 보지 않아 추가 증여세 과세는 없다. 하지만 연대납세 의무에 의하지 않은 증여세 대납은 증여로 본다. 예를 들어 아버지가 자녀가 내야 하는 증여세를 대납한 경우에는 이 금액을 증여 재산으로 보는 것이다.

증여세 신고는 반드시 해야 하는가?

증여 공제액 범위 내의 증여에 대해서는 가산세가 없다. 따라서 이러한 상황에서는 굳이 신고할 필요가 없다. 하지만 증여금액을 미리 신고해 두면 향후 재산 취득 시 자금출처를 소명할 때 요긴하게 사용할 수 있다. 상속세도 마찬가지다.

나 홀로 등기에 도전해 볼까?

부동산을 증여받으면 반드시 등기 의무를 이행해야 한다. 나 홀로 등기에 도전할 수 있도록 절차를 익혀 보자.

먼저 증여 계약서를 구청에서 검인받아야 한다. 증여 계약서는 인터넷 등에서 견본을 얻을 수 있다. 검인 후에는 구청 세무과에 취득세를 납부하고 은행에서 국민주택채권을 매입한 후 법원에 등기 신청을 하면 된다.

증여 계약서 검인	➡	취득세 납부 국민주택채권 매입	➡	등기 신청서 제출
– 구청 지적과 – 계약서 원본 등		– 구청 세무과 – 은행		– 관할 등기소

참고로 부동산 등기를 신청할 때 일반적으로 필요한 서류는 다음과 같다.

– 등기 신청서
– 등기 원인을 증명하는 서류(증여 계약서 등)
– 등기 의무자의 권리에 관한 등기 필증 또는 확인서
– 당사자(등기 권리자인 매수인과 등기 의무자인 매도인)들의 인감증명서
– 토지 또는 건축물대장등본
– 취득세 영수필 확인서 및 통지서
– 국민주택채권 매입증
– 위임장(대리인 신청 시)

가산세
확 줄이는
방법

김미남 씨는 주택에 대한 증여세를 기준 시가로 신고했다. 그러나 관할 세무서에서는 이를 시가로 과세하겠다고 했다. 그는 어떤 가산세 불이익을 받게 될까?

정답은 납부불성실가산세다. 신고불성실가산세는 적용 대상이 아니다. 왜 그럴까? 세법에서는 재산 가액 평가 차이나 공제 적용에 의한 차이에서 과소 신고되는 경우에는 신고불성실가산세를 부과하지 않기 때문이다.

지금부터는 증여세에 대한 공부를 마무리하는 차원에서 가산세를 정리해 보자.

원래 세금은 세법에 근거하여 징수된다. 따라서 법에서 정한 과세 요건을 충족하면 누구든지 예외 없이 세금을 납부하는 것이 원칙이다. 그런데 이런저런 이유로 세금을 내지 않으려는 행위를 하거나 심지어 탈세 행위까지 버젓이 저지르는 사람들이 있다. 하지만 이러한 행위는 비난받기 마련이다. 국방이나 기타 공공서비스를 실컷 누리고도 이에 대한 재원은 부담하기 싫다는 것으로 해석되기 때문이다.

그러면 세금을 내지 않을 때 어떤 불이익을 받게 될까?

세법에서는 일단 두 가지 가산세로 대응한다. 하나는 신고불성실가산세이고 다른 하나는 납부불성실가산세다.

가산세 종류

가산세는 세금을 증가시키는 요소다. 따라서 가급적 가산세를 부과받지 않도록 해야 한다.

먼저 신고불성실가산세가 있다. 이 가산세는 신고를 하지 않았거나 세법보다 낮게 신고한 경우에 미신고 및 미달 신고에 의해 산출된 세액의 10~40%까지 부과한다. 여기서 부당한 방법이란 장부를 은닉하거나 허위 계약서를 만들어 제출하는 것 등을 말한다.

구분		가산 세율
무신고	일반적인 무신고	20%
	부당한 방법에 의한 무신고	40%
과소 신고	일반적인 과소 신고	10%
	부당한 방법에 의한 과소 신고	40%

그런데 상속 공제나 증여 공제를 잘못 적용하거나 재산평가 기준 차이에 의해 세금이 늘어나는 경우에는 신고불성실가산세를 부과하지 않는다.

다음으로 납부불성실가산세가 있다. 이는 납세자가 납부 기한을 경과하여 납부하는 경우로 연체 이자까지 더해진다. 아래의 미납 기간 등은 납부 기한의 다음 날부터 자진 납부일까지를 말한다.

- 납부불성실가산세 : 미납 · 미달 납부한 세액 × 기간 × 3/10,000

납부불성실가산세는 하루 이자를 연간으로 환산하면 10.95%에 이른다. 따라서 납부를 하지 않는 기간이 늘어나면 세금이 상당하므로 특별히 유의할 필요가 있다. 예를 들어 1억 원을 1년간 납부하지 않은 경우 납부불성실가산세는 다음과 같다.

- 납부불성실가산세 : 1억 원 × 365 × 3/10,000 = 1,095만 원

가산세 줄이는 방법

가산세도 때에 따라서는 상당하다. 따라서 가산세는 부과받지 않는 것이 좋다. 만일 부득이 가산세가 나온다면 이를 줄이는 방법은 다음과 같다.

① 신고를 법정 기한 내에 했으나 과소 신고한 경우

신고 및 납부를 법정 기한까지 했으나 과소 신고 및 납부가 된 경우가 있다. 이러한 경우에는 수정 신고를 빨리 함으로써 가산세 부담을 떨쳐 버릴 수 있다. 수정 신고에 따른 감면은 수정 신고 기간별로 감면율이 다르다.

수정신고 및 납부	신고불성실가산세	납부불성실가산세
법정 기한~6개월 이내	50% 감면	미납 일수의 축소로 가산세가 줄어듦
6개월 초과 ~ 1년 이내	20% 감면	
1년 초과 ~ 2년 이내	10% 감면	

② 신고를 적법하게 했으나 상속 · 증여 재산 가액이 수정되는 경우

일단 신고를 했으나 과세 관청이 내용을 수정해 고지서를 보내는 경우가 있다. 이런 상황이라면 신고불성실가산세(10~40%)와 납부불성실가산세를 부과하는 것이 원칙이다. 단, 다음의 사유에 대해서는 신고불성실가산세를 부과하지 않는다.

- 신고한 재산에 대한 평가 가액의 적용 방법 차이(예:기준 시가로 신고했으나 매매사례 가액으로 고지한 경우 등)로 미달 신고한 경우
- 신고한 재산으로서 소유권에 관한 소송 등의 사유로 인하여 상속 또는 증여 재산으로 확정되지 아니한 금액
- 상속 공제나 증여 공제의 적용 착오로 미달 신고한 금액

③ 신고를 법정 기한 내에 하지 못한 경우

신고를 법정 기한 내에 하지 못한 경우에는 기한 후 신고 제도를 이용할 수 있다. 이 제도를 이용하면 신고불성실가산세는 피할 수 없으나 미납부 기간을 축소할 수 있으므로 납부불성실가산세를 줄일 수 있다.

한편 증여세(또는 상속세)의 경우 국세의 부과 제척기간은 보통 10년에서 15년이 된다. 탈세나 무신고 또는 허위 신고는 15년간 세금을 추징할

수 있으나 기타의 경우는 10년이다. 다만 탈세 목적으로 은닉한 재산 가액이 50억 원을 초과하는 경우에는 과세 관청이 그 사실을 안 날로부터 1년 이내에 추징할 수 있다. 이를 정리하면 다음과 같다.

세목	원칙	특례
상속세, 증여세	• 15년간 (탈세 · 무신고 · 허위 신고 등) • 10년간(그 밖의 사유)	• 상속 또는 증여가 있음을 안 날로부터 1년(제3자 명의 보유 등으로 은닉 재산이 50억 원 초과 시 적용) • 조세 쟁송에 대한 결정 또는 판결이 있는 경우, 그 결정(또는 판결)이 확정된 날로부터 1년이 경과하기 전까지는 세금 부과가 가능함
그 밖의 세목	• 10년간(탈세) • 7년간(무신고) • 5년간(그 밖의 사유)	

증여세 절세법 20가지

증여세를 절약하기 위해서는 다음과 같은 내용을 알아 둘 필요가 있다.

1. 10년 단위로 증여를 하라.

증여는 10년간 재산 가액을 합산하여 과세하고 증여 공제를 적용한다. 따라서 10년 단위로 증여하게 되면 세금을 줄일 수 있다.

2. 저평가된 자산을 먼저 증여하라.

당장의 증여세를 낮추기 위해서는 저평가된 자산을 먼저 증여하는 것이 좋다. 예를 들어 현금보다는 시세가 떨어진 펀드, 그리고 시가를 알기 힘든 상가나 토지 등을 아파트같이 시가를 알 수 있는 물건보다 먼저 증여하는 것이 좋다.

3. 공제 금액 이하에서 증여하라.

배우자로부터 증여를 받으면 6억 원, 성년자가 직계존비속으로부터 증여를 받으면 5,000만 원, 미성년자는 2,000만 원을 공제받는다. 따라서 이 금액 이하로 증여하면 증여세가 없고 추후 취득 자금의 원천으로도 사용할 수 있다. 단, 증여는 10년 단위로 해야 하므로 가급적 빨리 증여 활동을 시작하는 것이 좋다.

4. 자녀의 능력에 따라 증여하라.

자녀가 소득 능력이 없으면 자금출처 조사 문제를 항상 걱정해야 한다. 하지만 소득 능력이 있는 경우에는 자금 동원 능력이 있으므로 자금출처 조사 문제를 어느 정도 비켜 갈 수 있다. 따라서 소득 능력이 없는 미성년자는 소규모로 자산 취득 행위를 하고 미리 자금출처 조사 대비를 해 두는 것이 좋다.

5. 금융자산 증여는 증거를 남겨 둬라.

금융자산의 경우 증여인지 아닌지를 구별하기가 상당히 난해하다. 자산의 이동에 제약이 없기 때문이다. 이런 이유로 자금을 단순히 보관한 것인지, 증여한 것인지 또는 차명 거래인지 등의 사실 판단 문제가 복잡하다. 만일 증여임을 확인하고자 하는 경우에는 증여 계약서를 작성해 두면 증여로 볼 가능성이 높다. 증여에 대한 입증력을 더 높이려면 계약서를 공증받아 두는 것도 좋다. 그리고 관할 세무서에 증여세 신고를 하면 이것으로 상황이 종료된다.

6. 증여 취소는 3개월 내에 하라.

증여 후에 자산을 다시 반환받은 경우에는 반환된 자산에 대해서도 증여세가 부과될 수 있다. 하지만 금전 외 자산은 증여세 신고 기한으로부터 3개월 내에 반환을 받으면 당초 증여로 받은 자산과 반환받은 자산에 대해서는 증여세를 부과하지 않는다. 하지만 3개월 이후부터 6개월 사이에 반환하면 당초 증여분에 대해서는 증여세를 부과하나 반환분에는 부과하지 않는다. 하지만 6개월이 지난 다음에는 당초 및 반환되는 자산에 대해 증여세가 각각 부과되므로 주의할 필요가 있다.

7. 공시지가나 기준 시가 발표 전에 증여하라.

증여 재산 가액은 시가로 평가하는 것이 원칙이다. 하지만 시가를 알기가 힘든 연립주택이나 단독주택, 그리고 토지와 상가 등은 기준 시가로 신고하는 것이 일반적이다. 따라서 이러한 자산은 매년 기준 시가 등이 발표되기 전에 신고할 수 있다. 물론 기준 시가 등이 낮아질 것으로 보이면 기다렸다가 새로운 기준 시가 등으로 신고할 수도 있다. 상가 등의 부동산 개별공시지가는 매년 5월 말일(주택은 4월 말일)까지 부동산 시장 변동에 따라 탄력적으로 고시되고 있다.

8. 매매사례 가액을 활용하라.

배우자 간에 증여할 때에는 6억 원까지는 증여세가 없다. 따라서 부동산을 증여받을 때에는 기준 시가보다는 매매사례 가액으로 신고를 해 두는 것이 나중에 양도할 때 양도차익을 줄일 수 있다. 매매사례 가액은 국토해양부 사이트에서 조회할 수 있다. 감정평가를 적극적으로 고려하는 것도 좋다.

9. 자녀에게 증여하려면 실익 분석이 먼저다.

자녀에게 증여를 할 때에는 왜 증여하는지에 대한 검토가 있어야 한다. 따라서 증여 효과가 충분히 나는지를 먼저 살펴보자. 자녀에게 증여하는 경우에는 부담부 증여를 활용하면 세금이 일정 부분 줄어든다.

10. 부동산을 증여받으면 5년을 보유하라.

부동산을 증여받은 후 5년이 되기 전에 이를 매도하면 증여 효과가 박탈된다. 5년 내에 양도하면 세법은 세금 회피성이 있다고 보아 이월과세 제도를 적용하거나 소득세법상 부당행위계산부인 제도를 적용한다. 앞의 제도는 증여받은 자산을 양도할 때 취득 가액을 증여자의 것으로 하는 제도를 말하고, 뒤의 것은 증여자가 직접 제3자에게 양도한 것으로 보아 세금을 재정산하는 제도를 말한다.

11. 양도차익이 많이 발생한 부동산은 배우자에게 증여하라.

양도차익이 많은 자산은 배우자에게 증여하면 취득 가액을 높여 향후 양도소득세를 줄일 수 있다. 하지만 양도는 5년 후에 해야 소기의 목적을 달성할 수 있다. 만일 현재 보유한 자산을 증여하고자 하는 경우에는 증여 재산 가액이 6억 원까지는 증여세가 없지만 취득세 등이 기준 시가의 4% 선이라는 사실을 유의하자.

12. 위자료보다는 재산 분할을 하라.

이혼을 할 때 재산 분배는 재산 분할로 하는 것이 세금이 없다. 위자료 명목으로 주는 경우에는 지급한 사람에게 양도소득세가 부과될 수 있다. 한편 이혼 전에 배우자로부터 증여를 받은 자산은 그로부터 5년이 지난 후에 팔아야 이월과세 규정을 적용받지 않는다. 반드시 기억해 두자.

13. 부부 공동 등기가 대세다. 처음부터 공동 등기를 하라.

단독 등기를 공동 등기로 바꾸면 증여세는 나오지 않을 수 있지만 취득세 등이 기준 시가의 4% 선에서 나온다. 따라서 부부 공동 등기는 처음부터 해놓는 것이 좋다.

14. 가족 간 소비대차거래는 인정되지 않을 수 있다.

가족 간에 돈을 주고받는 경우 자칫 증여로 보일 수 있다. 하지만 실제 차입거래라면 이를 증명할 수 있는 문서를 작성하고 보관해 두는 것이 좋다. 가족 간에는 1억 원 미만까지 무상 대여를 하더라도 문제가 없다. 하지만 그 이상을 넘어서면 원칙적으로 8.5%의 이자를 주고받고, 이자금액의 27.5%만큼을 원천징수하여 정부에 납부해야 한다.

15. 부담부 증여에 의한 부채 상환 시 자금출처 조사에 대비하라.

세무서에서는 상속·증여세를 결정하거나 재산취득자금의 출처를 확인하는 과정에서 인정한 부채를 국세청 컴퓨터에 입력하여 관리한다. 그리고 금융기관 등으로부터 부채 변제 내용을 받아 이를 조회하여 부채를 변제한 경우 이의 출처를 소명하라는 안내문을 발송한다. 따라서 부담부 증여를 받은 후 부채 변제 시에는 반드시 자금출처 조사를 받게 된다는 점에 유의하여 철저히 대비해야 한다.

16. 고령자가 거액의 재산을 처분한 경우에는 자금 사용처에 대한 증빙을 갖추어라.

국세청에서는 '과세자료의 제출 및 관리에 관한 법률'을 제정하여 시행하고 있다. 이 법률에 따라 과세자료를 직접 수집하여 관리하고 있는데 그중에는 고령인 자가 일정 규모 이상의 재산을 처분하거나 수용으로 보상금을 받은 경우 일정 기간 본인 및 배우자나 직계비속 등의 재산 변동을 추적하고 있다. 사후 관리 결과 특별한 사유 없이 재산이 감소한 경우에는 재산 처분 대금의 사용처를 소명하라는 안내문을 보내며, 보상금을 받은 뒤 배우자 등의 재산이 늘어난 경우에는 이의 자금출처를 소명하라는 안내문을 보낸다. 이 안내문은 통상 재산을 처분하거나 보상금을 수령한 날로부터 2~3년 뒤에 보내는 것이 일반적이므로 사용처를 잘 정리해 두는 것이 나중을 위해 좋다.

17. 8년 자경 농지는 증여보다는 상속으로 이전하라.

8년 자경 농지는 증여보다는 상속으로 이전하는 것이 좋다. 왜냐하면 상속으로 농지를 증여받으면 자경 기간도 승계되기 때문이다. 이렇게 자경 기간을 승계받으면 상속 농지를 양도할 때 양도소득세 감면을 받을 수 있다. 하지만 증여를 받으면 증여 전의 자경 기간은 소멸된다. 따라서 시골에 연고가 있는 분들이 8년 이상 재촌 · 자경한 농지를 이전받을 때에는 가급적 상속으로 받기를 권한다.

18. 가족 간의 매매는 증거를 남겨라.

가족 간에 매매를 하면 세법은 일단 증여 추정을 한다. 돈의 흐름이 명확히 밝혀지지 않으면 매매가 아닌 증여로 보아 증여세가 부과될 수 있다. 따라서 가족 간의 거래는 매매임을 입증할 수 있도록 자금 흐름을 투명하게 해야 한다. 한편 거래 금액은 시가의 80% 선에서 하는 것이 좋다.

19. 세대 생략 증여의 실익을 분석하라.

할아버지가 손자 · 손녀에게 증여하면 30%가 할증 과세된다. 따라서 일반적으로 세대 생략 증여가 불리하다고 할 수 있다. 하지만 세대 생략 증여가 반드시 나쁜 것은 아니다. 손자 · 손녀의 아버지가 할아버지로부터 증여를 많이 받아 적용 세율이 높은 경우에는 대를 이어서 증여를 받는 것보다 바로 손자 · 손녀에게 증여하는 것이 전체적인 세금 측면에서 유리할 수 있다.

20. 제날짜에 신고하여 가산세를 내지 마라.

증여세 신고를 제날짜에 하지 않으면 신고불성실가산세가 최고 40%까지 부과된다. 그리고 납부불성실가산세도 연 10.95%로 내야 한다. 따라서 신고 및 납부를 제대로 하는 것이 절세를 위해서도 바람직하다.

상속과 증여는 상속인과 수증자에게 재산이 무상으로 이전된다는 점에서 효과가 같다. 그러나 세법은 수증자보다는 상속인에게 좀 더 유리한 방향으로 법 적용을 하고 있다.

왜냐하면 상속은 누구도 피할 수 없는 것이지만 증여는 주로 자산 여유가 있는 계층에서 선택하기 때문이다.

첫째, 과세 대상이 되는 재산 범위에서 차이가 있다.

일단 상속세 과세 대상이 되는 상속 재산의 범위는 피상속인(사망자)이 거주자인가, 비거주자인가에 따라 달라진다. 여기서 거주자는 국적을 불문하고 국내에 주소를 두거나 1년 이상 거소(居所)를 둔 사람을 말하며 그렇지 않은 사람을 비거주자라고 한다.

구분	상속 재산의 범위
거주자가 사망한 경우	거주자의 국내 · 외 모든 상속 재산
비거주자가 사망한 경우	국내에 소재한 비거주자의 모든 상속 재산

거주자가 사망하면 국내의 재산뿐만 아니라 국외의 재산에 대해서도 상속세를 부과한다. 반면 주로 외국에 거주하고 있는 비거주자가 사망하면 국내에 소재한 재산에 대해서만 국내 세법에 따라 상속세가 과세된다.

증여세는 증여를 받은 사람이 내는 세금이다. 따라서 수증자가 거주자인지 아닌지에 따라 다음과 같이 납세 의무의 범위가 결정된다.

구분	상속 재산의 범위
거주자가 수증자인 경우	거주자가 증여받은 국내 · 외 재산
비거주자가 수증자인 경우	비거주자가 증여받은 재산 중 국내에 소재한 모든 재산

둘째, 공제 제도에서 차이가 있다.

상속세와 증여세는 상속 또는 증여 재산 가액에 바로 세율을 곱해 계산하는 것이 아니라 공제 금액을 차감한 금액에 세율을 곱해 구한다. 따라서 재산 가액이 공제 금액에 미달하면 세금은 없다. 상속세의 공제 금액은 피상속인의 배우자가 살아 있는 경우에는 10억 원(배우자가 없을 때는 5억 원), 증여세의 경우 배우자 간은 6억 원, 직계존비속 간은 5,000만 원(미성년자는 2,000만 원)이 기준 금액이다. 상속세의 공제 금액은 단 1회 발생하나 증여세의 공제 금액은 최종 증여일로부터 소급하여 10년 동안에 이루어진 공제 금액을 합산한다. 이렇게 보면 상속세가 증여세보다 공제 금액이 훨씬 더 크다는 것을 알 수 있다.

셋째, 양도 시 세금에서 차이가 있다.

상속세와 증여세에 대한 세법 차이는 상속 또는 증여받은 자산을 양도한 경우에도 발생한다. 예를 들어 8년 이상 농사를 지은 농지를 상속받은 후 양도하면 양도소득세를 면제받을 수 있다. 하지만 똑같은 농지를 증여받은 후 양도하면 양도소득세가 과세된다.

이러한 과세 방법의 차이는 주택에 대해서도 존재한다. 따라서 부동산을 이전받을 때는 향후 양도소득세 문제를 반드시 고려해서 의사 결정을 해야 한다.

넷째, 세금 회피 방지 규정에서도 차이가 있다.

상속은 사망을 원인으로 발생하며, 증여는 증여자와 수증자의 의사표시에 의해 발생한다. 즉 상속은 단 1회만 존재하며 증여는 수시로 발생할 수 있다. 또한 상속은 객관적인 사실에 의해 상속임이 밝혀지나 증여의 경우 당사자가 마음만 먹으면 이를 감출 수 있다. 이러한 특성 차이 때문에 세법도 주로 증여에 대해 다양한 규제 장치를 두고 있다. 예를 들어, 증여를 양도로 위장하거나 무능력자가 재산을 취득하는 등의 행위가 있으면 증여 추정 제도를 두어 이를 규제한다. 이외에도 신종 증여를 규제하기 위해 완전포괄주의 방식으로 증여세를 거두기도 한다.

다섯째, 납세의무자에서도 차이가 있다.

먼저 상속세는 상속을 받은 사람, 즉 상속인이 신고 및 납부를 해야 한다. 상속세는 상속인별로 내는 세금이지만 상속세를 계산하는 방식은 전체 유산에 대해 계산하여 나온 세금을 상속인별로 나눠서 구한다. 예를 들어 전체 상속 재산에 대해 상속세가 10억 원이 나왔고 상속인 2명의 상속 지분이 똑같다면 상속인 각자가 5억 원씩 세금을 내야 한다(연대납세 의무 있음). 상속 재산을 지분별로 나누는 것이 아니라 상속세를 나누는 것이다.

다음으로 증여세는 증여를 받은 사람, 즉 수증자가 신고 및 납부를 해야 한다. 증여세는 증여를 하는 사람별로 또 수증하는 사람별로 납세의무를 진다. 즉 A와 B가 C에게 증여했다면 A와 B로부터 받은 것을 각각 계산한다. 그런데 법에선 증여자가 직계존속인 경우에는 직계존속 및 그 배우자로부터 각각 증여를 받더라도 동일인으로부터 증여받은 것으로 본다. 만일 A와 B가 부모라면 이 둘을 합하여 증여세를 계산한다.

Chapter 4

우공이 산을 옮기듯 조금씩 천천히

부동산 증여

부동산 증여 시 잊지 말아야 할 사항

이알뜰은 증여세가 무엇인지 조금 알 것 같았다. 그래서 배운 바를 현장에서 직접 적용해 보고 싶었다. 상속세는 상속이 발생해야 접할 수 있는 세금이므로 한계가 있지만 증여의 경우에는 욕심이 생겼다. 금방이라도 증여세 신고를 할 수 있을 것 같았다. 알뜰은 증여 업무의 흐름을 다음과 같이 생각했다.

> 증여받는 자 및 증여 재산 선정 → 부동산 등기 → 증여세 신고

과연 알뜰의 생각처럼 증여가 간단히 해결되는 것일까?

증여세 내용을 아는 사람들은 알뜰의 생각이 다소 위험하다고 여길 것이다. 증여를 하기 전에 따져 볼 내용이 상당히 많기 때문이다. 여기서 증여 전후에 반드시 고려해야 할 사항들을 정리해 보자.

첫째, 증여 타당성을 검토한다.

증여를 행하기 전에 증여 목적을 잘 생각해야 한다. 즉 세금을 줄이기 위해 하는 것인지 아니면 자녀의 재산 형성을 위해서 하는 것인지를 뚜렷이 구별해야 한다. 만일 세금을 줄이려는 목적이라면 증여 전과 증여 후의 세금 차이가 뚜렷해야 할 것이다. 예를 들어 2주택자가 비과세 혜택을 받고자 한 채를 배우자에게 증여하면 증여의 효과가 나타나지 않는다. 양도소득세 비과세 규정은 1세대가 1주택을 가지고 있는 상태에서 적용되기 때문이다. 따라서 이를 위해 증여할 때에는 다방면에서 타당성 검토를 해야 한다.

만일 자녀 등의 재산 형성이 목적이라면 세금 변수가 의사 결정의 주요 변수는 아닐 것이다. 따라서 이러한 상황에서는 어느 정도 세금을 부담해야 한다.

둘째, 대안을 탐색한다.

증여와 관련하여 발생되는 비용과 기대되는 효과 등이 분석되었다면 대안을 탐색한다. 순수 증여로 할 것인지 부담부 증여로 할 것인지 아니면 매매 방식으로 할 것인지 등 여러 대안이 있을 수 있다. 부담부 증여는 부채를 포함하여 증여하는 방식이며 매매는 유상 대가를 주고받으면서 소유권을 이전하는 방식이다.

물론 대안을 선택할 때에는 세무상의 문제점 등도 아울러 검토한다. 예를 들어 매매를 할 때에는 대금의 수수 및 거래 금액과 관련하여 파생되는 문제점을 사전에 검토해야 한다. 참고로 2012년부터는 다주택자가 임대주택사업자등록을 하면 거주용 주택에 대해서는 비과세를 적용하고 있다. 따라서 이러한 상황에서는 굳이 자녀에 대한 증여를 선택하지 않더라도 문제가 없다. 자세한 분석은 뒤에서 살펴보자.

셋째, 증여를 실행한다.

부동산 증여의 경우 증여 계약서를 작성하고 증여등기를 하면 증여가 실행된다. 물론 증여등기는 본인이 직접 할 수도 있고 법무사 사무소에 위임할 수도 있다. 이렇게 등기를 하게 되면 취득세 등이 기준 시가의 4%선에서 나온다. 증여의 취득세 과세표준은 증여세 신고 금액이 아니라 기준 시가인 점을 기억하자. 이후 증여등기 접수일이 속한 달의 말일로부터 3월 내에 관할 세무서(수증자의 관할 세무서)에 신고하도록 한다. 증여세 신고를 하려면 매매사례 가액이 있는지를 점검하고 때에 따라서는 감정평가를 받는 방법도 생각해 볼 수 있다. 또한 10년 누적 합산과세에 주의하고 공제액을 중복해서 받지 않도록 한다.

넷째, 사후 관리에 유의한다.

배우자나 직계존비속 등으로부터 증여받은 자산을 5년 내에 양도하면 증여의 효과가 없어진다. 따라서 5년이 경과된 후에 양도하는 것이 원칙이다. 한편 증여받은 자산을 반환하는 경우에는 반환되는 자산에도 증여세가 부과될 수 있으므로 이에 유의해야 한다.

이월과세와
부당행위계산부인
제도

알뜰이 회사에서 업무를 보고 있는데 강초롱이 찾아왔다.

"선배님, 한 가지 궁금한 게 있습니다. 어제 만난 고객이 증여받은 부동산을 5년 내에 팔면 안 된다는 얘기를 하더라고요. 증여는 소유권이 완전히 이전되는 것인데 왜 그 부동산을 팔면 안 된다는 것인지 이해가 되질 않아요."

"초롱 씨, 그건 이월과세라는 제도 때문인데 증여를 앞둔 사람들이라면 반드시 알아 둬야 할 내용이야. 모르면 아까운 돈을 날릴 수 있어. 그러니 증여세 과세 대상이나 계산 구조를 공부하는 것보다 이 내용부터 먼저 알아 두는 것이 좋아."

"정말요? 그럼 빨리 알려 주세요."

세법에서는 증여를 거친 자산을 양도하는 경우 두 가지 제도를 두어 조세회피행위를 방지한다. 하나는 이월과세 제도이고 다른 하나는 부당행위계산부인 제도다.

먼저 이월과세 제도는 배우자나 직계존비속으로부터 부동산 및 시설물 이용권(골프 회원권 등)을 증여받고, 증여받은 날로부터 5년 이내에 당해 자산을 양도하면 당해 자산의 양도차익 계산 시 취득 가액을 당초 증여자의 취득 가액으로 한다. 이를 그림으로 표현하면 다음과 같다.

남편 → 증여 → 부인 → 5년 내 양도 → 제3자

양도소득세 계산
양도 가액 − 취득 가액(남편이 취득한 가액) = 양도차익

하지만 다음과 같은 경우에는 양도소득세를 내지 않아도 된다. 남편이 1990년에 취득한 부동산 가격이 1억 원이고, 현재 시세는 5억 원이라고 하자. 이 상황에서 남편이 양도하면 세금이 많이 나올 수 있다. 하지만 이 부동산을 부인에게 증여로 넘긴 후 배우자가 이를 양도하면 세금이 줄어들 가능성이 높다. 부인에게 증여하면 증여세가 6억 원까지 과세되지 않으므로 취득세 등만 부담하면 된다. 따라서 5억 원에 증여를 받은 후 5억 원에 매매할 경우 양도차익이 없으므로 양도소득세를 내지 않아도 된다.

결국 재산 이전을 통해 조세회피행위가 발생하므로 세법이 이를 규제하는 것이다. 단, 증여도 정당한 재산 취득 수단이므로 평생 이를 규제하는 것이 아니라 증여일로부터 5년간만 규제한다. 따라서 5년이 경과하면 이 규정을 적용받지 않으므로 양도소득세가 줄어드는 효과가 발생한다.

다음으로 부당행위계산부인 제도는 가족 같은 특수 관계자에게 증여한 후 역시 5년 내에 증여받은 재산을 제3자에게 양도하면 증여자가 제3자에게 직접 양도하는 것으로 간주하는 것이다. 단, 이 규정을 적용하기 위해서는 이 거래로 인해 조세가 부당하게 감소해야 한다. 따라서 증여받은 사람이 부담한 증여세와 양도소득세가 당초 증여한 사람이 양도한 경우의 양도소득세보다 많다면 이 규정은 적용되지 않는다. 조세가 감소되지 않았기 때문이다.

이 두 가지 제도가 동시에 적용되는 경우는 이월과세 규정을 먼저 적용하고 이 규정이 적용되지 않는 경우에 한해 부당행위계산부인 제도를 적용한다(서면 4팀-1864, 2007. 6. 7).

앞의 내용들을 요약 정리하면 다음과 같다.

구분	이월과세	부당행위계산부인
근거	소득세법 제97조	소득세법 제101조
적용 순위	부당행위계산부인 제도보다 우선 적용	이월과세 제도가 안 될 때만 적용
내용	배우자·직계존비속에게 증여→5년 내 양도 시 취득 가액은 당초 증여자의 것으로 함	특수 관계자에게 증여→5년 내 타인에게 양도 시 증여자가 직접 양도한 것으로 봄(단, 이월과세를 적용받는 경우 제외)
적용 자산	부동산 및 특정 시설물 이용권	모든 양도소득세 과세 대상 자산
적용 기간	5년	5년
조세회피	해당 사항 없음	부당히 감소시키는 경우에 적용
증여세 환급	양도세 계산 시 필요경비에 해당 (일부만 환급)	환급(∵ 당초 증여를 부인함)

표의 내용만으로 두 제도를 완전히 이해하기는 힘들다. 그래서 주변에서 자주 발생하는 사례를 통해 알아 보자.

서울 성동구에 거주하고 있는 심현수 씨는 강꼼꼼의 친구다. 심현수 씨는 어느 날 세무서로부터 과세하겠다는 통지서를 받았다. 놀란 심 씨는 담당자에게 전화를 했다.

"세금이 왜 나온다는 겁니까? 1세대가 1주택을 보유한 상태에서 비과세 요건을 갖추면 되지 않습니까?"

"그건 맞습니다만, 이번 건은 이월과세 규정을 적용받아 세금이 나온 겁니다."

"아니 이월과세라뇨?"

"부모 등으로부터 재산을 증여받은 뒤 이를 5년 이내에 처분하면 양도소득세를 내야 한다는 내용입니다."

심현수 씨는 도저히 이 상황을 그냥 넘길 수 없었다. 4년 전에 증여받은 집을 2년 이상 보유했으므로 양도소득세를 내지 않아도 된다고 생각하고 세금 신고를 하지 않았다. 그런데 이제 와서 세금이 나온다면 보통 심각한 문제가 아니었다. 심 씨는 어쩔 수 없이 강꼼꼼에게 연락해 왕빛나 세무사를 소개받았다.

"억울합니다. 저는 당연히 비과세 요건을 갖추었으므로 세금을 안 내도 된다고 생각했거든요, 이렇게 세금이 나온다고 하니……."

"이 건을 검토한 결과, 이월과세 제도가 아닌 부당행위계산부인 제도가 적용될 것 같습니다."

왕빛나 세무사가 말했다.

"그건 또 무슨 제도죠? 그 제도를 적용받으면 문제가 없나요?"

"그건 아닙니다. 일단 천천히 설명을 드리죠. 직계존비속 간에 적용되는 이월과세 제도는 2009년 이후에 증여받은 부동산 등에 대해서만 적용

됩니다. 그전에는 배우자만 해당되었습니다. 따라서 이 경우에는 직계존비속 간에 벌어진 일이므로 이월과세 제도는 적용받지 않습니다. 따라서 세무서 담당자가 말한 이월과세 규정을 적용하는 것은 맞지 않습니다. 그런데 소득세법 101조에서는 특수 관계자로부터 증여받은 자산을 증여일로부터 5년 내에 양도하면 증여자가 직접 양도한 것으로 보고 있습니다. 부당한 거래를 규제하기 위해서죠. 이 건이 바로 여기에 해당합니다.”

심 씨는 왕 세무사의 말을 듣고는 낙심한 표정을 지었다. 그리고는 체념한 듯 자신 없는 목소리로 재차 질문을 했다.

“세무사님, 세금은 얼마나 나올까요? 그때 증여세도 냈는데 돌려받을 수 있겠지요? 제 기억으로는 2,000만 원 정도 냈던 것 같은데요.”

“하하, 너무 걱정하지 마십시오. 선생님의 경우, 비과세 혜택을 누릴 수 있습니다.”

왕세무사가 결론을 내렸다.

“아, 정말입니까?”

심씨는 왕세무사의 말에 놀란 표정을 짓고 있었다.

“그렇습니다. 왜 그런지 천천히 설명을 드리지요.”

왕세무사의 설명이 이어지고 있었다.

현행 소득세법 제101조에서는 특수관계자인 부모 등으로부터 주택을 증여받은 후 이 주택을 5년 내에 처분하면 소득세법상 부당행위계산부인 제도를 적용하고 있다. 이 제도는 자녀가 부담한 증여세와 양도소득세의 합계액이 부모가 양도를 할 경우의 양도소득세보다 작은 경우 부모가 양도한 것으로 보아 부모에게 양도소득세를 과세하는 제도를 말한다. 자녀 등에게 증여한 후 증여받은 자녀 등이 이를 양도하여 세부담을 낮추는 것을 방지하기 위해서이다. 그런데 소득세법 제101조 제2항 단서 규정에서는 해당 양도소득이 실질적으로 수증자인 자녀에게 귀속되는 경우에는 이 제도를 적용하지 않도록 하고 있다. 즉 앞에서 심현수씨의 처분대금이 증여한 사람에게 흘러들어가지 않으면 이 제도를 적용하지 않는다는 것이다. 따라서 심씨가 양도한 주택이 1세대 1주택 비과세 요건을 충족한 경우라면 비과세를 받을 수 있게 된다는 결론이 나온다.

"세무사님의 설명을 요약하면 이렇지요? 즉 아버지로부터 증여받은 주택을 증여받은 날로부터 5년 내에 양도하면 부당행위계산부인제도가 적용된다. 따라서 아버지에게 양도소득세가 부과될 수 있다. 하지만 처분한 대금을 아버지가 받지 않으면 이 제도가 적용되지 않으므로 제가 1세대 1주택에 대한 비과세를 받을 수 있다."

"네. 그렇습니다."

TIP

증여받은 주택이 비과세가 적용되는 경우

2주택 이상을 보유한 부모로부터 자녀가 1주택을 증여받고 이를 5년 내에 처분하더라도 다음의 요건을 갖추면 양도소득세 비과세를 받을 수 있다. 앞의 사례와 다소 차이가 나는 부분이므로 잘 이해하도록 하자.

① 해당 주택은 2010년 이후에 증여받은 주택이어야 한다.
② 자녀는 양도 시점에서 세법상 세대분리 요건(30세 이상 등)을 갖추어야 한다.
③ 양도시점에 2년 보유 요건을 갖추어야 한다(서울 등에 적용되던 2년 거주 요건은 폐지되었다).

부동산을 증여할 때 드는 부대비용

서울 성북구에 거주하고 있는 천세영 씨는 60세다. 그는 양도차익이 다소 많이 나는 부동산을 배우자에게 증여하고자 한다. 이렇게 증여를 해두면 나중에 상속세도 덜 낼 수 있고 양도하면 양도소득세도 덜 낼 수 있다고 판단했기 때문이다. 하지만 자신의 판단이 옳은지, 그리고 관련 비용이 얼마나 나올지 알아볼 겸 정밀 세무법인에 전화를 했다.

정밀 세무법인에는 최동숙 실장이 상담을 담당하고 있었다. 최 실장은 왕빛나 세무사와 함께 근무하면서 실무 경험을 꾸준히 쌓고 있었다.

"증여가 발생하면 본세인 증여세 외에 부대비용이 따라다닌다는 것은 아시죠? 예를 들면 취득세, 국민주택채권 할인 비용, 각종 수수료 등이 있습니다."

최 실장이 응대를 했다.

"좀 구체적으로 말씀해 주시겠습니까? 제 경우에는 기준 시가가 2억 원, 시세는 4억 원 정도가 되는 것 같습니다."

"좋습니다."

최 실장은 고객 서비스 차원에서 관련 비용을 정확히 설명했다. 이제부터 그 비용에 대해 알아보자.

① 증여세

배우자 간에 증여는 6억 원까지는 세금이 없다. 단, 이 금액은 과거 10년간의 한도에서 말하는 것이므로 반드시 그전에 증여한 사실이 있는지 점검해야 한다.

② 취득세와 등록세

증여에 대한 취득세와 등록세를 파악하기 위해서는 먼저 취득세 등의 세율 구조부터 확인할 필요가 있다. 증여에 대한 취득세 세율은 기준 시가의 2%이며, 취득세 세율의 10%인 농어촌특별세도 부과된다. 단, 주택의 경우 전용면적이 85m² 이하에 해당하면 농어촌특별세는 부과되지 않는다. 한편 등록세 세율은 취득세 세율보다 다소 복잡하다. 상속과 증여로 나눠 정리해 보자.

여기서 확인할 것은 과세표준은 모두 기준 시가이며 등록세 세율이 여

구분		과세표준	등록세 세율
상속	농지	기준 시가	0.3%
	기타	기준 시가	0.8%
증여	일반	기준 시가	1.5%
	비영리	기준 시가	0.8%

과세표준		2억 원
세율*	취득세	2%
	농어촌특별세	0.2%
	등록세	1.5%
	지방교육세	0.3%
	계	4.0%
산출 세액	과세표준×세율	800만 원

* 2011년부터 등록세가 취득세와 통합되었으나 전체 세율은 변함이 없다. 이 책에서는 종전의 표시 방법을 사용하고 있다.

러 가지로 나뉜다는 것이다. 이를 반영하며 기준 시가 2억 원에 4%를 적용하면 세금 합계가 위의 표와 같이 800만 원이 된다.

참고로 무주택자가 주택(한 채에 한함)을 상속받은 경우에는 취득세가 비과세되는 것이 일반적이다. 하지만 증여의 경우에는 비과세를 받는 것이 상당히 힘들다. 취득세 같은 지방세 비과세나 감면은 아주 특수한 경우에 적용되므로 관할 시·군·구청 세무과 등을 통해 알아보기 바란다. 등기하기 전에 이러한 부분을 살피는 것도 절세를 위해 필요하다.

③ 국민주택채권 구입 금액

부동산 소유권을 보전하거나 이전하는 경우에는 주택법에 따라 다음과 같이 국민주택채권을 구입해야 한다. 채권을 구입한 사람들은 법에서 정한 만기 시점(보통 5년)에 일정한 이자와 함께 상환을 받을 수 있다. 그러나 만기까지 보관하지 않아도 되므로 매입 즉시 금융기관을 통해 매도할 수도 있다. 물론 만기 이전에 매도하는 경우에는 할인으로 인한 손실

시가표준액(=기준 시가)	국민주택채권 매입 금액
1. 2,000만 원 이상 5,000만 원 미만	시가표준액의 13/1,000
2. 5,000만 원 이상 1억 원 미만	
① 특별시 및 광역시	시가표준액의 19/1,000
② 그 밖의 지역	시가표준액의 14/1,000
3. 1억 6,000만 원 미만	
① 특별시 및 광역시	시가표준액의 21/1,000
② 그 밖의 지역	시가표준액의 16/1,000
4. 1억 6,000만 원 이상 2억 6천만 원 미만	
① 특별시 및 광역시	시가표준액의 23/1,000
② 그 밖의 지역	시가표준액의 18/1,000

이 매입 금액의 5% 선에서 발생한다. 표 안의 시가표준액은 기준 시가를 말한다.

사례의 경우 주택의 기준 시가가 2억 원이므로 채권 매입률은 1,000분의 23이다. 따라서 채권 구입 가격은 460만 원이 된다. 이 채권을 구입하여 5년간 보유해야 한다. 하지만 이 채권을 매입 즉시 금융기관 등에 팔 수도 있는데 채권을 바로 팔면 매입 금액의 5%인 약 23만 원 정도의 할인 손실이 발생한다.

④ 기타

상속과 증여가 발생하면 등기 수수료와 세무신고 수수료 등도 발생한다. 물론 본인이 직접 처리하면 이러한 수수료는 발생하지 않는다. 참고로 등기 수수료와 세무신고 대행 수수료는 법으로 정해진 것은 아니고 사무소의 수수료 방침에 따라 정해진다.

배우자에게 부동산을 증여하는 방법

"세무사님, 오늘 고객과 상담을 하던 중 어떤 생각이 영 머릿속에서 떠나지 않더군요."

"그게 뭔데요?"

왕 세무사가 최 실장에게 되물었다.

"요즘 양도차익이 많은 부동산을 배우자에게 증여하려는 사람들이 상당히 많더군요. 이렇게 증여를 해 두면 나중에 양도소득세를 조금만 내도 된다는 판단 때문이겠죠?"

"네. 그렇게 생각하는 분들이 많죠."

"그런데 무조건 이익일까 의문이 드는 거예요. 당장 취득세다 뭐다 들어가는데……."

"그러면 이번 기회에 배우자에게 부동산을 어떻게 증여하는 것이 좋은지 정리를 해 보죠. 먼저 배우자에게 증여하면 10년간 6억 원까지는 증여세가 없으니 이를 최대한 활용해야 할 겁니다."

왕 세무사는 최 실장에게 다음과 같은 내용을 들려주기 시작했다.

주택을 배우자에게 증여할 때는 증여의 효과를 제대로 따져 보아야 한다. 보유한 주택 수와 세법상의 주택 성격 등에 따라 그 효과가 달라질 수 있기 때문이다. 예를 들어 증여자가 1주택을 보유한 상태에서 증여를 하더라도 증여 전과 증여 후의 보유 기간을 통산하여 비과세 요건을 따진다. 따라서 1주택자는 배우자에게 증여를 하더라도 양도소득세 비과세를 받는 데 문제가 없다.

하지만 2주택 이상을 보유한 경우에는 좀 더 신중할 필요가 있다. 주택 수가 많으므로 단순하게 판단을 내릴 수 없다. 그래서 우선 2주택 이상자에 대한 양도소득세 비과세 규정을 정확히 따져 보아야 한다. 예를 들어 일반 주택과 상속 주택을 가지고 있다면 일반 주택부터 먼저 팔면 비과세를 해 준다. 또한 농어촌 주택과 일반 주택을 가진 경우 일반 주택을 먼저 양도해도 마찬가지다. 따라서 이런 상황에서 배우자에게 증여하는 것은 실익이 없다. 증여를 하지 않더라도 비과세를 받을 수 있기 때문이다.

그러나 비과세가 적용되지 않는 상황에서 양도차익이 많은 주택이 있고 배우자에게 증여한다면 일정 부분 효과가 발생한다. 한 가지 사례를 들어보자.

나성공 씨는 현재 2주택을 보유하고 있다. 그중 한 채는 15년 전에 구입했는데 현재 시세가 6억 원(기준 시가는 4억 원)에 육박하고 있다. 그는 이 집을 배우자에게 증여하고 5년 후에 6억 원에 양도하고자 하는 계획을 세웠다. 이를 분석해 보면 다음과 같다.

분석을 쉽게 하기 위해 과세표준이 5억 원이고 세율은 6~38%가 적용된다고 가정하자.

구분	현재 시점에서 양도 시	증여 후 양도 시
양도소득세	1억 7,060만 원 (5억 원×6~38%)	– (양도차익＝6억 원－6억 원＝0원)
증여세	–	–
증여 시 취득세 등	–	1,600만 원(＝4억 원×4%)
계	1억 7,060만 원	1,600만 원

현재 시점에서 양도하면 대략적으로 1억 7,000만 원의 양도소득세가 나온다. 양도차익 5억 원에 38%를 적용한 다음 누진 공제 1,940만 원을 적용했다.

그런데 만일 배우자에게 6억 원에 증여한 다음 이를 5년이 지나서 양도하면 양도소득세는 없다. 다만 증여 과정에서 발생한 취득세 등이 약 1,600만 원 정도 발생할 뿐이다. 따라서 이렇게 양도차익이 많은 부동산을 배우자에게 증여한 후 추후 양도를 하면 전체적인 세금을 줄일 수 있다. 그러나 이렇게 하면 세금을 인위적으로 낮추는 결과가 발생하므로 세법은 이를 방지하기 위해 취득 가액을 증여자가 처음 취득했을 때의 가격으로 본다(이월과세 제도). 단, 이 제도는 무조건 적용되는 것은 아니고 증여받은 날로부터 5년 내에 양도하는 경우에만 적용된다. 따라서 5년이 경과한 후에 양도하면 일정 부분 절세의 효과를 누릴 수 있다. 참고로 이월과세 제도가 적용된 경우 증여세는 환급되지 않고 양도소득세 계산 시 기타 필요경비로 셈하여 넣는다. 따라서 일부만 환급되므로 주의해야 한다.

부부의 특권,
공동 등기
절세 효과

"배우자를 통해서 증여하면 그런 좋은 점이 있군요. 물론 5년을 기다려야 하지만요."

최 실장이 왕 세무사에게 말했다.

"그렇죠. 이런 정보는 내용이 간단하면서도 중요하니 잘 알아 두세요. 공동 등기에 관심을 갖는 사람들이 많으니 앞으로 상담할 때 요긴하게 쓰일 겁니다."

"넵! 참, 세무사님. 얼마 전 사무실에 증여세 신고 의뢰하신 분이 있었잖아요. 그분 증여세 신고 서류를 작성했습니다."

최 실장이 결재를 올렸다.

"실장님, 이분은 본인이 직접 등기를 하고 신고를 의뢰하신 분 맞죠?"

"맞아요. 미리 지분을 40%로 정했더라고요."

왕 세무사는 최 실장이 작성한 신고서를 검토하기 시작했다.

<table>
<tr><th colspan="3" align="center">증여세 과세표준 신고서</th></tr>
<tr><td>수증자</td><td colspan="2">성명, 주민등록번호, 주소 등</td></tr>
<tr><td>증여자</td><td colspan="2">성명, 주민등록번호, 주소 등</td></tr>
<tr><th>구분</th><th>금액</th><th>산출 근거(실제 양식에는 없음)</th></tr>
<tr><td>증여 재산 가액</td><td>6억 2,000만 원</td><td>시가 원칙(시가 확인 불가 시 기준 시가)</td></tr>
<tr><td>증여 재산 가산액</td><td></td><td>10년 내 동일인으로부터 받은 증여 재산 가액
(합산 후 재정산)</td></tr>
<tr><td>비과세 등</td><td></td><td>국가 등으로부터 받은 증여 재산 가액 등</td></tr>
<tr><td>채무액</td><td></td><td>증여 재산에 담보된 채무로서 증여자가 인수한 채무액</td></tr>
<tr><td>증여세 과세 가액</td><td>6억 2,000만 원</td><td></td></tr>
<tr><td>증여 재산 공제</td><td>6억 원</td><td>배우자 공제</td></tr>
<tr><td>과세표준</td><td>2,000만 원</td><td></td></tr>
<tr><td>세율</td><td>10%</td><td>10~50%(과세표준 1억 원 이하는 10%)</td></tr>
<tr><td>산출 세액</td><td>200만 원</td><td></td></tr>
<tr><td>세액 공제</td><td>20만 원</td><td>신고 세액 공제 : 10% 세액 공제</td></tr>
<tr><td>가산세</td><td></td><td>• 신고불성실가산세 : 미달 신고 세액의 10~40%
• 납부불성실가산세 : 미달 납부 세액×미납기간×0.03%</td></tr>
<tr><td>납부할 세액</td><td>180만 원</td><td>1,000만 원 초과 시 분납이나 물납 등 가능</td></tr>
</table>

※ 구비 서류
1. 증여자 및 수증자의 호적등본(제출 생략 가능)
2. 증여 재산 명세서 및 평가 명세서(부표)
3. 채무 사실 등 기타 입증 서류

201 년 월 일

신고인　　(서명 또는 인)

세무 대리인　　(서명 또는 인)

OO세무서장 귀하

증여 재산 및 평가 명세서

재산 구분	재산 종류	소재지	수량(면적)	단가	평가 가액	평가 기준
증여 재산 가산액	주택				6억 2,000만 원	시가
합계					6억 2,000만 원	

※ 작성 방법
- 재산 구분 : 증여 재산 가액, 증여 재산 가산액, 비과세 금액, 과세 가액 불산입액에 대한 구분을 말함.
- 재산 종류 : 건물, 토지 등
- 평가 기준 : 원칙적으로 시가에 의하되 시가를 적용하기 곤란한 경우 기준 시가로 함.

"총 증여 대상 재산 가액은 15억 5,000만 원이군요. 이 금액에 지분율 40%를 곱하면 6억 2,000만 원이 나오니까요."

왕 세무사가 말했다.

"맞습니다."

"그렇다면 15억 5,000만 원은 어떻게 구했나요?"

"이 금액은 매매사례 가액으로 했습니다. 마침 그 집과 유사한 집이 증여일 전 3개월 이내에 있더군요. 그래서 이 금액으로 했습니다."

"좋습니다. 이대로 신고 금액을 결정하고 그분한테 통보해 주세요."

"알겠습니다. 근데 세무사님, 요즘 부부 공동 등기에 대한 문의가 자주 옵니다. 어떻게 대응해야 할지 방법을 가르쳐 주세요."

최 실장이 왕 세무사에게 질문했다.

"일단 공동 등기를 해 두면 세금이 줄어듭니다. 보유 단계에서는 보유세의 일종인 종합부동산세가 줄고 양도 단계에서는 양도소득세가 줄죠. 그리고 상속세도 줄고요. 자세한 것은 자료집을 드릴 테니 한번 연구해 보세요."

"고맙습니다."

최 실장은 부부 공동 등기의 이점을 파악했다. 특히 양도소득세와 상속세 부분에서 큰 이점이 있었다. 예를 들어 1억 원의 양도소득세 과세표준에 6~38%를 곱한 것과 공동 등기를 하여 각 5,000만 원에 6~38%를 곱한 것의 세금 차이는 654만 원 정도다.

- 단독 등기 : 1억 원×6~38%

  →1억 원×35%−1,490만 원(누진 공제)=2,010만 원

- 공동 등기 : (5,000만 원×6~38%)×2명

  →{5,000만 원×24%−522만 원(누진 공제)=678만 원}×2명=1,356만 원

단, 부부 공동 등기에 의한 효과를 극대화하기 위해서는 당초 취득 시점부터 공동 등기로 하는 것이 유리하다. 또한 배우자 간에 증여 후, 5년 이내에 이를 양도하면 이월과세 제도가 적용되어 증여 효과가 박탈될 가능성이 높다. 따라서 부부간 증여 계획은 최소한 5년 후를 바라봐야 한다. 아울러 상속세 관계도 고려하여 실행하는 것이 바람직하다.

자녀에게 주택을
부담부 증여하는
방법

알뜰은 오랜만에 왕빛나 세무사를 찾았다.

"세무사님, 안녕하세요? 이알뜰입니다."

"반갑습니다. 그동안 잘 계셨죠?"

둘은 반갑게 인사를 나눈 후 곧장 본론으로 들어갔다.

"제가 아는 분이 지금 2주택을 보유하고 있습니다. 그런데 다른 곳으로 이사하기 위해 집을 팔려고 보니 세금 때문에 여간 곤혹스럽지 않다는군요. 물론 양도소득세 때문이죠. 어떻게 하면 좋을지 생각해 봤는데요. 제 생각이 맞는지 틀리는지 확인해 주세요."

"좋습니다. 한번 말씀해 보세요."

"현재 그분은 2주택을 보유하고 있습니다. 따라서 이러한 상황에서 주택을 처분하면 비과세를 받을 수 없습니다. 그래서 이 중 한 채를 자녀에게 증여한 후 처분하려고 하는데 증여세가 만만치 않다는 겁니다. 그래서 증여세가 낮게 나오는 부담부 증여를 하려고 합니다. 이게 제가 검토한 것인데 이렇게 해도 되는지 잘 모르겠습니다.”

“이알뜰 씨, 세금은 눈으로 하는 것이 아니잖아요. 일단 분석해 봐야 합니다. 숫자로 말입니다.”

“그건 알지만 제가 숫자에 약한지라…….”

알뜰은 왕 세무사의 얼굴만 뚫어지게 쳐다보았다.

이 사례는 2주택을 보유한 사람이 양도소득세 비과세를 받기 위해 주택을 증여하는 것에 해당한다. 그런데 이렇게 증여할 때에는 분석을 치밀하게 해야 한다. 곳곳에 함정이 도사리고 있기 때문이다. 따라서 다음과 같은 절차에 따라 문제를 해결하도록 하자.

첫째, 증여받는 사람을 잘 선택해야 한다.

양도소득세를 비과세 받으려면 일단 1세대 1주택을 만들어야 한다. 따라서 1채를 같은 세대원에게 증여하면 다시 1세대 2주택이 되므로 동일 세대원이 아닌 사람에게 증여해야 한다. 세대는 보통 같은 주소를 쓰느냐로 결정하지만 자녀의 경우에는 주소를 달리 쓰고 있다고 해서 무작정 세법상 독립된 세대로 보지 않는다. 일단 세법상 세대로 인정받기 위해서는 30세가 넘든지 30세 미만의 경우에는 소득이 있거나 결혼을 하여 분가하는 등 일정 조건을 충족해야 한다.

둘째, 양도소득세 비과세 효과를 분석한다.

양도하고자 하는 주택이 비과세를 받는 경우와 받지 못하는 경우의 차이를 분석해야 한다. 만일 이 사례에서 비과세 대상 주택의 현재 시세가 6억 원이고 취득 가액은 2억 원이라고 하자. 이런 상황에서 양도소득세를 비교하면 다음과 같다. 단, 기본 공제는 적용하지 않고 세율은 6~38%를 적용하기로 한다.

비과세를 받는 경우	비과세를 받지 못하는 경우	
_ (산출 세액 없음)	양도 가액	6억 원
	(−) 취득 가액	2억 원
	(=) 양도차익	4억 원
	(−) 장기보유 특별공제	1억 2,000만 원
	(−) 과세표준	2억 8,000만 원
	(×) 세율	6~38%
	(=) 산출 세액	8,700만 원

현재 양도소득세 비과세는 양도 시점의 실거래 가액 9억 원까지 적용되고 있다. 따라서 이 사례의 경우 비과세를 받으면 세금을 내지 않아도 되는 것이다. 그러나 비과세를 받지 못하면 약 8,700만 원 정도의 양도소득세를 내야 한다.

셋째, 증여세를 계산하고 앞의 결과와 비교한다.

이제 증여를 할 것인지 말 것인지를 선택해야 한다. 이를 해결하기 위해서는 증여로 인해 지불되는 비용이 앞의 비과세 효과인 8,700만 원을 넘어서는 안 된다. 그런데 앞에서도 살펴봤듯이 증여세를 결정하는 변수에는 여러 가지가 있다. 즉 재산 가액을 어떻게 평가할 것인지, 부채를 포함하여 증여할 것인지 등이다.

구분	순수 증여	부담부 증여
증여세	6,000만 원 =(4억 원−5,000만 원) × 20%−1,000만 원(누진 공제)	2,000만 원 =(2억 원−5,000만 원) × 20%−1,000만 원(누진 공제)
양도소득세	–	2,000만 원(자료 가정)
계	6,000만 원	4,000만 원

이 사례에서 증여하고자 하는 주택의 기준 시가는 4억 원이고 전세 보증금이 2억 원이 들어 있다고 하자. 그리고 증여세 신고는 4억 원으로 하고 부담부 증여 시 양도소득세는 2,000만 원이라고 하자. 기타 취득세 등은 무시하기로 한다. 이러한 근거로 계산하면 위의 표와 같다. 표를 보면 부담부 증여로 증여하는 것이 다소 이익이 된다는 것을 알 수 있다. 다만, 양도소득세가 많이 나오는 경우에는 이익이 축소되거나 손해가 날 수도 있으므로 이에 주의해야 한다.

부담부 증여로 인정받기 위해서는 다음 세 가지 조건을 충족해야 한다.

첫째, 증여일 현재 그 증여 재산에 담보된 채무(전세 보증금 포함)가 존재할 것
둘째, 그 증여 재산에 담보된 채무가 증여자의 채무이어야 할 것
셋째, 당해 채무를 수증자가 반드시 인수할 것

참고로 최근에 확정된 세법개정 내용을 보면 다주택자에게 희소식이 있다. 그것은 다름 아닌 본인이 거주한 1주택에 대해서는 양도소득세를 비과세하겠다는 것이다. 따라서 본인이 거주하고 있는 주택에 대해 양도소득세 비과세를 받고자 하는 경우에는 앞과 같은 증여를 하지 않아도 된

다. 구체적인 사례를 살펴보면 다음과 같다.

서울 성동구 행당동에 거주하고 있는 신두채 씨는 10년 전부터 2주택을 보유하고 있다. 그중 한 채는 지금까지 거주하고 있으나 다른 한 채는 전세를 주고 있다. 편의상 거주하고 있는 주택이 A주택, 전세를 주고 있는 주택을 B주택이라고 하자. 이러한 상황에서 현재의 세법을 기준으로 과세판단을 하면 다음과 같다.

• A주택을 먼저 양도하면 비과세가 적용되는가?

→ 적용되지 않는다. 1세대 2주택에 해당하기 때문이다.

• B주택을 먼저 양도하면 비과세가 적용되는가?

→ 역시 적용되지 않는다. 위와 같은 이유 때문이다.

그런데 최근 세법에서는 다주택자가 본인이 거주하고 있는 주택 외의 주택을 임대주택으로 등록하면 본인이 거주하고 있는 주택에 대해서는 비과세를 적용하고 있다. 다만, 이를 적용받기 위해서는 다음과 같은 조건을 충족해야 한다.

첫째, 임대주택을 관할 시·군·구청에 등록하고 관할 세무서에 사업자 등록을 별도로 해야 한다.

둘째, 임대주택은 1호면 족하나, 기준 시가 6억 원 이하에 해당되어야 한다. 임대 기간은 5년 이상이다.

셋째, 등록한 임대주택 외의 일반 주택이 1채만 있어야 하며, 이 일반 주택은 2년 이상 보유해야 하며 등록 전후 2년 이상을 거주해야 한다.

이러한 조건을 충족한 상태에서 거주용 주택을 양도하면 비과세를 받을 수 있으나, 임대사업등록을 하면 임대소득세 등을 내야하므로 임대사업자등록은 신중히 결정하는 것이 좋다(5년 미만 임대 시는 세금을 추징함).

자녀에게 증여 시 주의할 점

자녀에게 증여를 할 때 다음과 같은 점에 주의하자.

첫째, 자녀에게 증여할 때 세대 개념에 유의해야 한다.
적법한 세대로 인정받지 못하면 세금 관계가 달라지기 때문이다.
① 자녀가 30세 미만인 경우 : 자녀가 미성년자이거나 대학생인 경우 또는 미취업 상태로 있는 경우 등은 세대 분리를 해도 인정이 안 된다. 단, 30세 미만이더라도 결혼을 하였거나 최저 생계비 이상의 근로소득이나 사업소득 등이 있는 경우에는 인정이 된다.
② 자녀가 30세 이상인 경우 : 소득이 없더라도 세대 독립이 인정된다.

둘째, 자녀가 증여받은 주택을 자녀가 처분할 때에는 처분 기한에 유의해야 한다.
예를 들어 아버지가 아들에게 증여를 하고 그 아들이 5년 내에 제3자에게 양도하면 부당행위계산부인 제도가 적용될 수 있다.

셋째, 부담부 증여로 발생한 부채는 자녀가 갚도록 한다.
그렇지 않으면 6개월마다 부채상환 조사를 받게 되어 증여세를 내야 한다. 참고로 부담부 증여 시 발생하는 채무에 대한 과세 체계는 다음과 같다.

항목	증여세	양도소득세
채무로 인정되면	채무로 공제됨	채무 공제분은 유상 양도로 간주되어 증여자에게 양도소득세가 과세됨
채무로 인정되지 않으면	채무로 공제되지 않고 전체에 대해 증여세가 과세됨	해당 사항 없음

상가 증여하는 방법

서울에서 거주하는 장선수 씨는 알뜰의 고객이다. 선수 씨는 알뜰에게 현재 보유 중인 상가를 어떻게 증여하는 것이 좋은지 검토해 달라고 부탁했다. 나이를 먹으면서 상속세 부담이 컸기 때문이다. 그래서 미리 자녀와 배우자에게 증여를 하고 싶었다.

선수 씨가 보유한 상가의 시세는 대략 30억 원. 그러나 기준 시가는 10억 원에 불과하다.

알뜰은 며칠 동안 노력한 끝에 다음과 같은 보고서를 만들었다.

과연 이 보고서는 장 씨의 고민을 해결해 줄 수 있을까?

보고서

의뢰하신 건에 대해 다음과 같이 보고합니다.

1. 분석 자료

- 분석 대상 : 경기도 부천시 소재 상가

- 면적 :

- 현 시세 : 30억 원

- 기준 시가 : 10억 원

- 가족 관계 : 자녀 3명, 배우자

- 증여세 세율 : 10~50%(현행 세율)

2. 분석

1) 증여 금액 확정

상가의 경우 매매사례 가액이 없습니다. 따라서 기준 시가로 신고를 하더라도 문제가 없습니다. 하지만 두 군데서 감정평가를 받아 이 금액의 평균으로 신고할 수도 있습니다.

- 감정평가로 신고하는 경우 : 시세의 80%인 24억 원

- 기준 시가로 신고하는 경우 : 10억 원

이 둘의 선택 기준은 지금 당장 증여세를 줄일 것인지 아니면 향후 양도할 때 양도소득세를 줄일 것인지 두 가지입니다. 만일 당장 양도를 생각하지 않는다면 기준 시가로 신고하는 것이 좋을 수 있습니다. 기준 시가로 신고하면 향후 상속 재산에 합산되더라도 상속세 부담이 줄어듭니다.

따라서 본 보고서는 기준 시가를 기준으로 증여하는 것으로 하겠습니다.

2) 증여 대상자 결정

증여는 증여자가 마음대로 수증자를 결정할 수 있습니다. 즉 한 사람에게 주어도 되고 여러 사람에게 나눠 주어도 됩니다. 단, 상가의 경우 특정인에게 증여하는 것보다는 증여 대상을 넓히는 것이 세금 부담을 줄일 수 있습니다. 당장의 증여세를 줄일 수도 있지만 나중에 임대소득세와 양도소득세를 고려하면 증여 재산을 분산시키는 것이 도움이 됩니다. 즉 다음과 같은 틀로 분석해야 합니다.

구분	지분율	증여세	임대소득세	양도소득세
배우자				
자녀 1 자녀 2 자녀 3				
계				

본 보고서에서는 부인과 자녀 모두를 증여 대상으로 하겠습니다.

물론 지분율은 동일하게 할 수도 있으나 증여 공제 액수를 고려하여 달리정할 수도 있습니다.

3) 세금 예측

이제 세금을 예측해 보겠습니다. 편의상 여기에서는 배우자가 70%에 자녀들은 각 10%로 하는 안, 4명 모두 25%로 하는 안을 대상으로 증여세만 계산해 보겠습니다.

① 배우자 70%, 각 자녀들 10%

구분	증여 금액	증여 공제	증여세 과세표준	세율	산출 세액
배우자	7억 원	6억 원	1억 원		1,000만 원
자녀 1	1억 원	5,000만 원	5,000만 원	10~50%	500만 원
자녀 2	1억 원	5,000만 원	5,000만 원		500만 원
자녀 3	1억 원	5,000만 원	5,000만 원		500만 원
계	10억 원	–	–	–	2,500만 원

② 4명이 모두 25%씩 증여를 받는 경우

구분	증여 금액	증여 공제	증여세 과세표준	세율	산출 세액
배우자	2억 5,000만 원	6억 원	–		–
자녀 1	2억 5,000만 원	5,000만 원	2억 원	10~50%	3,000만 원
자녀 2	2억 5,000만 원	5,000만 원	2억 원		3,000만 원
자녀 3	2억 5,000만 원	5,000만 원	2억 원		3,000만 원
계	10억 원	–	–	–	9,000만 원

3. 기타 검토할 사항

본 상가를 증여한 후 10년 내에 상속이 발생하면 본 상가의 증여 금액이 상속 재산 가액에 합산됩니다. 또한 증여한 후에는 임대소득세가 발생하고 양도 시에는 양도소득세가 부과됩니다. 따라서 이러한 점도 추가로 검토해야 할 것입니다.

2014년 ○○월 ○○일

검토자 : 이알뜰

〈위의 검토서 중 추가 검토 사항〉

상가건물의 재산평가는 원칙적으로 다음 중 큰 금액으로 한다.

$$
Max \begin{cases} \text{상속 · 증여세법상 평가액(시가 또는 기준 시가)} \\ \text{임대보증금 + 연간 임대료/12\%} \end{cases}
$$

따라서 위의 보고서에서 상가에 대한 재산평가는 다음 중 두 가지 방법 중 큰 금액으로 하는 것이 타당하다. 실무적으로 매우 주의해야 한다.

$$
Max \begin{cases} \text{기준 시가} \\ \text{임대보증금 + 연간 임대료/12\%} \end{cases}
$$

위의 내용을 보면 상가의 증여 재산 가액 평가를 기준 시가로 할 것인지 임대보증금 등으로 할 것인지가 중요함을 알 수 있다. 또 상가의 지분을 어떻게 가져갈 것인지 결정하는 것도 중요하다. 그에 따라 세금이 달라지기 때문이다. 예를 들어 기준 시가로 신고하고 배우자의 지분을 70%로 한 경우에는 당장 2,500만 원 정도의 증여세와 취득세 등(약 4,000만 원)을 내면 상가를 자녀 등에게 줄 수 있다.

하지만 이 상가에서 임대소득이 발생하면 임대소득세를 내야 하고, 양도하면 양도소득세를 내야 한다. 또한 상속이 발생되면 합산과세도 염두에 둬야 한다. 따라서 실무적으로는 이러한 점을 고려하여 종합적으로 의사 결정을 내려야 할 것이다. 그래서 상가에 대한 증여 의사 결정은 다른 물건에 비해 상당히 시간이 걸리는 것이 일반적이다.

TIP

상가 증여의 유용성

일반적으로 상가는 자녀 등에게 기준 시가로 증여할 수 있다. 이렇게 기준 시가로 증여가 되면 상속 때 10년(비상속인은 5년) 합산과세가 되더라도 기준 시가 금액이 합산되기 때문에 상속세 부담이 생각보다 그리 크지 않다. 한편, 상가 증여 후에 발생하는 임대소득은 자녀의 수입원이 되므로 자금출처를 입증할 때 상당한 도움이 된다. 참고로 상가를 자녀 등에게 증여할 때는 증여세와 취득세, 그리고 증여 후 임대소득세, 증여 후 상속세 등을 종합적으로 고려하여 증여를 할지 말지를 결정할 필요가 있다.

부재지주의 땅
증여하는
방법

제조업에 종사하고 있는 김 사장이 동료 사장들과 골프를 치고 있었다. 나이가 50대 후반인 김 사장은 업계에서는 소문난 알부자였다. 왕빛나 세무사도 김 사장과 함께 골프 모임에 있었다.

"왕 세무사, 요즘 세법이 강화되어 세금을 많이 내야 한다고 들었는데 그 말이 맞소?"

"거의 맞을 겁니다. 세수가 부족하니 고소득자나 재산가들을 대상으로 세금을 더 거둘 것 같고요. 그런데 무슨 일이라도……."

"지금 시골에 땅이 있는데 그게 부재지주의 땅이라 세금이 많이 나올 것 같다고 합디다."

"그러시군요. 그런데 2014년 말까지 한시적으로 중과세 세율을 적용하지 않거든요. 이 기회에 파시면 어떨까요?"

“글쎄, 그렇게 급하지 않으니 그냥 두고 볼 생각입니다. 참 그렇게 되면 나중에는 어떻게 되지요?”

“토지 중과세 제도는 폐지된 것이 세율만 60%에서 16~48%로 인하되었습니다.”

“그러면 그 토지를 우리 집사람에게 증여해 두면 어떻겠소? 세금이 크게 줄어들 것 같소만.”

“일리가 있습니다만 증여하실 때에는 시가로 해 두는 것이 좋겠죠. 시가를 알기가 힘들면 감정평가를 받는 것도 한 방법이고요.”

“잘 알겠소. 나중에 검토 좀 부탁드리리다.”

김 사장과 왕 세무사는 그렇게 대화를 마쳤다.

1억 원에 산 토지가 현재 5억 원(기준 시가 2억 원)이 된 경우 이를 어떤 식으로 정리하는 것이 절세 측면에서 유리한지 알아보자. 이 토지는 중과세 대상인 비사업용 토지에 해당한다고 보자. 이 문제를 풀기 위해서는 우선 토지에 대한 중과세 제도의 변화부터 살펴볼 필요가 있다.

원래 토지에 대한 중과세는 장기보유 특별 공제가 적용되지 않으며 세율이 60%로 적용되는 것을 말한다. 그런데 중과세 내용이 최근에 조금 바뀌었다. 우선 위의 60% 세율은 이제 더 이상 적용되지 않는다. 최근 세법을 개정하여 6~38%에 10%포인트를 가산(16~48%)하는 식으로 세율을 인하하였기 때문이다. 다만, 이렇게 인하된 중과세율도 2014년에는 적용하지 않고 2015년 이후부터 적용한다. 따라서 2014년에는 여전히 장기보유 특별공제는 적용받을 수 없으나 세율은 6~38%를 적용받을 수 있게 된다.

이를 정리하면 다음과 같다.

구분	2009년 3월 15일 전	2009년 3월 16일 ~ 2014년 12월 31일	2015년 이후
장기보유 특별공제	적용 배제	적용 배제	적용 배제
세율	60%	일반 세율	16~48%

이 표를 보면 2014년 말까지 비사업용 토지를 처분하면 일반세율을 적용 받을 수 있다. 한편 여기서 비사업용 토지란 토지를 비생산적으로 사용하는 것을 규제하기 위해 소득세법 등에서 지목별로 나눠 그에 대한 판단 기준을 두고 있다.

농지의 경우 도시지역의 주거 · 상업 · 공업지역 이외의 전 지역에서 일정 기간 재촌 · 자경을 하면 비사업용 토지에서 제외한다. 여기서 일정 기간이란 전체 보유 기간 중 80% 이상, 양도일 직전 5년 중 3년 또는 3년 중 2년 이상을 직접 재촌하면서 자경하는 것을 말한다. 단, 이 요건을 충족하지 않더라도 농지법에서 소유가 인정되는 토지(주말 · 체험 영농 소유 농지로서 세대당 1,000m² 이하, 5년 내 양도하는 상속 · 이농 농지 등), 종중 소유 농지(2005년 12월 31일 이전까지 취득분에 한함), 개인이 2006년 말 현재를 기준으로 20년 이상 보유한 농지(단, 2009년 12월 31일까지 양도해야 함) 등은 비사업용 토지에서 제외한다.

한편 앞의 중과세 유예 기간 내에 취득한 토지는 앞으로 영구적으로 일반 세율을 적용한다. 따라서 이 기간에 개인이나 법인이 토지를 취득하더라도 중과세의 위협을 받지 않는다. 그렇다면 앞의 경우 양도소득세가 얼마나 나올지 알아보자. 단, 기본 공제 250만 원은 적용하지 않는다.

그렇다면 이 토지를 본인이 직접 양도하지 않고 배우자에게 증여한 후

구분	2009년 3월 15일 전	2009년 3월 16일 ~ 2014년 12월 31일	2015년 이후
과세표준	4억 원	4억 원	4억 원
세율	60%	6~38%	16~48%(예정)
산출 세액	2억 4,000만 원	1억 3,260만 원	1억 7,260만 원

5년 후에 5억 원에 양도하면 어떻게 될까? 단, 양도소득세 세율은 6~38%를 적용한다.

구분	증여 전 양도 시	증여 후 양도 시
양도소득세	1억 3,260만 원 (4억 원×6~38%)	0원(양도차익=5억 원－5억 원)
증여세	0	0
증여 시의 취득세 등	0	800만 원(=2억 원×4%)
계	1억 3,260만 원	800만 원

5년 후에 양도하면 양도소득세는 전혀 나오지 않는다. 증여를 통해 취득 가액을 올려놨기 때문이다. 결국 토지도 주택처럼 양도차익이 많다면 5년 후를 기약하면서 배우자에게 증여하는 것이 유리하다.

그런데 본인이 자경한 농지는 매우 신중할 필요가 있다. 오래 농사를 지은 땅을 배우자 등에게 증여하게 되면 자경 기간이 소멸되고 따라서 8년 자경 농지에 대한 감면을 받기가 힘들어지기 때문이다.

상속과 증여 시 금융자산이나 부채 액수를 파악하는 것은 어렵지 않다. 객관적인 시세 금액이 있기 때문이다. 그런데 부동산은 파악하기가 쉽지 않다. 시세 정보를 제공하는 업체도 있지만 정확성을 담보할 수 없을 뿐만 아니라 모든 부동산에 대한 시세 정보를 제공하지도 않기 때문이다.

아래에서 재산평가와 관련된 세무상 쟁점을 요약해 보자.

첫째, 인터넷 시세표로 신고할 수 있을까?

상속이나 증여에 대한 세금 신고를 할 때 시가를 찾아내기가 상당히 곤란한 경우가 많다. 특히 아파트를 제외한 물건들은 시세조차 알 수 없다. 그러다 보니 신고 금액을 결정할 때 대부분 기준 시가로 신고한다.

하지만 아파트라도 매매사례 가액이 없는 경우가 있다. 이럴 때 애써 돈을 들여 감정을 받지 않고 국민은행 등에서 제공한 시세로 신고할 수 있을까?

결론적으로 말하면 이 시세는 법에서 인정하는 가격이 아니다. 하지만 실무적으로 이 가격으로 신고해도 통과되는 경우가 있으므로 세무 전문가를 통해 알아보기 바란다.

둘째, 유사 매매사례 가액 제도는 어떻게 왜 바뀌었는가?

상속 또는 증여 재산과 유사한 재산의 매매사례 가액은 신고일 전후 6개월(증여는 3개월) 사이의 금액으로 적용하였으나, 앞으로는 신고하기 전 6개월(3개월)부터 신고 시까지의 가액을 적용한다. 이는 상속세나 증여세 신고 이후에 발생하는 매매사례 가액을 신고 시점에서는 알 수 없다는 점을 고려하여 적용 범위를 조정한 것이다.

셋째, 기준 시가를 신고할 때 어떻게 하면 절세할 수 있을까?

만일 매매사례 가액이 없다면 마음 놓고 기준 시가로 신고해도 문제가 없다. 그렇다면 언제 증여하는 것이 좋을까? 이는 다음과 같은 기준 시가 발표일과 관련이 있다.

구분	아파트	단독주택	토지
발표일	매년 4월 30일경	매년 4월 30일경	매년 5월 31일경

만일 아파트를 증여하고자 하는 경우 매년 4월 30일 전에 하면 전년도 기준 시가로, 이 날짜 이후에 증여하면 새로 고시된 기준 시가로 신고를 해야 한다. 적용 시점에 주의할 필요가 있다.

실무적으로 개발 예정 지역 내의 저평가된 지역의 집을 증여한 경우에 증여세가 낮게 나오는 이유도 이러한 과세기준과 관계가 있다. 예를 들어 성년인 자녀에게 시가가 1억 원인 집을 사 주는 경우 증여세는 500만 원이지만 실제 집을 증여하는 경우에 증여세는 500만 원보다 적게 나온다. 이는 건물의 기준 시가가 시가보다 낮기 때문이다.

넷째, 담보로 제공된 재산의 평가는?

저당권이나 임대차 계약이 체결된 자산의 평가는 다음과 같이 한다.

담보 제공된 재산	저당권이 설정된 재산	다음 둘 중 큰 금액 ① 상속세 및 증여세법상 평가액 ② 당해 재산이 담보하는 채권액
	전세권이 등기된 재산	다음 둘 중 큰 금액 ① 상속세 및 증여세법상 평가액 ② 등기된 전세금
	임대차 계약이 체결된 재산	다음 둘 중 큰 금액 ① 상속세 및 증여세법상 평가액 ② 임대보증금 + (연간 임대료/12%)(2009년 4월 23일 이후)

예를 들어 어떤 임대용 건물을 평가한다고 하자. 이 건물의 시세는 20억 원이나 기준 시가는 8억 원이다. 그리고 이 건물의 임대보증금은 5억 원이고 연간 임대료는 1억 원이다. 이 건물을 증여한다고 할 때 재산평가액은 얼마나 될까?

일단 임대차 계약이 체결된 재산은 다음 중 큰 금액으로 한다.

① 상속세 및 증여세법 평가액 : 상가의 경우 매매사례 가액 등이 거의 존재하지 않기 때문에 기준 시가로 신고할 가능성이 높다. 따라서 상속세 및 증여세법 평가액은 기준 시가 8억 원이다.

② 임대보증금 + (연간 임대료/12%) : 임대보증금이 5억 원이고 연간 임대료 1억 원을 12%로 나눈 금액은 약 8억 3,333만 원이다. 따라서 이 둘을 합한 13억 3,333만 원이 평가액이 된다.

다섯째, 상속 및 증여 재산 가액이 수정되면 가산세는 어떻게 될까?

예를 들어 신고한 상속이나 증여 재산 가액이 매매사례 가액의 발견이나 오류 등에 의해 달라져 과세 관청이 수정해 고지서를 보내는 경우 가산세는 어떻게 적용될까? 이런 경우 원칙적으로 신고를 불성실하게 했을 때 신고불성실가산세(10~40%)를 내야 하고, 납부를 적게 한 경우에는 납부불성실가산세(미납 기간에 따라 일일 3/10,000)를 부과한다. 하지만 다음 사유에 한해서는 신고불성실가산세를 부과하지 않는다.

이외에도 2이상의 감정평가법인으로부터 감정평가를 받아 이들의 평균가액을 시가로 신고하는 방법도 있다. 자세한 것은 저자에게 문의하기 바란다.

- 신고한 재산에 대한 평가 가액의 적용 방법 차이(예:기준 시가로 신고했으나 매매사례 가액으로 고지한 경우 등)로 미달 신고한 경우
- 신고한 재산으로서 소유권에 관한 소송 등의 사유로 인하여 상속 또는 증여 재산으로 확정되지 않은 금액
- 상속 공제나 증여 공제의 적용 착오로 미달 신고한 금액

TIP

매매사례 가액 대책

상속세나 증여세 과세에 있어 유사 부동산에 대한 매매사례 가액 때문에 납세자들이 상당한 피해를 보고 있다. 가장 좋은 것은 이 제도를 폐지하는 것이나 시가과세 원칙 등의 이유로 이를 보완하는 쪽으로 가닥이 잡히는 것 같다. 따라서 납세자들은 다음과 같이 접근하여 문제를 해결하는 것이 좋다.

- 국토해양부에서 유사한 부동산의 실거래가를 조회한다.
- 납세지 관할 세무서에 매매사례 가액에 대한 정보를 요청한다.
- 상속세나 증여세 신고 전에 관할 세무서로부터 최종 확인을 받도록 한다.

임대 부동산 재산평가법에 유의하라

상가건물에 대한 상속 또는 증여 시 재산평가는 일반적으로 기준 시가로 한다. 그런데 때에 따라서는 임대보증금과 연간 임대료를 12%로 나눈 금액을 합산한 금액이 기준 시가를 초과하는 경우가 있다. 따라서 실무에서 적용할 때에는 이러한 부분을 고려해 재산을 평가하도록 하자(주의!).

낙숫물로 댓돌 뚫기

금융자산(예금과 보험 등) 증여

■

금융자산을 증여할 때
빠트리지 말아야 할
사항

"꼼꼼아, 형이다."

강탄탄 사장이 꼼꼼에게 전화했다.

"반가워 형, 그런데 무슨 일 있어?"

"한 가지 궁금한 게 있다. 애들 앞으로 펀드와 보험을 들어주려고 하는데 세금 관계가 궁금하더구나. 대충 했다가 나중에 큰코다칠까 봐 물어보는 거야."

강탄탄 사장은 얼마 전 관할 세무서로부터 세금을 크게 추징당했다. 그래서 요즘은 사업과 재산에 관계되는 세금만큼은 아주 신중히 다루고 있다. 자칫하면 사업체나 재산을 한순간에 날릴 수도 있음을 잘 알기 때문이다.

"형, 조카들이 아직 미성년자라 앞으로 10년간 2,000만 원까지는 비과세야. 1년 기준이면 원금이 200만 원 정도가 되지."

“그러면 월 15만 원 정도만 들 수 있다는 거네? 그 금액 가지고는 문제가 되는데.”

“얼마를 생각하고 있는데?”

“그래도 1인당 월 30만 원씩은 넣으려고 했지.”

“……”

꼼꼼은 금방 답변을 하지 못했다. 형의 고민을 어떻게 해결해야 할지 마땅한 대안이 떠오르지 않았다.

꼼꼼이 답변하지 못한 이유는 뭘까?

일반적으로 금융자산은 부동산과는 달리 거래 단위 금액이 소액으로 쪼개지고 증여 횟수가 수회에 다다르는 등 부동산과는 여러모로 다르다. 이러다 보니 증여세 신고를 어떻게 해야 할지, 하지 않으면 이를 적발해 세금을 물리는지 아리송한 점이 한두 가지가 아니다. 하지만 세금 문제는 미리 따져 보고 대비하는 것이 좋다. 이제부터는 이와 관련된 문제들을 살펴보자.

금융자산의 증여와 관련해서는 먼저 증여에 해당하는 거래인지 파악하는 것이 중요하다. 예를 들어 생활비 명목으로 돈을 주는 것은 증여와 관련성이 없다. 하지만 생활비로 돈을 줬지만 이를 모아 집을 샀다면 이는 증여에 가깝다. 돈을 받아 소멸성으로 사용하면 증여세를 부과하기가 상당히 힘들다. 하지만 재산 형성에 기여했다면 증여세가 부과되는 것이 당연하다.

다음으로 증여세를 신고해야 하는지도 파악해 둘 필요가 있다. 증여세를 신고하는 것이 귀찮고 번거롭지만 오히려 미리 해 두는 것이 좋을 때가 있다. 예를 들어 나중에 부동산이나 기타 재산을 취득하기 위해서는 취득 자금이 필요한데 미리 신고해서 자금 증빙을 만들어 두면 취득 자금에 대한 입증을 쉽게 할 수 있다. 그리고 나중에 증여임이 발각되면 가산세가 상당히 많이 나올 수 있으므로 이를 미연에 방지하는 차원에서도 신고해 두는 것이 좋다.

물론 금액이 소소하다면 증여세 신고를 하지 않아도 문제가 되는 경우는 극히 드물다. 소액 증여에 대해서는 설령 증여 공제 한도를 벗어나더라도 이에 대해 세금을 부과하는 경우가 거의 없기 때문이다. 이는 과세 당국이 이를 적발하여 과세할 수 있을 만큼 시스템을 제대로 갖추지 못했다는 것을 의미한다.

결국 강탄탄 사장이 30만 원을 자녀에게 증여하면 연간 증여 금액은 360만 원이 된다. 이를 10년으로 환산하면 3,600만 원이다. 따라서 미성년자 공제 2,000만 원을 초과한 1,600만 원에 대해서는 10% 세율로 과세되므로 약 160만 원의 세금이 나온다. 물론 증여세 신고를 미리 하지 않으면 이자도 포함되므로 금액이 더 늘어날 것이다. 현실적으로는 이 정도 증여에 세금이 부과되는 경우는 거의 없다. 하지만 납세 의무를 제대로 이행하고자 하는 경우 처음부터 2,000만 원 이내에서 원금을 증여하여 신고하는 것이 가장 좋다. 또는 원리금이 2,000만 원이 될 때 증여세 신고를 해도 문제를 해결할 수 있다.

참고로 강 사장처럼 자녀 앞으로 매월 적금 등을 든 경우, 세법에서 보는 증여 시기는 원칙적으로 그 재산의 인도일(입금일)이다. 따라서 이날을 기준으로 증여세 신고를 하는 것이 원칙이다. 만일 증여세 신고가 없다면 증여임을 밝혀내기가 대단히 어렵다. 단순 입금만으로 증여를 단정하기가 힘든 경우에는 사실상 사용일(인출하여 사용한 날)로 증여 시기를 미루어 나간다. 현실적으로 자녀 명의로 계좌를 유지하고 만기에는 부모가 자금을 사용하는 경우가 많기 때문이다. 그렇다면 이때 부모가 사용한 돈에 대해서는 증여세가 부과될까? 그렇지 않다. 인출된 돈을 자녀가 사용하지 않는 이상, 이는 증여에 해당하지 않는다. 이런 이유 때문에 금융자산과 관련된 증여세를 과세하는 것은 매우 어렵다.

최근 차명계좌에 대한 증여세 과세가 강화되고 있다. 예를 들어 부모가 자녀 명의의 계좌를 개설하여 현금을 입금한 경우에는 그 입금한 시기에 증여한 것으로 추정을 하고 있다(상증법 제45조 제4항, 2013년 신설). 따라서 자녀 명의의 계좌로 입금한 것이 증여가 아닌 다른 목적으로 행하여진 특별한 사정을 입증하지 못하면 자녀에게 증여세가 과세되고 있으므로 금액이 큰 경우에는 사전에 이에 대한 문제점을 검토할 필요가 있다.

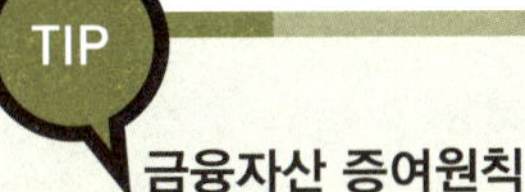

금융자산 증여원칙

금융자산은 부동산과 다르게 정교하게 세금관리를 해야 한다.

- 합법적인 범위 내에서 금융자산에 대한 증여를 한다.
- 무리가 되지 않는 범위 내에서 금융자산에 대한 증여세 신고를 한다.
- 차입거래인 경우에는 금전소비대차계약서 등을 미리 작성(공증포함)해 둔다.
- 단순 보관(차명)인 경우에는 증여가 아님을 입증하면 증여세는 발생하지 않는다.
- 현금출금 시에는 금액이 소소하더라도 사용처에 대한 근거와 증빙서류를 반드시 구비해 둔다.
- 수표는 수표추적에 의해 입출금 통로가 정확히 드러나므로 유의해야 한다.
- 해외 금융계좌의 잔고가 10억 원을 초과 시 이에 대한 신고를 해야 한다.

증여세 신고를 하면
세금이
줄어든다

"알뜰 씨, 정말 난처한 일이 생겼어. 우리 회사 VIP 고객 중의 한 사람이 소급해서 증여세를 신고하면 안 되겠냐고 물어보는데 답변을 못 하겠더라. 당신은 어떻게 해야 하는지 알아?"

꼼꼼은 현재 100억 원대의 돈을 주식에 투자하고 있는 투자자의 고민을 해결해야 할 입장이었다. 자세한 내막은 이러했다.

그 고객은 5년 전쯤에 5,000만 원을 자녀의 통장에 넣고 자녀 명의로 투자하면서 주식을 크게 불렸다. 주식이 크게 불어나자 이에 대한 증여세 문제가 매우 궁금했던 모양이다. 그가 고민하는 것은 불어난 주식에 증여세가 나오는지, 만일 과세가 된다면 이를 피하기 위해 소급하여 증여세를 신고하면 되는지 여부였다.

"참 어려운 문제네. 부동산은 증여등기를 하니 증여 시점을 제대로 알 수 있지만 금융자산은 그렇지 않잖아."

"맞아. 일단 그 고객이 입금한 5,000만 원이 증여에 해당하면 그 다음에 늘어난 투자 수익은 증여세를 부과받지 않을 텐데."

"꼼꼼 씨, 우리 이번 기회에 이 문제를 말끔히 해결해 볼까?"

"OK."

알뜰은 곧바로 왕빛나 세무사를 찾았다.

"세무사님, 아주 골치 아픈 일이 생겼습니다."

알뜰은 자초지종을 설명했다.

"그렇군요. 금융자산의 경우 증여 시점을 파악하기가 상당히 힘듭니다. 증여 시점을 어떻게 파악하느냐에 따라 소급해서 증여세를 신고할 수 있는지 여부도 결정됩니다. 제가 자세히 설명해 드리죠."

증여는 제3자에게 재산이 무상으로 이전되는 것을 말한다. 이렇게 재산권이 이전되면 증여받은 재산은 증여를 받은 사람의 것이 된다. 그러므로 증여를 받은 자에게 증여 재산을 마음대로 처분할 권한이 있다. 따라서 증여받은 재산을 가지고 본인의 책임과 계산 아래 사업을 할 수도 있고 다른 자산을 구입할 수도 있다.

결국 증여로 받은 재산으로 종된 수익을 얻었더라도 원칙적으로 그 수익에 대해서는 증여세를 추가로 과세해서는 안 된다.

그런데 꼼꼼의 고객처럼 증여세 신고를 하지 않았다면 어떻게 될까? 이 문제를 해결하기 위해서는 증여가 성립하는 시기를 제대로 이해할 필요가 있다. 세법은 증여 재산별로 증여 시기를 다음과 같이 정하고 있다.

- 부동산, 항공기 등의 취득:소유권 이전 등기 · 등록 신청서 접수일
- 신축 건물:사용 승인서 교부일이 원칙
- 동산의 취득:인도한 날 또는 사실상의 사용일
- 주식:수증자가 배당금의 지급이나 주주권의 행사 등에 의하여 당해 주식을 인도받은 날이 사실상 객관적으로 확인되는 날(단, 주식을 인도받은 날이 불분명한 경우에는 주주 명의개서일)
- 무기명채권:증여받은 재산이 무기명채권인 경우 당해채권에 대한 이자 지급 사실 등에 의하여 취득 사실이 객관적으로 확인되는 날(만일 그 취득일이 불분명한 경우에는 취득자가 이자 지급을 청구한 날 또는 당해채권의 상환을 청구한 날)
- 보험금:생명보험과 손해보험에 있어서 보험금 수취인과 보험료 납부자가 다른 경우에는 보험사고가 발생한 때

부동산이나 주식 등은 등기나 명의개서 등에 의해 객관적으로 증여임이 나타난다. 따라서 증여세 신고를 하지 않았다고 하더라도 소급하여 증여임을 입증하는 데는 문제가 없다. 그런데 예금이나 펀드 등 동산에 속하는 물건들은 '인도한 날 또는 사실상의 사용일'이 증여 시기가 되므로 증여세 신고 여부가 매우 중요하다.

이제 사례 내용을 분석해 보자.

앞에서 고객은 자녀 통장에 5,000만 원을 입금한 적이 있었다. 그러면 일단 세법은 동산을 인도한 날을 증여 시기로 본다. 그런데 그 고객이 증여세 신고를 하지 않았다. 따라서 자녀가 인출하여 사용한 시점이 바로 증여 시기가 된다.

이렇게 규정이 만들어진 이유는 입금 자체가 단순히 보관을 위한 것인지 차명 거래인지 구별할 수 없는 경우가 많아 이를 획일적으로 증여라

고 할 수 없기 때문이다. 따라서 이렇게 증여 사실이 확인되지 않으면 그 예금을 자녀가 인출하여 사용한 날로 증여 시기가 미루어질 수밖에 없다. 결국 이 VIP 고객은 자녀에게 입금한 때가 증여 시기가 아니므로 소급하여 증여세를 신고할 수 없다. 따라서 고객의 자녀가 주식대금을 인출하여 사용하는 날에 증여세 납세 의무가 성립할 것으로 보인다. 다만, 앞의 고객이 자녀에게 주식 매매차익을 얻게 할 목적으로 고객이 알아서 주식 투자를 지속적으로 한 경우 증여세 신고와 관계없이 매매차익에 증여세가 부과될 수 있다(상속세 및 증여 세법 제2조 제3항). 또한 최근 신설된 현금증여추정제도에 의해 현금입금시기를 증여로 볼 수 있다.

이처럼 종된 수익에 추가로 과세되는 상황은 위의 예처럼 증여 시기가 유동적으로 변한 경우다. 따라서 객관적으로 증여임을 입증할 수 없는 거래인 경우에는 결과적으로 증여세 신고를 미리 해 두어야 종된 수익에 대한 추가 과세를 당하지 않는다. 그래서 실무적으로 현금을 바탕으로 부동산이나 금융자산을 취득할 때에는 증여세 신고가 필요하다고 할 수 있다.

참고로 사례의 증여 시기를 좀 더 추가로 검토하면 주식은 주식을 인도받은 날로 하되, 인도받은 날이 불분명하면 주주명부에 명의개서한 날이 된다. 특히 주식 명의자와 실질적인 소유자가 다른 경우에는 명의신탁재산의 증여의제규정이 적용되어 무조건 명의개서일을 증여 시기로 본다는 점에 유의해야 한다(상증법 제45조의 2). 보험의 경우에는 특이하게도 보험사고가 발생한 날을 증여 시기로 한다. 따라서 보험계약 기간 내에 보험료를 증여받아 보험료를 납입한 후 보험사고가 발생하여 보험금을 수령하면 보험금에 대해 증여세가 부과되는 것이 원칙이다.

자녀 이름으로 든 펀드 증여하기

"알뜰 씨, 이제 펀드 증여하는 방법도 확실히 알 수 있을 것 같아."

꼼꼼은 금융자산의 증여 방법을 이해하고는 자신 있게 말했다.

"그래? 어떻게 하는데?"

"일단 목돈이 있는지 없는지에 따라 증여하는 방법이 달라져."

"그럴 수 있지. 내게 자세히 설명해 봐. 이 기회에 우리 똘이도 들어주게 말야."

"좋았어, 기대하라고!"

꼼꼼은 많은 사람들이 아리송하게 생각하고 있는 펀드에 대한 증여세 문제를 이번 기회에 꼭 해결하고 싶었다.

자녀를 위해 펀드에 가입한 경우에 일단 증여세를 신고하기로 결정했다면 목돈이 있는 경우와 없는 경우로 나눠서 살펴야 한다.

목돈을 증여받아 펀드에 드는 경우

목돈이 있는 경우에는 가급적 빨리 증여세를 신고하는 것이 좋다. 미성년 자녀는 10년간 2,000만 원까지 비과세되기 때문이다. 예를 들어 자녀가 태어나자마자 2,000만 원을 통장에 입금하고 이를 관할 세무서에 신고하면 11세가 되는 해에 2,000만 원을 또 증여할 수 있다. 이렇게 목돈으로 증여한 후에 이 돈을 계좌 이체로 펀드에 적립하면 된다. 참고로 증여세를 신고할 때에는 아래와 같은 양식(국세청 홈페이지에서 증여세 과세표준 신고서를 조회하여 다운로드 함)을 작성한 후 입금이 확인된 통장 사본과 함께 제출하면 된다.

펀드 증여세 신고 방법

• 목돈을 증여받아 펀드에 드는 경우 → 입금일이 속하는 달의 말일로부터 3개월 내에 증여세를 신고한다. 이렇게 증여세 신고를 해 두면 펀드 투자 수익에 대해서는 세금을 부과받지 않는다.

• 매월 적립금으로 펀드에 드는 경우 → 현재의 펀드 가액을 증여 재산 가액으로 하여 신고를 한다. 만일 기간이 정해져 있는 경우에는 일정 기간 동안 불입할 금액을 6.5% 할인하여 평가할 수도 있다(329쪽 유기정기금 평가법 준용).

증여세 과세표준 신고서

수증자	성명, 주민등록번호, 주소 등	
증여자	성명, 주민등록번호, 주소 등	
구분	**금액**	**산출 근거(실제 양식에는 없음)**
증여 재산 가액	2,000만 원	시가 원칙(시가 확인 불가 시 기준 시가)
증여 재산 가산액		10년 내 동일인으로부터 받은 증여 재산 가액 (합산 후 재정산)
비과세 등		국가 등으로부터 받은 증여 재산 가액 등
채무액		증여 재산에 담보된 채무로서 증여자가 인수한 채무액
증여세 과세 가액	2,000만 원	
증여 재산 공제	2,000만 원	미성년자 공제
과세표준	–	
세율		10~50%(과세표준 1억 원 이하는 10%)
산출 세액	–	기납부 세액 공제*: 증여세 산출 세액
세액 공제		신고 세액 공제 : 증여일이 속하는 달의 말일로부터 3개월 내에 신고 시 10% 세액 공제
가산세		• 신고불성실가산세 : 미달신고 세액의 10~40% • 납부불성실가산세 : 미달납부 세액×미납기간 ×0.03%
납부할 세액	–	1,000만 원 초과 시 분납이나 물납 등 가능

※ 구비 서류
1. 증여자 및 수증자의 호적등본(제출 생략 가능)
2. 증여 재산 명세서 및 평가 명세서(부표)
3. 채무 사실 등 기타 입증 서류

201 년 월 일
신고인　(서명 또는 인)
세무 대리인　(서명 또는 인)

OO세무서장 귀하

* 기납부 세액 공제는 2회 이상의 증여로 인해 합산과세 되는 경우 이중과세가 되는 것을 방지하기 위해 종전에 납부한 증여세를 세액 공제하는 것을 말한다. 이 공제는 종전의 증여 재산에 대한 산출 세액을 공제하나 다음의 금액을 한도로 한다.
  – 한도 : 증여세 산출 세액×(가산한 증여 재산의 과세표준 / 합산과세 시 과세표준)

증여 재산 및 평가 명세서

재산 구분	재산 종류	소재지	수량(면적)	단가	평가 가액	평가 기준
증여 재산 가산액	현금				2,000만 원	시가
합계					2,000만 원	

※ 작성 방법
· 재산 구분 : 증여 재산 가액, 증여 재산 가산액, 비과세 금액, 과세 가액 불산입액에 대한
  구분을 말함.
· 재산 종류 : 건물, 토지 등.
· 평가 기준 : 원칙적으로 시가에 따르되, 시가를 적용하기 곤란한 경우 기준 시가로 함.

매월 적립금으로 펀드에 드는 경우

목돈이 없는 상황에서는 매월 적립금이 들어가게 될 것이다. 이 경우 어떻게 증여세를 신고해야 할까?

앞에서 보았듯이 세법상 증여 시기는 입금 시점이 되지만 증여세를 신고하지 않을 때에는 인출하여 사용한 시점이 그 시기가 된다. 따라서 증여세 신고가 중요하므로 다음과 같이 신고하는 것도 생각해 볼 수 있다.

• 매년 1월 1일~12월 31일까지의 금액을 평가하여 펀드 통장의 사본을 제출한다.

만일 이렇게 증여하는 경우에는 최종 증여일로부터 소급하여 10년 이내에 증여한 금액을 최종 증여 금액에 합산하여 신고해야 한다. 예를 들어 1년 전에 원리금으로 신고한 금액이 1,000만 원이고, 이번 회에 증여할 금액이 1,500만 원이라면 다음과 같이 신고서가 작성된다.

증여세 과세표준 신고서

수증자	성명, 주민등록번호, 주소 등	
증여자	성명, 주민등록번호, 주소 등	
구분	**금액**	**산출 근거**(실제 양식에는 없음)
증여 재산 가액	1,500만 원	시가 원칙(시가 확인 불가 시 기준 시가)
증여 재산 가산액	1,000만 원	10년 내 동일인으로부터 받은 증여 재산 가액(합산 후 재정산)
비과세 등		국가 등으로부터 받은 증여 재산 가액 등
채무액		증여 재산에 담보된 채무로서 증여자가 인수한 채무액
증여세 과세 가액	2,500만 원	
증여 재산 공제	2,000만 원	미성년자 공제
과세표준	500만 원	

금융재산 등의 평가 방법

일반적으로 상속 또는 증여 재산 중 부동산은 시가(매매사례 가액 등 포함)를 원칙으로 평가하나 시가가 없는 경우 기준 시가로 한다. 그렇다면 부동산 외의 재산에 대해서는 어떻게 평가할까?

① **차량 및 기계장치, 입목 따위의 유형자산**

재취득 가액→장부 가액(취득 가액−감가상각비)→지방세 시가표준액 순으로 정한다. 재취득 가액은 차량 등을 처분한 가액으로 다시 취득할 수 있다고 예상되는 가액을 말한다.

② **서화 · 골동품**

서화, 도자기 등 전문 분야별로 2인 이상의 전문가가 감정한 가액의 평균액에 의한다.

③ **상장주식과 비상장주식**

상장주식은 평가 기준일 전후 2개월의 종가 평균액, 비상장주식은 재무제표 등을 이용하여 산정한 1주당 순손익 가치와 1주당 순자산 가치를 3과 2의 비율로 가중평균한다.

④ **국공채 및 사채**

상장 국채 등은 평가 기준일 이전 2개월간의 평균액과 평가일 이전 최근일의 최종 시세 가액 중 큰 금액으로 한다. 비상장 국채 등은 매입 가액에 평가 기준일까지의 미수 이자 상당액을 합계한다.

⑤ **간접투자 증권과 예금 · 적금**

간접투자 증권은 평가 기준일 현재의 기준가격을 원칙으로 하고, 예금 · 적금은 평가일 현재 예입 총액에 미수 이자 상당액을 더하고 원천징수 세액(15.4%)을 차감하여 평가한다.

⑥ **정기금을 받을 권리**

연금 같은 정기금을 받을 자산 중 기한이 정해져 있는 유기 정기금은 각 연도에 받을 정기 금액을 6.5%(국세청 고시)로 할인하여 평가하되 1년분 정기 금액의 20배를 초과할 수 없다. 기한이 정해져 있지 않은 무기 정기금은 그 1년분 정기 금액의 20배로 평가한다. 사람이 죽을 때까지 지급하는 종신 정기금은 유기 정기금처럼 평가하나, 통계청이 매년 발표하는 기대여명 연수까지 받을 금액을 기준으로 평가한다.

⑦ **저당권 설정된 재산**

저당권이 설정된 재산의 경우 시가 또는 보충적 평가 방법과 담보한 채권액 중 큰 금액으로 평가한다.

보험금에 붙는 증여세 털어내기

알뜰은 후배 초롱에게 업무상 이런저런 얘기를 들려주었다.

"선배님, 보험의 증여 시기가 상당히 헷갈립니다. 보험료도 다른 것과 마찬가지로 보험료를 증여할 때가 증여 시기 아닌가요?"

초롱이 질문했다.

"초롱 씨 말대로 금융자산은 인도일, 즉 입금일이 증여 시기야. 만일 그때가 증여 시기인지 불명확하면 사실상 사용일이 증여 시기가 되기도 하지. 그런데 보험은 다른 일반 금융상품과는 달리 입금일이 아니라 보험사고가 발생한 날을 그 시기로 하고 있어."

"그러면 보험료를 증여받더라도 그에 대한 증여세는 없는 건가요?"

알뜰은 초롱의 질문에 일일이 대응하는 것보다는 정리된 자료를 보여주는 것이 더 낫겠다고 여겼다.

"초롱 씨, 보험과 관련된 내용을 정리한 자료가 있어. 그걸 본 뒤 다시 얘기해."

초롱은 보험 상품의 증여 시기가 일반 상품과 다르다는 점이 무척 의 아했다.

세법에서 보험금의 증여 시기는 보험사고가 발생한 날이다. 여기서 보험사고가 발생한 날이라면 질병이나 사망 또는 만기로 인해 보험금을 수령한 날을 말한다. 이렇게 보험금의 증여 시기를 다른 자산과 달리 정하는 것은 보험 상품의 특성 때문이다. 예를 들어 예·적금은 원금 불입 시기와 이자의 수입 시기를 쉽게 가늠할 수 있어 증여 시기를 파악하기가 쉽다. 하지만 보험의 경우 대부분 질병이나 사망 시점에 보험금이 지급되므로 부득이 보험사고(사망, 질병, 만기, 해약 등을 말함)가 발생한 날로 할 수밖에 없다. 이렇게 보험의 증여 시기를 정해 둠으로써 실무적으로 풀어야 할 내용들이 상당히 많아졌다.

보험금의 과세 방식

세법에서는 어떤 경우에 보험금에 대해 과세하는지 따져 보자.

첫째, 보험계약 기간 안에 보험료를 증여받아 납입하는 경우에는 다음의 금액을 증여세 과세 대상으로 한다.

• 증여 재산 가액 : 보험금 × (증여에 의한 불입액 ÷ 총 불입액) − 본인의 보험료 불입액

예를 들어 보험계약 기간 내에 보험료를 증여받아 불입한 후 보험금을

1억 원 수령했다고 하자. 이때는 보험료에 대해 과세하는 것이 아니라 보험금 전액인 1억 원에 대해 증여세를 부과한다는 것이다. 만일 절반은 부모가 절반은 본인이 납입했다면 5,000만 원에 대해서만 증여세를 거둔다.

둘째, 보험계약을 체결하기 전에 보험료 전액을 증여받은 후 보험료를 내는 경우도 있다. 이 경우의 과세 방식은 어떤가?

일단 보험계약 기간 안이 아니므로 증여세 문제는 없다고 할 수 있다. 따라서 보험료 불입을 위한 증여 금액은 현금 증여에 해당한다고 할 수 있다. 하지만 세법에서는 계약 전에 증여를 받은 경우에는 증여받은 날로부터 5년 이내에 보험사고가 발생하면 그 보험금에도 증여세를 부과하고 있다. 예를 들어 아버지가 미성년 자녀에게 2,000만 원을 증여한 다음 그 금액으로 보험료를 불입했다고 하자. 그런 후 5년이 안 돼서 보험금을 수령했다면 그 보험금에도 증여세를 부과한다. 단, 이때 증여로 신고된 보험료 납입액은 보험금에서 차감된다.

셋째, 두 번째 내용의 연장선에서 5년을 벗어난 경우에는 증여세를 부과할 수 있을까?

현실적으로 이 상황에서는 보험금에 대해 증여세를 부과하기가 상당히 힘들 것이다. 하지만 국세청은 이에 대해 '금전을 먼저 증여받고 그 증여받은 금전에 대하여 증여세 신고 및 납부를 했다 해도 증여받은 금전으로 자녀가 보험계약을 체결하고 보험료를 불입하다가 보험사고(만기 보험금지급 포함)가 발생해 보험금을 받은 경우, 그 경제적인 실질이 상속세 및 증여세법 제34조와 유사한 경우에는 같은 법 제2조 제3항 및 제4항의 규정에 따라 수령한 보험금에서 불입한 보험료를 차감한 금액을 증여 재산 가액으로 보고 자녀에게 증여세를 과세한다.'는 입장이다. 이를 증여세 완전포괄주의과세라고 한다. 이런 의견이라면 5년 전에 증여한 것도 안심할 것이 못 된다. 따라서 보험 가입자나 실무 담당자는 이런 내용에 주의해야 한다(특히 고액 계약자는 더욱더 주의가 필요하다).

보험에 붙는 세금 털기

이처럼 세법은 보험에 대해서는 다른 자산과는 달리 까다롭게 규제하고 있다. 그러므로 소득이 없는 자녀를 위해 가입한 보험이 과도한 경우 증여세 문제가 발생할 가능성이 높다. 따라서 증여세 비과세 한도(성년자 5,000만 원, 미성년자 2,000만 원) 내에서 보험금을 수령한다든지, 또는 다음 방식으로 보험을 설계하는 것이 문제 소지를 줄이는 길이다. 그리고 다음과 같이 계약한 후 자녀에게 소득 능력이 생기면 그때 계약자와 수익자를 자녀로 바꾸는 것도 대안으로 생각해 볼 수 있다.

• 변경 전

보험 계약자	피보험자	보험 수익자
부모	자녀	부모

• 변경 후

보험 계약자*	피보험자	보험 수익자
자녀	자녀	자녀

✻ 보험료 불입을 부모가 대신한 경우에는 보험금 전체에 증여세가 부과될 수 있다.
　보험계약 변경에 따른 세금 문제는 178쪽 참조.

증여받은 상가로 보험료를 납입하는 경우

일단 소득이 없는 미성년자에게 상가를 증여한다고 가정하자. 그렇게 되면 상가는 미성년자의 재산이 되며 이 상가에서 나온 임대 수익 또한 미성년자의 것이 된다. 따라서 임대 수익으로 보험료를 납부한다면 문제될 것은 없다.

물론 앞에서 본 포괄주의과세 방식이 적용될 가능성이 있지만 보험사고가 해당 기간 내에 일어나지 않으면 문제는 거의 없다.

자녀에게 연금보험 증여하기

자녀를 계약자와 피보험자, 그리고 수익자로 하는 연금보험에 가입한다고 하자. 연금개시는 10년 뒤부터 시작되며 수령 기간이 20년이라고 하자. 연금보험료는 아버지가 전액 일시납으로 불입했다. 이 경우 증여세는 어떻게 과세될까?

일단 보험에 관한 증여 시기는 보험사고가 발생하는 날이다. 따라서 10년 뒤 연금을 받게 되는 시점이 증여 시기가 된다. 그리고 이때의 증여 금액은 20년 동안에 받을 연금 총액을 증여 시점에서 국세청이 정하는 할인율(6.5%로 고시)로 할인하여 정하게 된다.

자녀에 대한 연금보험의 증여는 증여세가 나중에 발생한다는 점, 미래의 연금을 6.5%로 할인하여 평가하므로 증여 재산액이 축소된다는 점, 자녀에게 연금 형태로 자금 지원(자금출처 대비 포함)이 된다는 점 등 때문에 활발히 이루어지고 있다(연금보험 평가 방법에 대한 자세한 내용은 329쪽 참조).

금융소득종합과세는 비과세 상품으로 대비하라

이알뜰은 서울 강남구 역삼동에 거주하고 있는 김거부 씨와 업무 상담을 하고 있다. 김 씨는 현금성 자산을 수십억 원 가지고 있을 만큼 상당한 재력가다.

"고객님, 현금을 저희 보험 상품에 넣어 두시면 비과세됩니다."

알뜰의 비과세란 말에 김 씨가 놀랐다.

"아니, 비과세라뇨? 어떻게 해서 비과세라는 겁니까?"

김 씨는 그동안 금융소득종합과세로 세금 고생을 많이 한 터였다.

"저희 상품은 10년만 유지하면 세금을 한푼도 내지 않습니다. 법에서 배려를 하고 있기 때문입니다."

알뜰은 준비한 서류를 보여 주었다.

"이거 좋은 상품이군요. 그동안 금융소득종합과세로 고민이 많았거든요."

일반적으로 금융자산과 관련된 소득세는 보유 중 발생하는 이자소득과 배당소득, 그리고 양도 단계 주식의 양도소득에서 발생한다. 하지만 소득세에 대해서는 비과세를 폭넓게 적용하고 있다. 이에는 재산 형성을 제대로 하지 못한 계층을 위해 저축에 대한 이자 비과세(예 : 재형저축), 금융시장의 발전을 위해서 금융자산에서 발생한 차익에 대한 비과세(예 : 주식 및 채권 매매차익, 장기 저축성보험차익) 등이 있다. 따라서 이런 비과세 항목을 잘 활용하는 것이 수익률을 지키는 지름길이다.

그런데 이렇게 비과세가 적용되지 않으면 과세가 되는데 이자소득과 배당소득(이 둘을 묶어 금융소득이라고 함)이 많으면 금융소득종합과세를 한다. 여기서 금융소득종합과세란 개인별로 비과세소득과 분리과세소득을 제외한 금융소득이 2,000만 원을 넘어가는 경우에 다른 소득에 합산하여 과세하는 제도를 말한다.

그렇다면 금융소득종합과세를 적용받지 않으려면 어떻게 해야 할까?

첫째, 비과세 상품을 적극적으로 활용한다.

보험의 경우 변액 상품을 10년 이상 가입하면 이자소득에 대해서는 전액 비과세를 받을 수 있다. 물론 보험 가입 금액이 아무리 커도 문제되지 않는다.

둘째, 소득을 분산시킨다.

금융소득종합과세는 개인별로 금융소득이 연간 2,000만 원을 초과해야 과세된다. 따라서 배우자에게 증여세 비과세 한도 내에서 증여해 두면 세금이 줄어든다. 세법은 원칙적으로 개인별 과세 원칙을 유지하고 있다. 즉 부부라도 각자가 보유한 재산과 벌어들인 소득에 대해 별도로 세금을 부과하는 것이다.

셋째, 소득 귀속 시기를 다르게 한다.

예를 들어 은행에 10억 원을 예치했을 때 4%의 세후 이자율을 적용하면 4,000만 원의 금융소득이 발생하지만 연도를 달리하여 2,000만 원씩 수령하면 금융소득종합과세를 적용받지 않는다.

보험에 대한 비과세 부분을 좀 더 검토해 보자.

현재 시중에는 보험을 매개로 재산의 대물림과 동시에 금융소득종합과세에서도 빠져 나가게 하는 상품들이 많다. 그렇다면 어떤 원리로 이런 상품들이 절찬리에 팔리고 있을까?

먼저 저축성보험(변액보험)을 부모 명의로 가입한다. 만일 자녀가 소득이 있다면 자녀 명의로 가입할 수도 있다. 그리고 보험료 불입 기간을 10년 이상으로 한다. 이렇게 하면 보험차익에 대해서 비과세 혜택을 받을 수 있다. 비과세 혜택은 불입 금액의 크기와 관계가 없다. 예를 들어 5년 이상 가입해야 하는 월적립식 보험의 경우 월 불입료가 1,000만 원이 되더라도 10년 이상 계약 기간을 유지하면 세금을 전액 비과세 받을 수 있다. 이런 점 때문에 고액 재산가들은 이러한 보험 계약을 선호한다.

다음으로 보험 계약자 명의를 바꾼 경우를 보자. 예를 들어 아버지 명의로 든 보험을 5년 유지한 후 자녀 명의로 바꾸었다면 세금 관계는 어떻게 될까? 이 경우는 앞에서 본 것처럼 보험금을 수령하면 아버지와 자녀가 납입한 비율대로 증여세 과세 여부를 따져야 한다. 만일 보험금을 1억 원 수령하였고 납입 비율이 반반이라면 5,000만 원이 증여세 과세 대상이 된다.

한 가지 더 따져 볼 것이 있다. 저축성보험차익은 10년을 유지하면 비과세를 받을 수 있는데 이처럼 중간에 계약자를 변경하면 비과세 기간을 어디서부터 따져야 할까? 이에 대해 과세 당국은 보험계약자 명의 변경과 관계없이 당초 가입일부터 10년을 유지하면 된다는 해석을 유지해왔다. 이렇게 되면 아버지가 10년 이상 가입한 보험 통장을 자녀가 그대로 활용할 수 있다는 장점이 있다. 그런데 2013년 2월 15일 이후에 가입한 저축성보험은 계약변경일로부터 10년을 유지해야 비과세를 해주는 것으로 세법을 개정하였다. 가입자들이 보험을 부의 대물림 수단으로 이용하는 것을 차단하기 위해서이다. 따라서 저축성보험차익에 대한 비과세를 받기 위해서는 자녀의 명의로 된 보험계약을 10년 이상 유지해야 함을 기억해 둘 필요가 있다.

가업 승계를 위한 주식 증여하기

왕빛나 세무사가 한 기업을 방문하여 컨설팅을 진행했다. 그 내용은 가업의 승계와 관련된 것이었다.

"사장님이 운영하고 계신 기업의 주식 가치가 상당히 높을 것 같습니다."

"그렇습니다. 가지고 있는 공장의 땅값도 올랐고, 매출도 제법 되지요."

"문제는 기업을 소유하신 상태에서 상속이나 증여를 하면 세금이 상당하다는 사실입니다. 알고 계시죠?"

"알고 있습니다. 무슨 좋은 방법이 있을까요?"

"쉽게 말씀을 드리기 힘들지만 일단 주식 가치부터 잘 따져 봤으면 합니다. 그리고 나서 그에 맞는 방법을 준비해 나가면 어떨까요?"

"세무사님, 우리 기업은 주식이 상장되지 않은 상태입니다. 그런데도 주식 가치를 알 수 있나요?"

"그럼요. 천천히 설명해 드릴 테니 같이 한번 계산해 보죠."

주식을 보유하고 있는 경우 이를 자녀 등에게 이전하는 방법에는 매매, 상속, 증여 등이 있다. 그중 매매는 자녀가 돈이 있는 경우에 선택할 수 있는 방법이며, 나머지는 무상으로 주는 방법이다.

그런데 비상장 기업의 경우에는 매매나 무상 이전을 하더라도 주식 평가에 관심을 둬야 한다. 평가액과 동떨어지게 매매 등이 이루어지면 이에 대해 세금 추징을 당할 수 있기 때문이다.

상장주식은 평가를 쉽게 할 수 있다. 시장가가 존재하기 때문이다. 하지만 비상장 법인은 그렇지가 않다. 따라서 주식의 평가는 주로 비상장 기업과 관련성이 크다.

구체적으로 본다면 상장법인의 주식은 평가 기준일 이전·이후 각 2개월간(총 4개월) 매일 공표된 한국증권거래소 등의 최종 시세 가액의 평균액으로 평가한다. 이렇게 하면 시가를 파악할 수 있다. 하지만 비상장 법인 주식은 시세가 없으므로 부득이 인위적인 평가 과정을 거쳐야 한다.

즉 다음과 같이 주식을 평가해야 한다.

① **부동산 과다 보유 법인 이외 일반 법인의 1주당 평가액**
 → {(1주당 순손익 가치×3)+(1주당 순자산 가치×2)}/5

② **부동산 과다 보유(자산 가액 중 부동산 가액이 50% 이상) 법인의 1주당 평가액**
 → {(1주당 순손익 가치×2)+(1주당 순자산 가치×3)}/5

위에서 1주당 순손익 가치는 주로 손익을 가지고 계산하는 것을 말한다. 그리고 1주당 순자산 가치는 자산과 부채의 평가액을 가지고 계산하는 것을 말한다. 따라서 이익이 많이 나거나 부동산 또는 이익잉여금이 많은 법인이 주식 가치가 높다는 것을 짐작할 수 있다. 물론 그 반대의 경우에는 주식 가치가 낮다.

예를 들어 1주당 순손익 가치가 1만 원이고 1주당 순자산 가치가 2만 원이라면 이 기업의 주식 가치는 다음과 같다. 단, 이 기업은 부동산 과다 보유 법인에 해당하지 않는다.

- 1주당 가액 = {(1주당 순손익 가치)×3 + (1주당 순자산 가치×2)}/5
= {(10,000×3) + (20,000×2)}/5 = 14,000

이처럼 실무에서 주식을 평가하는 과정은 상당히 복잡할 수 있다. 회계와 세무 내용을 반영하여 평가해야 하기 때문이다. 따라서 비상장 기업의 주식 평가는 세무 전문가를 통해 하는 것이 안전하다.

만일 보유한 주식 수가 1만 주라면 총 주식 가치는 1억 4,000만 원이 된다. 이 주식을 성년인 자녀에게 증여하면 증여세는 다음과 같다.

- 증여세 = (1억 4,000만 원−5,000만 원)×10% = 900만 원

그런데 여기서 한 가지 점검할 것이 있다. 세법에서는 이 주식이 해당 법인의 최대주주와 특수 관계자가 보유한 주식에 해당하면 다음 표와 같이 할증하여 평가하도록 규정하고 있다. 최대주주가 보유한 주식에는 경영권의 가치가 포함되어 있다고 보아 이를 반영하기 위해서다. 그러나 중소

기업의 경우에는 2014년 말까지 할증 평가를 유예한다.

구분	원칙	적용 배제
지분율이 50% 이하인 경우	20% 가산 (중소기업은 10%)	• 평가 기준일이 속하는 사업연도 전 3년 이내부터 계속하여 세법상 결손금이 있는 법인의 주식은 할증 평가하지 않음.
지분율이 50% 초과하는 경우	30% 가산 (중소기업은 15%)	• 중소기업 주식을 2014년 12월 31일 이전에 상속·증여받는 경우 할증 평가 제외함(조세특례제한법 100-2).

참고로 기업의 주식을 과다하게 보유하면 과점주주로서 제2차 납세의무를 부담하거나 취득세 등을 추가로 내는 경우가 있다. 또한 가업 승계 시 상속세나 증여세 등이 과다하게 나오는 경우도 많다. 그래서 주식을 차명으로 보유하는 경우가 있는데 세법은 이러한 상황에서 명의 수탁자에게 증여세를 부과할 수도 있으므로 주의해야 한다.

주식 명의신탁과 증여세 과세

주식을 명의신탁하는 경우 명의개서를 한 날에 수탁자가 증여받은 것으로 보아 수탁자에게 증여세가 부과된다. 단, 조세회피 목적이 없는 경우에는 증여로 보지 않는다. 조세회피 목적이 있는지는 명의신탁하게 된 경위와 불가피성의 유무, 종합소득세·증여세 등 여러 조세의 회피 유무 등의 구체적인 사실을 확인하여 판단한다. 참고로 명의신탁한 주식을 본래 신탁자에게 환원하는 경우에는 증여세 과세 문제는 없다.

세금 없이
공짜로
돈 빌리기

경기도 과천에서 살고 있는 고도리 씨는 가족으로부터 돈을 빌리고자 한다. 그런데 가족에게 빌린 돈에도 세금이 부과될 수 있다는 말을 들었다. 세무 문제는 처음부터 잘 해결해 두어야 뒤탈이 없다는 것을 뼈저리게 경험했던 고 씨는 돌다리도 두들기는 심정으로 왕빛나 세무사가 근무하고 있는 정밀 세무법인의 세무 상담란에 다음과 같은 질문을 올렸다.

수고가 많습니다.

다름이 아니오라 아버지와 할아버지로부터 돈을 빌리려고 합니다. 빌리고자 하는 돈은 아버지에게는 1억 원이고, 할아버지에게는 5,000만 원입니다. 이 금액에 대해서 세금이 나오는지 궁금합니다. 물론 이자는 드리지 않습니다.

얼마 지나지 않아 다음과 같은 답변이 올라왔다.

안녕하세요?

저희 세무법인을 찾아주셔서 감사드립니다.

특수 관계자로부터 무상 대여받은 금액이 1억 원 이상이 되는 경우에는 무상 대여로 인한 이익에 대해 증여세가 과세됩니다. 여기서 무상 대여로 인한 이익은 무상 대여 금액에 8.5%의 이자율을 곱한 금액을 말합니다. 통상 1년 단위로 이 이익을 계산합니다.

그런데 귀하의 경우 금전의 대여자가 2명이므로 이를 합하여 계산할 것인가 나눠서 계산할 것인가가 쟁점이 될 것입니다.

이에 대해 살펴보면 증여세는 원칙적으로 증여자별·수증자별로 계산하고 아버지와 할아버지는 별도의 증여자에 해당하므로 다음과 같이 증여세 과세 여부가 결정될 것으로 보입니다.

- 아버지로부터 무상 대여받은 금전에 대한 이익 : 증여세 과세 대상
- 할아버지로부터 무상 대여받은 금전에 대한 이익 : 증여세 과세 대상에서 제외(∵ 1억 원에 미달하므로)

따라서 아버지로부터 무상 대여받은 금액에 대해서만 다음과 같이 증여세가 과세될 것으로 판단됩니다.

- 증여 재산 가액 = 1억 원 × 8.5% = 850만 원
- 증여세 과세표준 = 850만 원 − 5,000만 원 = −4,150만 원
- 증여세 산출 세액 = 0원

가족 간에도 자금 거래가 상당히 많아지고 있다. 그런데 이를 잘못 다루는 사람들 역시 상당하다. 따라서 쓸데없는 세금을 낼 가능성이 높아지므로 이와 관련된 내용들을 잘 알아 두어야 한다.

먼저 직계존비속 간의 자금 거래가 차입인지 증여인지를 명확히 구별할 필요가 있다. 현행 상속세 및 증여세법에서는 직계존비속 간의 소비대차 계약은 원칙적으로 인정하지 않는다. 그러나 사실상 소비대차 계약에 의하여 부모 등으로부터 자금을 차입하고 추후 이를 변제한 사실이 이자 및 원금 변제에 관한 증빙 및 담보 설정, 채권자 확인서 등으로 확인되는 경우에는 증여세를 과세하지 않는다. 따라서 자금 거래가 계약서 및 통장 등에 의해 입증이 되면 차입으로 인정받을 수 있다.

다음으로 직계존비속 간에 금전 거래가 인정되더라도 상속세 및 증여세법 제41조의 4의 규정에 의하여 1억 원 이상의 금전을 무상으로 대부받은 경우에는 앞의 사례와 같이 대부 금액에 적정 이자율(2014년 현재 8.5%를 적용하고 있음)을 곱한 가액을 증여받은 것으로 본다. 이자를 수수한 경우와 비교해 보면 다음과 같다.

- 무상으로 대부받은 경우 : 대부 금액 × 적정 이자율
- 낮은 이자율로 대부받은 경우 : (대부 금액 × 적정 이자율) − 실제 지급한 이자 상당액

참고로 만일 무상 대여 기간이 1년을 넘어가면 1년 단위로 위의 금액을 계산한다. 또한 여러 번에 걸쳐 무상 대부를 받은 경우 전체를 합산한 금액을 기준으로 1억 원 여부를 판단한다.

[보론] 회사도 상속 · 증여를 받을 수 있을까?

상속이나 증여를 받을 수 있는 대상은 개인과 법인이다. 개인이 받으면 바로 증여세 등의 과세 대상이 되는데 법인이 증여를 받는 경우에도 상속세나 증여세가 부과되는지 궁금하다. 이외에 개인이 사업체를 통해 증여를 받는 경우에도 증여세가 과세되는지도 궁금할 수 있다. 이러한 개념을 이해하는 일은 세율을 결정하는 데 매우 중요하다. 개인에게 부과되는 증여세 세율은 10~50%이지만 법인의 경우에는 10~22%의 세율이 적용되며, 개인 사업체는 6~38%의 세율이 적용되기 때문이다.

그럼 위에 제기된 문제를 풀어 보자.

법인이 증여를 받는 경우

법인기업의 경우 법인의 자산을 불려 주는 것은 모두 법인의 소득으로 처리된다. 회계 지식이 있다면 법인이 증여받은 자산은 '자산 수증익'으로 처리된다는 사실 정도는 알고 있을 것이다. 따라서 증여분은 법인의 이익을 형성하였으므로 궁극적으로 10~22%*의 세금이 부과된다.

그런데 법인 중 영리법인이 아닌 비영리법인이 있다. 대개 비영리법인이 증여를 받는 경우에는 예외적으로 개인과 같은 세율로 증여세가 부과된다. 하지만 공익성이 큰 장학재단이나 의료법인, 그리고 기타 종교나 사회복지법인 등에게 증여세를 부과하면 공익사업을 방해하므로 이런 공익법인 등에게는 증여세를 부과하지 않는다.

---

* 2014년 기준 : 2억 원 이하 10%, 2억~200억 원 이하 20%, 200억 원 초과 22%

개인이 사업체를 통해 증여를 받는 경우

이에 대해 상속세 및 증여세법(제2조 2항)에서는 다음과 같이 규정하고 있다.

"증여 재산에 대하여 소득세법에 의한 소득세, 법인세법에 의한 법인세 및 지방세법의 규정에 의한 농업소득세가 수증자에게 부과될 때에는 증여세를 부과하지 아니한다."

따라서 소득세법에 의해 먼저 소득세가 과세되면 이중과세 방지를 위해 증여세를 부과하지 않는 것으로 볼 수 있다. 그러나 세무 행정에서는 먼저 개인이 증여를 받은 후 사업체의 자산으로 사용하는 것으로 보아 증여세를 부과하고 있다. 이 부분은 개선이 필요하다.

개인이 증여받는 것이 좋을까, 법인이 증여받는 것이 좋을까?

아버지가 5억 원의 자금을 준비해 두고 세금 측면에서 좋은 방법을 찾고 있다. 이에 대한 해답을 내리기 위해 수증자가 성년자이며 다른 증여 재산이 없다고 가정하자. 그리고 법인의 이익은 0원이며 세율은 10~22%가 적용된다고 하자.

구분	개인	법인
세목	증여세	법인세
증여 가액	5억 원	5억 원
공제 금액	5,000만 원	–
과세표준	4억 5,000만 원	5억 원
세율	10~50%	10~22%
산출 세액	8,000만 원 =(4억 5,000만 원×20%) −1,000만 원(누진 공제)	8,000만 원 =(2억 원×10%)+(3억 원×20%)
평균 세율 (산출 세액/증여 가액)	16.0%	16.0%

이 사례를 보면 법인으로 받는 경우가 약간 더 불리하다. 평균 세율이 법인이 약간 더 높기 때문이다. 그러나 증여 금액이 커지면 법인세의 평균 세율이 점점 줄어들어 법인이 더 유리할 수도 있다. 물론 그 반대로 금액이 작은 경우에는 증여세가 더 유리하다.

한편 개인 사업체로 증여받은 경우 이에 대해 종합소득세 세율이 적용된다면 세금은 얼마가 나올까?

• 5억 원×6~38% ⇒ 5억 원×38% − 1,940만 원(누진 공제) = 1억 7,060만 원

결국 누가 증여받는 것이 유리한지는 상황에 따라 달라지므로 실무에 적용할 때는 상세하게 검토해야 한다.

법인 증여 전에 검토해야 할 세금문제들

법인에게 증여를 하게 되면 일차적으로 법인세가 과세된다. 그런데 이에 대한 세금이 여기에서 그치지 않는다. 현행 세법에서는 법인에 증여한 사람과 그 법인의 주주가 특수관계에 있는 경우에는 이익을 분여받은 주주에게 증여세를 부과하고 있기 때문이다. 따라서 법인에 증여를 하고자 하는 경우에는 이러한 문제까지 아울러 검토하는 것이 바람직하다.

얻은 떡이 두레 반

상속세 줄이는 비법

상속 문제를
남의 문제로
생각지 마라

왕빛나 세무사가 근무하고 있는 세무법인에 한 고객이 방문했다.

"상속에 어떻게 대비해야 할지 고민입니다. 그래서 찾아왔습니다."

고객이 먼저 말문을 열었다.

"부친의 연세가 상당하실 것 같은데, 당연히 지금부터라도 상속에 대비해야 합니다."

왕 세무사가 답했다.

"그런가요? 진작 찾아왔어야 하는데 너무 늦지 않았는지 모르겠어요."

"아닙니다. 지금이라도 대책을 세우면 됩니다."

"알겠습니다. 저는 세무사님만 믿겠습니다."

왕 세무사는 고객의 고민을 해결하기 위해 힘차게 시동을 걸었다.

상속세는 사망 시 발생하는 세금이다. 재산이 얼마 안 되는 경우에는 상속세가 부과되지 않으므로 미리 손쓸 필요가 없다. 하지만 상속세가 나올 것으로 예상되면 미리 대책을 마련해야 하는데 먼저 자산과 부채부터 파악할 필요가 있다. 현재 시점에 보유하고 있는 항목들을 다음과 같이 작성한다.

번호	종류	취득 일자	금액	
			시가	기준 시가
1				
2				
3				
4				
5				
⋮				
계				

그리고 재산 항목을 파악할 때는 사전에 증여한 재산도 함께 포함한다. 상속세의 경우는 최근 10년(상속인 외의 자는 5년) 동안에 증여한 재산 가액도 포함해야 하기 때문이다. 이외에도 퇴직금이나 보험금 등도 있으므로 이런 부분도 고려해야 한다.

이렇게 재산 가액이 파악되었다면 이제 상속세를 예측해 본다. 세금을 예측할 때는 시세를 기준으로 하는 것이 좋다. 보수적으로 접근하는 것이 안전하기 때문이다.

고객 재산이 30억 원 정도로 파악되었다고 하자. 만약 상속 공제액이 10억 원이라면 상속세는 대략 6억 4,000만 원(세율 40%, 누진 공제 1억 6,000만 원) 정도가 된다. 상속세 대책은 바로 여기서 출발한다. 그렇다면 이 세금을 어떻게 관리하는 것이 좋을까?

먼저 자산 항목과 부채 항목을 정확히 나열하고 각각의 항목을 다시 평가한다. 예를 들어 자산 항목 중 기준 시가 신고가 가능한 항목들은 기준 시가로 고치는 식이다. 그렇게 나온 재산 가액을 토대로 세금을 다시 계산한다. 사례에서 30억 원인 재산 가액이 20억 원으로 줄었다고 하자. 이렇게 되면 2억 4,000만 원(세율 30%, 누진 공제 6,000만 원) 정도의 세금이 예측된다.

다음으로 상속 공제를 세밀히 검토한다. 상속 공제는 0원부터 500억 원대까지 다양하다. 실무적으로 배우자 상속 공제나 금융재산 상속 공제, 동거주택 상속 공제 등은 일반인들에게도 해당된다. 그래서 상속 공제액이 7억 원이 더 늘어났다고 하자. 그렇게 되면 과세표준이 13억 원이 되고 상속세는 5,000만 원(세율 20%, 누진 공제 1,000만 원) 수준으로 떨어진다. 앞으로 이 수준에서 세금을 관리하면 상속이 발생할 때 당황하지 않게 된다. 그러나 세법이 자주 변하고 피상속인의 환경도 수시로 바뀔 수 있으므로 세무 관리는 탄력적으로 하는 것이 좋다.

이처럼 관리를 하더라도 세금이 크게 나올 것으로 예상되면 재산 규모를 조절할 필요가 있다. 이때는 자산 구조를 재편하여 가급적 유동성을 늘리도록 한다. 만일 금융자산이 많은 경우에는 현금성 자산부터 줄이는 것이 좋다. 단, 재산 규모를 조절할 때는 상속 추정 제도에 유의하도록 한다. 상속 개시일을 기준으로 1년 또는 2년 이내에 일정액 이상을 인출하고 사용처를 입증하지 못하면 해당 금액을 상속 재산에 포함시키기 때문이다.

참고로 상속이 임박한 경우 상속 재산 관리에 만전을 기해야 한다. 잘못 관리하면 세금 추징이 발생할 가능성이 높다. 일단 예금통장에서 자금을 인출할 때는 상속 추정 제도를 적용받지 않는 범위 내에서 인출하되 목돈이 인출되지 않도록 한다. 자칫 증여로 볼 수도 있기 때문이다. 한편 병원비나 기타 공과금은 피상속인의 통장에서 인출되도록 해야 한다.

상속에 대비할 시간이 남아 있는 경우에 부동산이 차지하는 비중이 크다면 일부를 처분하여 예금과 현금으로 바꾸어 두는 것도 필요하다*. 부동산은 유동성이 떨어져 대응력이 떨어지기 때문이다. 만일 생활 자금이 부족한 경우에는 주택 연금 제도를 활용하는 것도 하나의 방법이다. 이 제도는 노년 생활을 영위하는 데 생활비가 부족한 경우 본인의 주택을 담보로 연금을 받는 것을 말한다. 상속이 발생하면 재산 가액에서 담보로 지급한 연금 가액을 차감한 잔액을 상속인들에게 돌려준다.

* 상속을 대비하는 관점에서 자산 포트폴리오를 재구성할 때에는 부동산과 금융자산의 보유 비율, 은퇴 시 생활 자금 등을 고려하도록 한다. 이때 사전 증여 시에는 저평가된 자산을 가급적 여러 사람에게 합산과세가 적용되지 않는 범위 내에서 증여하도록 한다.

사망 보험금을 압류할 수 있을까?

생명보험에 가입한 후 피상속인이 사망하여 보험금이 발생하면 이를 압류할 수 있을까? 이에 대해 대법원 판례에서는 '보험 계약자가 피보험자의 상속인을 보험 수익자로 해서 맺은 생명보험계약에 있어서 피보험자의 상속인은 피보험자의 사망이라는 보험사고가 발생한 때는 보험 수익자의 지위에서 보험자에 대하여 보험금 지급을 청구할 수 있고, 이 권리는 보험계약의 효력으로 당연히 생기는 것으로서 상속 재산이 아니라 상속인의 고유재산이라고 할 것이다.'라고 하고 있다(대법원 2004. 7. 9. 선고 2003다29463 판결). 따라서 사망 보험금은 상속 재산이 아니라 상속인의 고유재산이므로 사망자의 채권자는 사망 보험금을 압류할 수 없다. 한편, 보험금 수익자가 상속을 포기하더라도 그와 관계없이 상속인은 보험금을 받을 수 있다.

상속이 발생한 경우 업무 처리 절차

상속이 발생하면 다음과 같은 절차에 따라 일을 처리해야 한다.

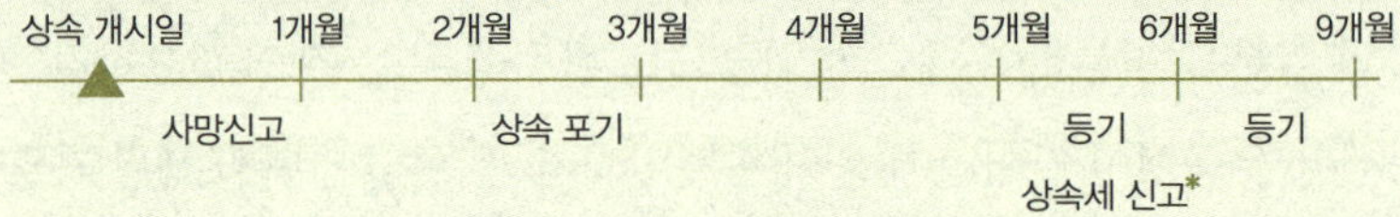

＊상속세 신고 : 상속일이 속하는 달의 말일로부터 6개월(9개월)

상속 개시일로부터 1개월 내에 사망신고를 해야 한다. 상속 포기는 상속 개시일로부터 3개월 내에 해야 한다. 상속 포기는 상속 자산보다 부채가 많은 상황에서 이루어진다. 6개월 내에는 상속등기를 이행해야 한다. 외국인 등 비거주자는 9개월로 3개월이 연장된다. 한편 상속세는 상속 개시일이 속하는 달의 말일로부터 6개월(거주자) 또는 9개월(비거주자) 내에 신고해야 한다.

상속세 신고를 위해서는 상속인을 확인하고 유언장이 있는지를 확인한다. 그리고 상속 재산 목록을 파악한다. 피상속인이 남긴 상속 재산과 채무(가족 명의, 3자 명의 등 포함)를 조사하여 목록과 일람표를 작성한다. 채무 입증 서류는 꼭 챙겨야 한다. 장례비용은 영수증이 있는 경우는 1,000만 원까지 공제되므로 잘 보관해야 한다. 상속 재산평가는 상속세 부담의 크기를 좌우하는 요소이므로 여기에 대한 지식을 습득하면 절세할 수 있다. 상속 재산 분배는 '유언→협의 분할→법정 상속' 순서로 되는데, 재산 분배는 세금에 영향을 주므로 분배 전에 세금 문제를 고려해야 한다. 상속세 납부 시에는 납부 방법에 대한 검토도 추가로 한다. 연부연납 제도를 이용하는 것도 좋다.

상속 발생 시 사업체 정리

피상속인이 영위하던 사업체의 경우에는 먼저 지체 없이 사업자등록 정정신고를 하도록 한다. 그리고 부가가치세는 종전대로 신고를 하나 소득세의 경우 상속 개시일로부터 6개월 내에 신고해야 한다(주의). 사업체가 있는 상태에서 상속이 발생하면 바로 세무 전문가와 함께 대책을 논의하는 것이 좋다.

상속세 예측하는 방법

"세무사님, 구체적으로 상속세가 얼마나 나오는지 알려 주세요. 이번 기회에 공부도 하고 확실히 대비도 하고 싶어요."

고객이 왕 세무사에게 말했다.

"좋습니다. 부친의 재산 가액이 20억 원이니까 이를 기준으로 계산해 보겠습니다."

왕 세무사는 상속세를 계산하는 과정을 차근차근 설명했다.

- 상속 재산 : 20억 원
- 상속인 : 배우자, 자녀 2명
- 기타 사항은 무시함

"상속세는 총 상속 재산 가액에서 각종 공제액 등을 차감한 금액에 10~50% 세율로 부과되는 세금입니다. 상속 개시일이 속하는 달의 말일로부터 6개월 이내에 신고하기만 하면 산출 세액의 10%를 할인받습니다. 이렇게 나온 세금을 상속인별로 비율에 따라 나누어 납부하죠. 그리고 각자가 받은 상속 재산 한도로 연대하여 납부할 의무*를 집니다."

왕 세무사는 앞의 자료를 가지고 계산해 나갔다.

구분	금액	비고
본래 상속 재산	20억 원	
간주 상속 재산 가액	–	
상속 추정액	–	
상속 개시 전 증여 재산 가액	–	
(=) 총 상속 재산 가액	20억 원	
(−) 공과금 및 채무, 장례비	–	채무 + 장례비용(1,000만 원 한도)
(=) 과세 가액	20억 원	
(−) 상속 공제	10억 원	배우자 공제(5억 원) + 일괄 공제(5억 원)
(−) 감정평가수수료 공제	–	
(=) 과세표준	10억 원	
(×) 세율	30%	
(−) 누진 공제액	6,000만 원	
(=) 산출 세액	2억 4,000만 원	과세표준×30% − 6,000만 원
(+) 세대 생략 가산액	–	
(=) 산출 세액 합계	2억 4,000만 원	상속 개시일이 속한 달의 말일로부터 6월 내에 신고 시 10% 공제
(−) 신고 세액 공제	2,400만 원	
(+) 가산세	–	
(=) 납부 세액	2억 1,600만 원	

"세율이 30%나 되는군요."

고객이 놀랐다.

"생각보다 높죠? 하지만 공제액을 늘리면 세금이 줄어들 겁니다. 지금 고객님의 모친께서 살아계시기 때문에 배우자 상속 공제와 동거주택 상속 공제를 이용하시면 공제액이 크게 늘 겁니다. 예를 들어 동거주택 상속 공제로 5억 원을 더 제하면 과세표준이 5억 원으로 축소되어 세금이 약 9,000만 원으로 줄어들죠[**]."

"그렇군요. 그런데 공제를 어떻게 늘리나요? 5억 원이라면 상당히 큰데요."

"이 부분은 실무적인 부분이라 나중에 검토한 후 알려 드리겠습니다."

"알겠습니다. 일단 세금을 줄일 수 있다니 무엇보다 안심이군요."

"그렇습니다. 세금을 줄일 수 있다면 고객님의 부담이 많이 줄겠죠."

"고맙습니다. 이렇게 상담해 주셔서 감사합니다."

고객은 기쁜 마음으로 정밀 세무법인을 떠났다.

[*] 상속세는 상속인(상속 포기자 포함)들이 함께 납부할 책임을 진다(연대납세 의무).
[**] 상속세 절세의 핵심은 미리 상속세를 예측한 후 사전 증여를 실시하고 상속 발생 시에는 상속 공제 제도를 활용하는 것이다.

> **TIP**
>
> ## 상속세 컨설팅이 필요한 경우
>
> 상속세 컨설팅이 필요한 경우를 정리하면 다음과 같다.
> - 재산 규모가 큰 경우
> - 재산의 종류가 많은 경우
> - 상속인이 많은 경우
> - 사전에 증여한 재산이 있는 경우
> - 손자 · 손녀에게 유증하는 경우 등

상속세를
결정짓는
변수들

왕빛나 세무사는 요즘 상속세 등 세금 관련 컨설팅을 주된 업무로 하면서 무척 바빠졌다. 오늘도 왕 세무사는 한 고객과 마주 앉아 바쁘게 업무를 진행하고 있다.

"상속세는 상속 재산을 제대로 파악하는 것이 무척 중요하다는데요. 제가 미처 생각하지 못한 것들이 포함되거나 제외되기도 하더군요. 이 부분을 설명해 주시면 고맙겠습니다."

왕 세무사는 고객의 피상속인인 할아버지가 남긴 재산의 종류가 복잡해서 상속세 계산이 쉽지 않으리라고 예감했다. 그래서 고객에게 그 내용을 자세히 설명할 필요가 있었다.

"고객님, 제가 상속세를 늘리는 변수들과 줄이는 변수들을 요약해서 말씀드리겠습니다. 하나씩 검토해 봅시다."

상속세를 늘리는 변수들	상속세를 줄이는 변수들
– 상속 재산의 크기 – 간주 상속 재산* – 상속 추정 재산 – 사전 증여 금액 – 시가 과세	– 상속 재산 중 비과세 · 과세 불산입 가액 – 상속 부채의 크기 – 공과금 – 장례비용 – 기준 시가 과세 – 상속 공제

* 퇴직금, 보험금, 신탁재산을 이르며, 산재 유족 보상금 등은 제외됨.

"위의 표에서 먼저 상속세를 늘리는 변수들을 보시죠. 기본적으로 상속 재산의 규모가 크다면 세금이 늘어나게 되어 있습니다. 예를 들어 서울 강남 지역에 10층짜리 빌딩을 가지고 있다고 합시다. 족히 수십억 원은 될 텐데 그 상태에서 상속이 발생하면 세금은 크게 부과될 겁니다. 또 민법상 상속 재산에 해당되지는 않지만 경제적 실질이 비슷한 퇴직금이나 보험금 등이 상속 재산에 포함되면 상속세가 올라갑니다."

"보험금도 상속 재산에 포함된다고요? 보험금으로 5억 원을 수령했는데요."

고객이 당혹스러운 표정을 지었다.

"물론 보험금을 무조건 상속 재산에 포함시키는 것은 아니고 할아버지를 피보험자로 하고 할아버지가 보험료를 낸 경우에 포함되는 겁니다. 보험 계약자와 피보험자는 누구죠?"

"보험 계약자는 아버지로 되어 있습니다."

"그러면 세금은 걱정이 없겠네요."

왕빛나 세무사는 보험금에 대한 세금 문제를 다음과 같이 정리해 고객에게 보여 주었다.

계약자 (실제 불입자)	피보험자	수익자	사망 보험금	만기 보험금
본인	본인	본인	상속세 부과	세금 없음
본인	본인	배우자	상속세 부과	증여세(배우자)
본인	배우자	본인	세금 없음	세금 없음
본인	배우자	자녀	증여세(자녀)	증여세(자녀)
자녀	본인	자녀	세금 없음	세금 없음

＊사망보험관련 상속세와 증여세는 다음과 같이 이해하는 것이 좋다.

첫째, 상속세를 검토한다. 상속세는 보험 계약자와 피보험자가 일치한 상태에서 사망보험금을 수령하는 경우이다.

둘째, 상속세가 과세되지 않으면 증여세를 검토한다. 증여세는 보험 계약자와 보험 수익자가 일치하지 않으면 과세된다.

셋째, 결국 보험을 통해 상속세와 증여세가 과세되지 않으려면 앞의 세 번째와 다섯 번째와 같은 계약이 필요하다(단, 보험료 불입자가 따로 있는 경우에는 증여세 문제가 발생함).

"또한 상속 개시일 전에 재산을 은닉하다 발각된 재산도 상속세를 늘리게 됩니다."

"세무사님, 저희 할아버지가 돌아가시기 전에 예금을 몇천만 원 뺀 게 있는데 그것도 문제가 되나요?"

"그럴 수도 안 그럴 수도 있습니다. 일단 문제가 되는 경우는 돌아가시기 전 1년 동안 2억 원을 초과하여 재산을 인출하거나 2년 이내에 5억 원을 초과하여 인출하는 등의 행위가 있어야 합니다. 이 내용은 조금 어려우니까 자료로 보여 드리겠습니다. 자, 보시죠."

왕 세무사는 다음 자료를 고객에게 전달했다.

"휴, 난해하네요. 나중에 자세히 볼 기회가 있었으면 합니다."

고객이 말했다.

"좋습니다. 이제 상속세를 늘리는 변수 중에서 중요한 것이 남아 있는

상속 추정 제도

상속 추정 제도는 상속 개시일 전에 재산 등을 처분하여 상속 재산 가액을 줄이거나 과세 포착이 어려운 현금 등으로 바꾸어 상속함으로써 상속세의 과세 회피를 목적으로 하는 행위를 방지하기 위한 제도다. 이에는 재산을 인출하거나 처분 또는 채무를 부담하는 등 세 가지 유형이 있다.

단, 이 규정은 무조건 적용하는 것은 아니다. 소액이나 기간이 오래된 것들을 상속 재산에 가산하는 것은 의미가 없기 때문이다. 그래서 일반적으로 이 규정은 다음과 같은 요건을 충족해야 한다.

- 재산을 인출한 금액이 상속 개시일 전 1년 동안 2억 원, 또는 2년 동안 5억 원을 초과해야 한다.
- 재산을 처분한 금액이 상속 개시일 전 1년 동안 2억 원, 또는 2년 동안 5억 원을 초과해야 한다.
- 부채를 부담한 금액이 상속 개시일 전 1년 동안 2억 원, 또는 2년* 동안 5억 원을 초과해야 한다.

이러한 행위들 중 하나에 해당하는 경우에는 피상속인이 그 자금을 어디에 사용했느냐를 상속인이 입증해야 한다. 만일 입증되지 않으면 상속 재산이 은닉된 것으로 보아 상속 재산에 추가된다. 추가되는 금액은 아래와 같이 계산한다.

- 합산할 상속 추정액 : 용도 불명 금액** − Min(인출 금액×20%, 2억 원)

예를 들어 상속 개시일 바로 전에 5억 원을 인출했다고 하자. 이중 용도가 입증되지 않은 금액이 3억 원이라면 다음의 금액이 상속 재산에 추가된다.

- 합산할 상속 추정액 : 용도 불명 금액 − Min(인출 금액×20%, 2억 원) = 3억 원 − Min(5억 원×20%, 2억 원) = 3억 원 − 1억 원 = 2억 원

3억 원이 용도 불명 금액이나 인출 금액의 20%인 1억 원이 차감되므로 상속 재산에 포함되는 금액은 2억 원이 된다.

* 재산 가액이 큰 경우에는 상속 개시일 전 5·10년 전까지도 자금 추적을 함.
** 현금 상속분은 용도 불명 금액으로 봄.

데 그걸 알아보죠. 고객의 할아버지는 생전에 증여를 하신 적이 없나요?”

“아닙니다. 증여하신 적이 상당히 많습니다.”

“그렇다면 상속 개시일로부터 10년(비상속인은 5년) 이내에 증여한 재산도 상속 재산에 포함됩니다.”

“그 내용은 대충 알고 있습니다.”

“제 얘기가 길어졌네요. 좀 쉬었다가 상속세를 줄이는 변수들에 대해서도 알아보죠.”

고객과 왕 세무사는 잠시 휴식 시간을 가졌다.

앞에서 상속세 과세 가액에 가산하는 증여 재산 가액은 상속인이거나 상속인이 아닌 경우로 구분하여 적용한다고 언급했다. 수증자가 상속인에 해당하는 경우에는 상속 개시일 전 10년 이내에 피상속인이 증여한 재산 가액을 가산한다. 수증자가 상속인이 아닌 경우에는 상속 개시일 전 5년 이내에 피상속인이 증여한 재산 가액을 가산한다. 이때 상속인인지 아닌지의 판단은 상속 개시일 현재를 기준으로 한다. 그리고 상속 재산에 가산하는 증여 재산의 가액은 증여일 현재의 평가 금액으로 한다. 따라서 사전에 증여한 재산의 가액을 시가로 신고했으면 그 가액으로 합산하며 기준 시가로 신고했으면 기준 시가로 합산한다. 여기서 중요한 것은 합산 기준일은 '증여일 현재'라는 점이다.

왕 세무사와 고객은 휴식을 마치고 상속세를 줄이는 변수에 대해 알아보기로 했다.

"상속세를 줄이는 변수는 더 다양합니다. 우선 상속 재산 중 비과세와 과세 불산입 가액이란 항목이 있고 또 부채, 공과금, 장례비용 등이 있습니다. 상속세를 줄이는 변수 중 가장 중요한 것은 바로 상속 공제액이죠. 공제는 상황마다 달라 그 액수가 다양합니다. 따라서 상속세를 계산할 때에는 상속 공제 제도를 잘 알아 두어야 합니다."

왕 세무사는 상속세를 줄이는 변수들에 대해 자세하게 설명했다.

첫째, 비과세 항목

비과세는 상속세가 부과되지 않는 것을 말한다. 이에는 국가에 유증한 재산이나 금양임야(禁養林野), 묘토(墓土)인 농지 등이 있다. 금양임야는 제사 또는 이에 관계되는 사항을 처리하기 위하여 설정된 토지를 말하며 분묘의 수호를 위해 나무나 풀 따위를 함부로 베지 못하도록 되어 있다. 이것도 일단 상속 재산 가액에 포함되나 피상속인이 제사를 모시던 선조의 분묘 주변 임야로서 9,900㎡(3,000평)까지는 비과세를 적용한다. 묘토인 농지는 묏자리와 인접한 거리에 있는 농지로서 제사를 지내기 위한 재원으로 사용되는 것을 말한다. 묘토인 농지는 제사를 주관하는 상속인에게 상속되면 1,980㎡(600평)까지 비과세를 적용한다. 단, 세법에서는 무분별한 감면이 되지 않도록 이 둘의 비과세를 최고 2억 원까지만 허용한다.

둘째, 피상속인의 채무

상속 개시일 현재 피상속인의 채무(미지급 이자, 임대보증금, 가수금 등)도 상속 재산에서 차감된다. 이는 피상속인이 부담해야 할 성질의 것으로 다음과 같은 방법으로 입증해야 한다.

① 금융기관 채무

은행 등 금융기관에서 빌린 채무는 채무 관계를 입증하는 서류를 준비하면 된다.

② 그 밖의 자에 대한 채무

사적인 채무로서 부담 계약서, 채권자 확인서, 담보 설정 및 이자 지급에 관한 증빙 등으로 그 사실을 확인할 수 있는 서류를 준비해야 한다. 사적인 채무는 객관적으로 피상속인의 것이 입증되지 않으면 공제받기가 힘들다. 참고로 채무 내용은 다음과 같이 구체적으로 파악되어야 한다.

종류	발생 연월일	채권자			금액(원)
		성명 (대표자)	주민등록번호 (사업자등록번호)	주소 (소재지)	
계					

예를 들어보자.

피해자 씨는 1년 전 사적 채무 3억 원을 빌렸다. 그런데 피 씨가 갑자기 사망했다. 이 채무 3억 원은 상속 재산에서 무조건 제외되는가?

일단 갚아야 할 채무는 공제된다. 그런데 조세회피 목적으로 금전을 빌린 경우가 있다. 이를 방지하기 위해 상속 개시일 전 1년 이내에 부담한 채무액이 2억 원이 넘는 경우 상속 추정 제도를 통해 사용처가 불분명한 금액 중 일부를 상속 재산에 포함시킨다.

또 다른 사례를 보자.

조동해 씨가 운명하면서 주택 등을 남겼다. 그런데 이 주택은 전세를 준 주택이다. 시세는 5억 원이고 전세 보증금이 2억 원이라면 상속 재산에는 얼마가 포함되는가?

일단 5억 원을 상속 재산에 합산한 후 채무로 2억 원을 반영시킨다. 그 결과 3억 원만 과세 재산에 해당된다.

셋째, 장례비용

장례비용은 무조건 500만 원까지는 공제가 가능하나 영수증이 있는 경우에는 1,000만 원까지 공제가 된다. 이외 납골 시설에 실제 지급된 금액은 500만 원까지 별도로 공제가 된다. 병원 등에서 받은 영수증을 보관하고 있으면 된다.

예를 들어 유명한 씨가 최근에 사망했다. 그런데 그동안 병원생활을 하면서 병원비 2,000만 원을 카드로 결제했다. 이에 대한 비용을 어떤 식으로 처리하면 좋을까?

만일 2,000만 원을 유 씨의 카드로 결제했다면 2,000만 원은 채무로서 상속 재산에서 차감된다. 한편 이와는 별도로 장례비용 영수증이 있는 경우에는 1,000만 원까지 상속 재산에서 차감될 수 있다. 상속이 발생할 가능성이 높으면 병원비 등은 피상속인의 것으로 결제해서 세금을 일정 부분 낮출 수 있다. 참고로 부의금은 상속 재산에 포함되지 않는다.

넷째, 재산평가

상속 재산을 시가로 평가하면 상속세가 늘어나고 기준 시가로 평가하

면 상속세가 줄어든다. 따라서 상속세만을 놓고 봐서는 기준 시가로 신고
하는 것이 유리하다. 하지만 상속 재산을 양도하는 경우에는 양도소득세
가 부과되므로 반드시 기준 시가 신고가 유리한 것만은 아니다. 취득 가
액을 기준 시가로 하다 보면 양도차익이 커져 양도소득세가 많이 나올 수
있기 때문이다.

다섯째, 상속 공제액

상속 공제액은 상속세를 줄이는 주요 변수다. 상속 공제는 피상속인의
배우자가 살아 있는 한 배우자 상속 공제 5억 원과 일괄 공제 5억 원 등으
로 최소한 10억 원을 공제받을 수 있다. 하지만 상속 재산의 구성 형태나
상속받는 방법에 따라 공제 액수가 차이가 나며 세금 효과까지도 달라질
수 있다. 그래서 상속 공제를 적용하는 방법에 대한 지식이 필요하다. 상
속 공제는 크게 인적 공제와 물적 공제 등 두 가지로 나뉜다. 자세한 내용
은 뒤에서 다시 살펴보자.

기타 상속 재산에서 차감되는 것들

• 피상속인의 공과금

피상속인이 갚아야 하는 세금이나 공과금은 상속 재산 가액에서 차감된다. 참고로 상가나 빌딩 등을 소유한 상태에서 상속이 발생할 가능성이 있는 경우에는 미리 월세 대신 전세 보증금을 올려 두는 것이 좋다. 전세 보증금은 피상속인의 부채에 해당하기 때문이다. 단, 전세보증금을 올리면 상속 재산 가액이 증가할 수 있기 때문에 실무에 적용할 때에는 이러한 점에 주의해야 한다.

• 과세 가액 불산입액

상속 재산을 종교 · 자선 · 학술 기타 공익적 목적으로 출연한 경우에는 상속세 과세 가액에 산입하지 않는다. 이는 주로 재벌가에서 많이 사용한 방법에 속한다. 예를 들어 재벌가에서 상속이 발생하면 막대한 상속세를 내야 한다. 하지만 미술재단을 만들어 이에 상속 재산을 출연하면 상속세가 과세되지 않는다.

상속세와 가지급금·가수금의 관계

강탄탄 사장이 꼼꼼에게 전화를 걸어왔다.

"요즘 전화를 자주 하네."

"형이 전화하는데 뭐 잘못된 거라도 있어?"

"하하하, 그게 아니라 반갑다는 소리지."

"그건 그렇고, 한 가지 궁금한 게 있어. 책을 보니 가지급금과 가수금이 상속세와 연관이 있다는데 이게 무슨 말이지?"

꼼꼼은 가지급금과 가수금이란 용어가 생소했다.

"잘 모르겠어. 집사람에게 물어보고 다시 전화할게."

꼼꼼은 곧바로 알뜰에게 물었다.

"나도 잘 모르겠어. 내가 왕 세무사님한테 물어볼게."

하지만 알뜰은 일이 바빠 왕 세무사와 통화하지 못했다. 강탄탄 사장은 궁금증을 누르고 답변을 기다렸다.

회사 장부를 보면 가지급금과 가수금이라는 항목이 있다.

가지급금은 보통 대표이사 등이 개인 용도로 회사 자금을 사용하는 경우에 발생한다. 외부로 돈을 인출했지만 증빙이 없어 장부와 금고상의 돈이 일치하지 않는 경우다. 따라서 이 과목을 없애기 위해서는 대표이사가 빨리 돈을 금고에 채워 넣어야 한다.

한편 이 돈은 대표이사의 입장에서는 갚아야 할 돈이다. 따라서 상속이 발생하면 일반적으로 부채로 인정된다. 예를 들어 보자.

한양 기업을 운영하고 있던 김방만 씨가 갑자기 사망했다. 그가 남긴 유산은 총 20억 원 정도였다. 그런데 회사 담당 세무사가 보니 가지급금 규모가 5억 원 정도였다. 그러면 이 5억 원은 어떻게 처리될까?

가지급금은 김 씨 입장에서는 갚아야 할 돈이므로 부채에 해당한다. 따라서 그가 남긴 유산의 규모는 20억 원에서 5억 원이 차감된 15억 원이 된다. 하지만 가지급금이 대표이사와 관계없이 발생한 것이라면 이는 피상속인의 채무라고 볼 수 없다. 따라서 가지급금이라고 해서 반드시 피상속인의 채무라고 단정 짓는 것은 곤란하다.

이제 가수금의 성격을 파악해 보자.

가수금은 가지급금과 반대로 주로 대표이사 등이 회사에 돈을 빌려 주는 것을 말한다. 회사를 운영하다 보면 운영자금 등이 부족할 때가 있다. 하지만 금융기관을 통한 차입이 쉽지 않은 상황에서는 흔히 가수금이 발생한다. 물론 세무회계상 매출 누락, 가공 경비 등이 계상된 경우에도 이런 현상이 발생한다.

회사의 장부에서 가수금을 없애기 위해서는 회사가 이 자금을 빌려 준

대표이사 등에게 변제해야 한다. 회사 입장에서는 채무, 개인의 입장에서 보면 채권(대여금)에 해당하기 때문이다. 따라서 가수금이 있는 상태에서 상속이 발생하면 상속 재산이 늘어난다(단, 실질 채권이 아니면 상속 재산으로 보기가 힘들다). 따라서 상속이 임박한 경우에는 가수금이 있는지도 검토해야 한다.

참고로 세법에서는 업무용으로 인출되는 가지급금에 대해서는 문제 삼지 않으나, 대표이사 등 회사와 특수 관계에 있는 사람들이 인출한 가지급금에 대해서는 많은 불이익을 주고 있다. 예를 들면 세법에 따라 계산한 금액(인정이자)을 가지급금으로 사용한 사람의 상여로 처분하여 근로소득세를 과세하고, 회사에는 과세소득을 늘려(이자 비용 중 일부를 비용 부인하여 과세소득을 늘림) 법인세를 물리는 것이다.

또한 가수금이 발생하여 원리금을 상환할 때에는 지급이자의 27.5%만큼 원천징수하므로 소득세가 상당히 높다.

따라서 기업을 운영할 때는 가지급금과 가수금 항목이 나타나지 않도록 특별히 관리하는 것이 좋다.

앞에서 공부한 내용을 사례를 통해 정리해 보자.

어느 재벌가에서 상속이 발생했다. 피상속인이 남긴 재산 목록은 다음과 같다. 상속세 과세 가액은 얼마나 될까? 단, 유족에는 자녀 등이 있다.

- 단독주택 : 기준 시가 50억 원, 시세 100억 원(기준 시가로 신고)
- 주식 : 상장주식 평가액 100억 원
- 미술품 : 50억 원(감정평가액)
- 손자에게 10년 전에 증여한 자산 : 20억 원
- 자녀에게 8년 전에 증여한 자산 : 100억 원
- 보험금 : 10억 원(보험 계약자는 자녀, 피보험자는 피상속인)
- 금융기관 부채 : 10억 원
- 장례비용 : 5,000만 원
- 공익법인에 출연한 재산 : 200억 원
- 상속 추정에 의해 가산할 금액 : 20억 원
- 회사 가지급금 : 10억 원(상속인이 갚아야 할 채무에 해당)

이 자료를 토대로 상속세를 증가시키는 상속 재산 가액과 감소시키는 상속 부채로 구분하면 다음과 같다.

상속 재산 가액	상속 부채 등
• 단독주택 : 50억 원 • 주식 : 100억 원 • 미술품 : 50억 원 • 사전 증여한 자산 : 100억 원 • 상속 추정 금액 : 20억 원	• 금융기관 부채 : 10억 원 • 장례비용 : 1,000만 원 • 공익법인에 출연한 재산 : 200억 원* • 가지급금 : 10억 원
총 320억 원	총 220억 1,000만 원

＊ 상속 재산 가액에 포함됨.

즉 상속 재산 가액은 총 320억 원이나 상속 부채 등은 약 220억 원 정도가 된다. 따라서 약 100억 원 정도가 상속세 과세 가액이 된다.

참고로 상속 재산 가액을 구할 때 보험금은 보험 계약자와 피보험자가 일치하지 않으므로 상속 재산에서 제외된다. 또한 손자에게 증여한 자산은 합산에서 제외된다. 비상속인의 경우 합산 기간이 5년이기 때문이다. 이 밖에도 장례비용은 최고 1,000만 원까지만 공제가 허용된다.

이외 공익법인에 출연한 재산은 과세 가액에서 차감된다. 이는 재벌들이 많이 사용하는 방법이다. 그리고 가지급금은 상속인이 갚아야 할 채무에 해당되므로 상속 부채에 해당한다. 참고로 가지급금의 인출이 상속 개시일 2년 이내에 발생한 경우라면 상속 추정 제도에 의해 부채 사용처에 대해 소명이 되어야 한다.

사업재산도 상속 재산에 포함된다

사업체를 운영하던 사람이 사망하여 상속이 발생하는 경우 사업체 관련된 재산도 상속 재산에 포함된다. 따라서 상속세 신고 때에는 이러한 재산(영업권 포함)이 누락되지 않도록 주의해야 한다(재무상태표를 점검하도록 한다).

■

상속 공제는
절세의
첫걸음이다

여기는 정밀 세무법인. 왕 세무사와 최 실장이 얘기를 나누고 있다.

"실장님, 요즘 상담 문의가 부쩍 늘었죠?"

"정말 그래요. 세무사님의 활동 반경이 넓어서인지 하루에도 수십 통씩 문의 전화가 옵니다. 그래서 김 과장이 대응하느라 매우 바쁘지요. 나중에 맛있는 거라도 사 주세요."

"하하, 그래야죠. 그건 그렇고 이렇게 뵙자고 한 이유는 바로 이분의 사례를 해결하기 위해서입니다."

"이분의 상속 재산은 10억 원이 조금 넘네요. 그러면 세금이 좀 나오겠는데요?"

"그렇죠. 그래서 하는 말인데 최 실장님이 좋은 방안 좀 마련해 줘야겠습니다. 물론 합법적인 방안이어야겠죠."

"알겠습니다."

최 실장은 흔쾌히 대답했지만 걱정이 되기 시작했다. 상속세는 자주 대하는 항목이 아니라서 부담이 컸다.

이런 상황에서는 어떻게 대응해야 할까? 상식적으로 볼 때 상속세 과세 가액이 나왔다면 다음 순서는 상속 공제 제도를 검토하는 것이다. 그러고 나서 이 제도를 상황에 맞춰 적용하면 된다.

상속 공제 제도는 크게 인적 공제와 물적 공제로 나뉜다. 인적 공제는 사람에 대해 적용하는 제도로, 기초 공제와 배우자 상속 공제, 일괄 공제 등이 있다. 물적 공제에는 금융재산 상속 공제, 가업 상속 공제, 동거주택 상속 공제 등이 있다.

인적 공제

① 기초 공제

기초 공제는 상속이 발생하면 무조건 상속세 과세 가액에서 2억 원을 공제하는 것을 말한다. 이는 필요경비 성격에 해당되는 항목이라고 할 수 있다. 참고로 이 공제는 비거주자도 받을 수 있다. 증여세의 경우 비거주자는 증여 공제를 한푼도 받지 못한다.

② 기타 인적 공제

기타 인적 공제는 피상속인을 중심으로 다음 페이지의 표와 같이 적용한다. 예를 들어 피상속인의 자녀가 3명이 있다면 9,000만 원을 공제한다. 그리고 피상속인의 동거가족 중 장애인이 20세라고 가정한다면 다음 계산식과 같이 장애인 공제를 적용한다. 단, 통계청이 발표한 기대수명은 80세라고 하자.

종류	적용 대상자	공제액
자녀 공제	피상속인의 자녀	1인당 3,000만 원
미성년자 공제	상속인 및 동거가족 중 미성년자	1인당 '500만 원×20세에 달하기까지의 연수'
연로자 공제	상속인(배우자 제외) 및 동거가족 중 60세 이상인 자	1인당 3,000만 원
장애인 공제	상속인(배우자 포함) 및 동거가족 중 장애인	1인당 '500만 원×상속인의 기대수명' (통계청 발표 자료, 2010년 개정세법)

• 장애인 공제＝500만 원×(80세－20세)＝3억 원

③ 일괄 공제

이 제도는 앞의 기초 공제와 기타 인적 공제의 합계액이 5억 원에 미달하는 경우 이들 대신 일괄적으로 5억 원을 공제할 수 있는 것을 말한다. 따라서 상속이 발생하면 이 공제로 인해 공제 금액이 최소한 5억 원은 되는 셈이다. 단, 이 공제는 다음과 같은 형태로 적용된다.

구분	일괄 공제 적용 여부	최하 공제 예상액
일반적인 공동 상속인 경우	선택 적용	10억 원(일괄＋배우자)
무신고 경우	강제 적용	10억 원(일괄＋배우자)
배우자 단독 상속의 경우	적용 불가	7억 원(기초＋배우자)

④ 배우자 상속 공제

피상속인의 배우자가 생존한 경우 무조건 적용되는 제도다. 이 제도는 상속세를 직접적으로 줄여주므로 상당히 중요하다. 배우자 상속 공제는

최소한 5억 원에서 최고 30억 원 사이에서 공제가 가능하다.

· 최소 공제액 : 5억 원
· 최대 공제액 :　　　┌ ㉠ 실제 상속받은 금액(채무 등을 공제한 후의 금액)
　　　　　　　Min　├ ㉡ 배우자의 법정 상속 금액
　　　　　　　　　 └ ㉢ 30억 원(한도)

물적 공제

① 금융재산 상속 공제

상속 재산 중 부동산을 평가하면 시가보다 낮게 평가될 가능성이 높다. 하지만 금융재산은 시가대로 평가될 가능성이 높다. 그래서 세법은 타 재산과의 과세 형평성 차원에서 다음과 같은 금융재산 상속 공제를 적용한다.

• 순 금융재산 가액이 2,000만 원을 초과하는 경우

이 경우에는 순 금융재산 가액의 20%를 공제하되 이 금액이 2,000만 원에 미달하면 2,000만 원(최소 한도)을, 2억 원을 초과하면 2억 원(최고 한도)을 공제한다. 예를 들어 금융재산이 5억 원이고 금융부채가 1억 원이라면 순 금융재산 가액은 4억 원이다. 이 금액의 20%는 8,000만 원이므로 이 금액을 공제한다. 만일 순 금융재산 가액이 5,000만 원이라면 이 금액의 20%는 1,000만 원이므로 최소한도인 2,000만 원을 공제한다.

• 순 금융재산 가액이 2,000만 원 이하인 경우

이 경우에는 순 금융재산 가액 자체를 공제한다. 예를 들어 순 금융재산 가액이 1,000만 원이라면 이 금액을 공제하는 것이다. 참고로 앞에서 순 금융재산 가액은 금융재산에서 금융 채무를 차감한 금액을 말했다. 금융재산은 금융기관을 통해 입증되는 예금·보험·주식 등이며, 금융채무 또한 금융기관에 대한 채무를 말한다. 따라서 개인 간의 채무에 대해서는 금융재산 상속 공제를 받을 수 없다.

② 동거주택 상속 공제

동거주택 상속 공제는 피상속인이 주택을 한 채(이사 등에 의한 일시적 2주택 포함) 보유한 상태에서 유용하게 적용할 수 있는 제도를 말한다. 이 공제를 적용받기 위해서는 일단 직계비속인 상속인이 무주택자여야 하고 상속 개시일 직전까지 계속해서 피상속인과 10년 이상 동거해야 한다. 보통 부부가 동거하다가 배우자가 상속받는 경우에 이 공제를 받을 수 있다. 자녀의 경우 부모를 모시고 10년 이상 살아야 한다는 뜻으로 이해할 수도 있다. 이러한 조건들을 충족하면 주택 가액의 40%를 공제하되 최고 한도는 5억 원으로 한다.

③ 가업 상속 공제

법인기업의 주주는 자녀 등에게 상속이나 증여 또는 매매 등의 방법으로 주식을 넘길 수 있다. 하지만 넘기는 과정에서 막대한 세금이 부과되므로 섣불리 실행하기가 힘든 것 또한 현실이다. 이에 정부는 가업 승계를 원활히 할 수 있도록 가업 상속 공제를 확대 시행하고 있다.

• **가업 상속 공제의 요건**

피상속인의 사업 영위 기간이 10년 이상이고 피상속인의 대표이사 재직 기간이 60% 이상, 그리고 피상속인이 상장기업의 30%, 비상장기업의 50% 이상의 지분을 소유하고 있어야 한다. 또한 상속인은 상속세 신고 기한까지 임원으로 취임하고, 신고 기한 후 2년 이내에 대표이사에 취임해야 한다. 참고로 위의 피상속인의 대표이사 재직 기간이 상속 개시 전 10년 중 8년 이상을 충족해도 요건을 충족한 것으로 본다.

• **가업 상속 공제 금액**

가업 상속 재산 가액의 100%로 하되 500억 원(단, 사업 기간이 10~14년 200억 원, 15~19년 300억 원)을 한도로 공제한다.

④ 상속 공제의 종합 한도

상속 공제는 다음 금액을 한도로 하여 공제한다.

상속세 과세 가액
(-) 상속인이 아닌 자에게 유증 · 사인 증여한 재산 가액
(-) 상속 포기로 인해 다음 순위자가 상속받는 재산 가액
(-) 상속세 과세 가액에 가산한 증여 재산 가액
(=) 상속세 종합 한도

실무 적용 시 상속 공제액은 위 종합 한도를 초과할 수 없다. 따라서 공제액 한도가 여러 가지 요소에 의해 줄어들 수 있으므로 이에 유의해야

한다. 특히 유증이나 상속 포기, 그리고 사전에 증여한 사실이 있는 경우에 공제액을 축소시킬 수도 있다는 점을 주목하기 바란다.

피상속인이 비거주자인 경우의 상속 공제법

피상속인이 거주자인 경우와 비거주자인 경우의 상속 공제를 비교하면 다음과 같다.

구분	피상속인이 거주자인 경우	피상속인이 비거주자인 경우
• 기초공제	2억 원	2억 원
• 기타 인적 공제	법정액	공제 불가
• 일괄 공제	5억 원	공제 불가
• 배우자 상속 공제	5억 원~30억 원 한도	공제 불가
• 가업 상속 공제	200억 원~500억 원 한도	공제 불가
• 영농 상속 공제	5억 원 한도	공제 불가
• 금융재산 상속 공제	2억 원 한도	공제 불가
• 동거주택 상속 공제	5억 원 한도	공제 불가
감정평가수수료 공제	• 부동산 : 500만 원 한도 • 비상장주식 : 건별 1,000만 원 한도	• 부동산 : 500만 원 한도 • 비상장주식 : 건별 1,000만 원 한도

배우자 상속 공제는 최대 30억 원까지

최 실장은 여러 공제 제도를 한꺼번에 보아서인지 내용 파악이 상당히 힘들었다. 그래서 나름대로 공제 제도를 정리해 보기로 했다.

'우선 공제는 크게 인적 공제와 물적 공제로 나뉘지. 인적 공제로는 일괄 공제로 5억 원, 배우자 상속 공제로 5억 원을 받을 수 있고. 물적 공제는 사안에 따라서 공제액이 늘어나고. 그런데 세무사님이 검토를 요청한 내용은 물적 공제로 받을 수 있는 것은 없었어. 금융재산도 없고 가업을 승계받은 것도 아니고 그렇다고 동거주택도 아니니…….'

최 실장은 묘수가 없는지 머리를 이리저리 굴렸다. 그때 배우자 상속 공제가 눈에 띄었다.

'어라, 배우자 상속 공제액도 30억 원까지 가능하네. 이것을 받으려면 어떻게 해야 하지?'

최 실장은 배우자 상속 공제를 파고들기로 했다. 과연 최 실장은 소기의 목적을 달성할 수 있을 것인가?

상속세 신고에서는 배우자 상속 공제가 때론 효자 노릇을 크게 한다. 다른 요인들이 모두 확정된 상태에서 상속 재산 가액을 낮출 수 있는 결정적인 요인이기 때문이다. 그렇다면 앞에서 최 실장이 검토한 내용을 살펴보자.

피상속인의 유산은 사실상 배우자와 공동재산의 성격을 가진다. 따라서 유산을 분배할 때 배우자의 몫은 다른 상속인에 비해 5할을 더 가산한다. 또한 상속 공제를 더 크게 해줌으로써 남아 있는 배우자의 생활을 보장해 주려 한다. 세법은 이 취지에 따라 배우자가 상속받은 재산 가액을 배우자 상속 공제액으로 한다. 따라서 유산이 아무리 많다고 하더라도 배우자가 모두 상속을 받으면 배우자 상속 공제액이 동일 금액만큼 나오므로 세금을 한푼도 내지 않아도 될 것이다. 그러나 세법은 무분별한 비과세를 하지 않도록 배우자 상속 공제의 한도를 규정하고 있다. 그렇다면 배우자 상속 공제의 한도는 얼마일까?

일단 다음과 같이 둘 중 작은 금액으로 한다.

① 배우자의 법정 상속분 가액 – 배우자에게 10년 이내 증여한 재산에 대한 증여세 과세표준

② 30억 원

①에서 배우자의 법정 상속 재산 가액은 상속 재산 가액에 배우자의 법정 상속 지분율을 곱하여 계산한다. 여기서 상속 재산 가액은 법에서 복

잡하게 규정하고 있으므로 자세한 것은 세무 전문가들에게 맡기고 여기서는 대략적으로 본다. 우선 총 상속 재산 가액에서 상속인에게 사전에 증여한 재산 가액을 합산하고 채무와 공과금 등은 차감한다. 그리고 배우자의 법정 상속 지분율은 다른 상속인이 상속을 포기하지 않은 경우의 지분율을 말한다.

예를 들어보자.

화수분 씨가 사망했는데 그의 재산 규모는 대략 30억 원이고 별도로 10억 원의 부채가 있었다. 물론 상속 공제액은 일괄 공제 5억 원이 적용되며, 그 밖에 배우자 상속 공제만 적용된다. 배우자 상속 공제는 최대한 공제를 받으려고 한다. 얼마까지 가능할까? 상속인으로는 화 씨의 배우자와 자녀 1명이 있다. 해답을 구하려면 앞에서 나온 내용들을 이해하고 있어야 한다.

먼저 배우자 상속 공제는 실제 상속받은 금액을 공제받을 수 있으나 한도가 있다. 그렇다면 한도는 얼마가 될까?

① (30억 원 − 10억 원) × 1.5/2.5 = 12억 원
② 30억 원

한도는 위 금액 중 작은 금액이 되므로 12억 원이 된다. 따라서 이론적으로 보면 배우자가 상속을 12억 원까지 받으면 일괄 공제를 포함해 총 상속 공제액은 17억 원까지 올라간다. 그 결과 과세표준은 다음과 같이 변한다.

- 당초 : 30억 원 − 10억 원(부채) − 10억 원(일괄 공제 + 배우자 공제) = 10억 원

- 검토 후 : 30억 원 − 10억 원 − 17억 원 = 3억 원

따라서 배우자 상속 공제를 잘 활용하면 세금 일부를 줄일 수 있다. 단, 이렇게 상속을 받은 배우자가 사망해 향후 상속이 발생하면 그때에도 상속세가 나오므로 이를 고려할 필요가 있다.

주의해야 할 재산 분할 신고와 명의개서

배우자 상속 공제를 5억 원 초과하여 받은 경우에는 상속세 신고 기한의 다음 날로부터 6개월이 되는 날까지 배우자의 상속 재산을 분할해야 한다. 또한, 재산 분할 사실을 이 기한까지 납세지 관할 세무서장에게 신고해야 한다. 그리고 이 기한 내에 피상속인의 부동산이나 채권·예금 등의 명의가 배우자의 명의로 변경되어야 배우자 상속 공제가 적용된다는 점에 유의해야 한다.

배우자 상속 공제와 절세 효과 극대화

배우자가 상속받은 금액이 크면 최고 30억 원까지 배우자 상속 공제를 받을 수 있어 당장의 상속세를 크게 줄일 수 있다. 하지만 상속받은 배우자가 단기에 사망하면 이에도 상속세가 부과되므로 이러한 점을 고려하여 배우자의 상속분을 결정할 필요가 있다. 참고로 상속을 받은 배우자가 10년 이내에 사망한 경우 재상속분에 대한 전의 상속세 산출 세액에 공제율을 적용한 금액을 세액 공제한다. 공제율은 1년 이내 사망 시는 100%, 10년 이내 사망 시는 10%가 된다.

1주택자는 15억 원까지 상속세를 안 낸다

최 실장은 배우자 상속 공제를 활용하는 방법을 알고 나서 상당히 뿌듯했다. 그러던 어느 날 한 고객이 왕 세무사를 급하게 찾았다.

"세무사님, 도와주세요."

"무슨 일이신가요? 시원한 물 한 잔 드시고 숨 좀 돌리세요."

"감사합니다. 다름이 아니라 얼마 전 아버님이 돌아가셔서 상속세를 내야 합니다. 상속 재산은 달랑 집 한 채밖에 없는데 세금을 부과한다고 하니 어떻게 해야 할까요?"

"시세를 보니까 15억 원 정도가 되네요. 그리고 기준 시가는 10억 원 정도가 되고요."

왕 세무사가 관련 자료를 보면서 말했다. 왕 세무사는 이 고객의 경우 세금이 크게 나올 것으로 예상했다. 피상속인의 배우자가 없는 상황이라 상속 공제액이 상속 재산 가액에 크게 미달될 것으로 보였기 때문이다.

"고객님, 일단 세금을 따져 보고 좋은 방안이 있는지 알아봅시다. 혹시 아버지를 모신 적이 있습니까?"

"네. 어머니가 일찍 돌아가셔서 아버지를 최근까지 모시고 살았습니다. 햇수만 해도 20년 이상은 될 겁니다."

"그렇군요. 그렇다면 고객님은 주택을 보유하고 있고요?"

"아닙니다. 무주택자입니다. 이번에 상속받았습니다."

왕 세무사는 세금 계산표를 고객에게 보여 주었다.

"세무사님, 계산이 이상하네요. 상속 공제액은 5억 원이 아닌가요? 그리고 왜 15억 원으로 상속 재산 가액을 정한 거죠?"

"제가 설명 드릴게요. 일단 어머니가 돌아가신 상태에서 아버지가 돌아가셨으니까 배우자 상속 공제라는 것은 받을 수 없습니다. 따라서 일괄 공제 5억 원만 받을 수 있습니다. 그런데 요즘 동거주택 상속 공제란 제도가 생겼습니다. 고객님처럼 피상속인과 오래 동거한 무주택 상속인들에게 혜택을 주기 위해서입니다. 돌아가신 분을 10년 이상 동거하면서 보살핀 경우에는 집값의 40%를 최고 5억 원까지 공제합니다. 고객님의 경우 15억 원의 40%는 6억 원이고 한도 5억 원을 초과하므로 5억 원을 공제하는 것입니다. 따라서 상속 공제액이 10억 원이 되는 것이죠."

"이런 좋은 제도가 있었네요. 잘 활용하면 세금이 많이 줄겠어요."

"그렇습니다. 고객님처럼 집 한 채만 있는 분들이 이런 제도를 활용하면 좋죠. 하지만 이 제도를 활용하기 위해서는 상속인이 무주택자여야 하고 상속 개시일 전에 10년 이상 동거해야 하는 등 조건을 충족해야 합니다."

"세법은 이래저래 어렵네요. 참 집을 기준 시가로 신고하면 세금을 한 푼도 안 내도 될 것 같은데 어떻게 생각하시나요?"

"요즘 아파트는 매매사례 가액으로 신고를 해야 해서……."

왕 세무사가 말끝을 흐렸다.

"매매사례 가액이라면 유사한 아파트의 가격으로 상속세를 계산한다는 것 아닙니까?"

"그렇습니다. 일단 시세는 15억 원이지만 매매사례 가액을 잘 찾아보면 이 금액보다 낮게 신고할 수 있을 겁니다."

"잘 알겠습니다. 일단 신고는 세무사님이 알아서 해 주십시오."

왕 세무사는 최 실장이 작성한 신고서를 검토했다. 거기에는 매매사례 가액이 13억 원으로 기재되어 있었다. 고객의 집은 15층에 있었으나 매매사례 가액이 발생한 집은 같은 동에 있는 16층에 있었다.

이를 반영하여 최종적으로 다음과 같이 상속세가 결정되었다.

상속 재산 가액 : 13억 원
(−)상속 공제 : 10억 원
(=)상속세 과세표준 : 3억 원
(×)상속세 세율 10~50%
(=)산출 세액 : 3억 원×20%−1,000만 원(누진 공제)＝5,000만 원

가업을 이어받으면 500억 원까지 공제된다

정밀 세무법인의 고객인 박복한 씨는 걱정이 많다. 그동안 밤잠 설치며 키운 회사에 상상할 수 없는 세금이 부과될지도 몰라서였다. 지금까지 회사를 키우는 데만 몰두하느라 회사를 자녀에게 물려주는 데서 발생할 세금 문제까지는 미처 생각지 못했다.

이 같은 상황을 주변에서 흔히 본다. 문제는 대비를 제대로 못한 상태에서 갑자기 상속이 발생하면 주식으로 세금을 내야 하는 상황까지 될 수 있다는 것이다. 이렇게 되면 기업이 제대로 굴러갈 수 없다. 그렇다면 어떻게 상속을 대비해야 할까?

현실적으로 지금 할 수 있는 일은 주식가격을 정확히 평가한 후 대응 전략을 찾는 것이다. 주안점은 가업을 상속 전에 물려받을 것인가, 아니면 상속 시 물려받을 것인가에 있다. 그렇지만 어떤 방법을 선택하더라도 세금은 과중할 것이다.

기업 가치가 높은 경우에는 주식을 매매하더라도 정상가격으로 팔아야 문제가 없다. 싸게 팔면 세법은 특수 관계자 간 부당행위 등의 규정을 적용하여 양도소득세와 증여세를 추징하기 때문이다. 증여를 선택한다 해도 공제액이 5,000만 원(성년 자녀)에 불과하므로 증여세 또한 만만치 않다. 그래서 국가가 나서서 이 문제를 해결해 줄 필요가 있다. 사업의 계속성이 유지되는 것이 무엇보다도 중요하기 때문이다. 그렇다면 어떤 방법으로 가업 승계 부담을 줄여야 할까?

우선 세율 인하부터 생각해 볼 수 있다. 현행 상속세와 증여세 세율은 10~50%인데 과세표준이 30억 원을 넘어가면 최고 세율 50%가 적용된다. 기업 가치가 이보다 못하면 세금 걱정은 덜해도 되지만 보통은 이 금액을 훌쩍 넘게 마련이다. 따라서 중소기업만이라도 세율을 인하하여 가업 승계의 부담을 줄이려는 노력이 필요하다. 하지만 관련 세율을 인하하는 데 여론은 우호적이지 않다.

다음으로 가업 승계와 관련된 공제 제도를 실효성 있게 하는 것이다. 그동안 가업 상속 공제는 1억 원(2007년)에서 30억 원(2008년), 60억 원~100억 원(2009년), 300억 원(2013년)이 적용되었다. 그러던 것이 2014년 이후부터는 500억 원까지 최고한도가 늘어났다. 한편 가업 상속 공제율은 2014년부터 70%에서 100%로 확대되었다. 따라서 2014년부터는 가업상속재산가액의 100%를 적용함으로써 가업상속재산가액 전액을 공제받을 수 있는 길이 열렸다. 그렇다면 이러한 효과가 얼마가 되는지 예를 들어보자.

인천에 거주하고 있는 김팔봉씨의 가업상속재산가액이 100억 원이라고 하자. 이 상속재산가액에 대해 가업상속공제율이 70%인 경우와 100%인 경우 세금차이는 얼마나 될까? 가업 상속 공제 외의 공제액은 10억 원이라고 하고 그 밖의 사항은 무시한다.

구분		2013년	2014년 이후
상속 재산 가액		100억 원	100억 원
상속 공제	가업 상속 공제	70억 원	100억 원
	기타 공제	10억 원	10억 원
	계	80억 원	110억 원
과세표준		20억	0 원
상속세 세율		10~50%	10~50%
산출 세액		6억 4,000만 원	0 원

위의 표를 보면 2013년의 경우 6억 4,000만 원의 세금이 예상되나 2014년 이후는 세금이 나오지 않게 된다.

주식의 사전증여(증여세 과세특례제도)

현행 조세특례제한법(제30조의 6)에서는 가업승계를 원활하게 하기 위해서 주식을 미리 상속할 수 있도록 하는 제도를 운영하고 있다.
구체적으로 18세 이상인 거주자가 가업을 10년 이상 계속하여 경영한 60세 이상의 부모로부터 해당 가업의 승계를 목적으로 주식 또는 출자지분을 증여받고 대통령령으로 정하는 바에 따라 가업을 승계한 경우에는 그 주식등의 가액 중 대통령령으로 정하는 가업자산상당액에 대한 증여세 과세가액(30억 원을 한도로 한다)에서 5억 원을 공제하고 세율을 100분의 10으로 하여 증여세를 부과한다.

손자·손녀가 상속받으면 붙는 세금이 많다

"알뜰 씨, SOS~!"

꼼꼼은 집에 들어오기가 무섭게 알뜰부터 찾았다.

"왜 그래?"

"갑자기 궁금한 게 생겼어. 손자가 할아버지 유산을 받으면 세금을 더 낸다고 하던데 그게 사실이야?"

"글쎄, 그게 무슨 말이야?"

"오늘 어떤 고객이 오셔서 할아버지가 얼마 전에 돌아가셨는데 유산을 손자에게 주면 어떻겠냐고 물으시더라고."

"그래서?"

"난 아무런 생각 없이 그렇게 하시라고 말씀드렸지. 그런데 그게 아닌가 봐. 다른 직원이 하는 말이 그렇게 하면 세금을 더 많이 낸다고 하더라고."

“세대를 건너뛰어 손자·손녀에게 직접 분배하면 할증 과세가 되잖아.”

“그것 말고도 다른 것이 또 있대.”

“…….”

할아버지나 할머니의 유산을 손자·손녀에게 물려줄 수가 있다. 민법상 상속 포기 절차를 거쳐 줄 수도 있고 아니면 협의 분할을 하면서 손자·손녀에게 직접 주는 경우도 있다.

그런데 손자·손녀가 상속을 받을 때에는 세무상 매우 주의해야 한다. 할증 과세에다 상속 공제액이 축소되거나 상속세와 증여세가 이중으로 과세될 수 있기 때문이다. 이와 관련된 내용들을 살펴보자.

먼저 손자·손녀가 상속인이 되는 경우를 보자. 이는 손자·손녀의 아버지가 상속을 포기한 경우에 발생한다. 이런 경우에는 상속 공제 한도액이 축소되고 30% 할증 과세된다.

서울에 거주하고 있는 황당해 씨가 사망했다. 상속 재산은 10억 원가량이다. 상속인으로는 자녀 1명과 손자·손녀 2명이 있다. 상속 재산은 황당해 씨의 자녀가 상속을 포기한 후 손자·손녀 2명에게 주려고 한다. 이런 경우 어떤 문제점이 있을까?

일단 손자의 아버지가 있는 상태에서 할아버지의 재산이 상속으로 이전되면 세 가지를 생각해야 한다.

첫째, 상속 공제 한도액이다. 이런 식으로 세대를 생략하여 상속이 일어나면 다음과 같이 상속 공제 한도액이 축소가 된다. 따라서 이렇게 되면 상속 재산 가액에 대해 10~50%의 세율(할증 과세 별도)이 적용되어 많은 세금이 부과될 수 있다.

둘째, 세대 생략을 통해 재산이 이전되면 산출 세액에 30%가 할증되어 과세된다. 하지만 중간 대가 없는 상태에서 재산 분배가 되는 대습상속은 예외다. 이 경우에는 할증 과세가 적용되지 않고 상속 공제액도 축소되지 않는다. 여기서 대습상속은 상속인이 될 직계비속 또는 형제자매가 상속 개시 전에 사망한 경우에 이들의 직계비속이 상속을 받을 수 있도록 하는 제도를 말한다. 단, 상속 포기를 통해서는 이 제도를 이용할 수 없다. 대습상속은 피대습자의 직계비속과 배우자로 하고 있다. 예를 들면 처가 사망한 후 남편이 재혼을 하지 않은 경우로서 장인이 사망하면 남편이 사위라서 자녀들과 함께 장인의 유산을 받을 수 있다. 한편 직계존속은 대습상속이 인정되지 않는다. 따라서 피상속인의 모가 이미 사망하고 부만 있을 때에는 부만이 상속하며 모의 직계존속은 대습상속을 할 수 없다.

셋째, 민법상 적법한 유언 절차나 상속 포기 등의 제도를 이용하지 않고 상속인 외의 자가 상속 재산을 취득하는 경우가 있다. 할아버지가 사망했는데 아버지가 상속 포기를 하지 않은 상태에서 손자 · 손녀가 재산을 취득하는 경우다. 이러한 경우에는 상속인인 아버지가 상속받은 재산을 손자·손녀에게 증여한 것으로 본다. 따라서 이렇게 되면 아버지에게 상속세가 부과될 수 있고, 손자·손녀에게는 증여세가 부과될 수 있다.

결국 손자·손녀에게 재산을 분배할 때에는 미리 세금 측면을 고려해야 한다.

손자·손녀의 상속과 세무상 쟁점

손자·손녀가 대습상속자에 해당하지 않으면 정상적으로 상속 재산을 분배받기는 힘들다. 물론 이에 해당하지 않더라도 상속 재산을 받을 수는 있으나 불이익을 받을 여지가 커진다.

예를 들어 아버지가 상속을 포기하여 손자·손녀가 상속받게 되면 상속 공제 축소와 할증 과세를 피할 수 없다. 또한 유증을 통해 상속을 받는 경우에도 상속 공제액이 축소가 된다.

단, 상속인이 아닌 손자·손녀에게 사전에 증여한 재산 가액은 상속 개시일로부터 5년이 지나면 합산되지 않는다. 상속인은 10년을 기준으로 한다. 실무에서 중요하므로 알아 두면 좋을 내용이다.

상속세 납부는 보험금으로 하라

상속세는 현금 납부가 원칙이므로 현금이 미리 준비되지 않으면 곤란하다. 그래서 일찌감치 상속세 납부 재원으로 종신보험이 추천(국세청 세금 절약 가이드에도 소개되어 있음)되곤 한다. 어떤 원리로 종신보험이 추천되는지 사례로 확인해 보자.

〈자료〉
- 현재 나이 : 60세
- 가족 현황 : 배우자 58세, 분가한 자녀 2명
- 현재 소유한 부동산 : 주택 등 30억 원
- 기타 자산 : 2억 원

이 자료를 토대로 상속세를 예측해 보자. 상속세 공제액은 배우자 공제와 일괄 공제로 10억 원이 가능하다고 하자. 그리고 이 상속 재산은 물가 상승 등의 영향을 받지 않는다고 하자.

- 상속세 과세표준 : 32억 원 − 10억 원 = 22억 원
- 상속세 산출 세액 : 22억 원 × 상속세 세율(10~50%)

  = 7억 2,000만 원(세율 40%, 누진 공제 1억 6,000만 원)

상속인은 원칙적으로 상속세를 현금으로 납부해야 한다. 만약 사전에 현금이 준비되어 있지 않으면 부동산을 처분하거나 부동산으로 세금을 납부해야 하는 상황에 처할 수도 있다. 그렇게 되면 상속 재산을 온전히 지키기가 힘들다.

그렇다면 상속이 발생되기 전 어떤 대책을 마련해 두어야 할까?

일단 보유 자산 중 일부를 사전 증여하여 상속세 부담을 줄일 필요가 있다. 하지만 모든 자산이 사전에 증여되는 것은 아니므로 남아 있는 자산에 대해서는 상속세 예측을 정확히 해야 한다. 그런 후 상속세 납부액에 대한 대비를 확실히 해 둔다.

상속세 납부액은 예금이나 주식 또는 펀드 등의 상품으로도 할 수 있다. 하지만 이런 자산들은 상품의 운용 방법에 따라 금액이 변동할 가능성이 높아 상속세 납부 재원으로 사용하기 힘든 측면이 있다. 그래서 사망 시 보험금을 많이 수령할 수 있는 보험 상품이 상속세 납부 재원으로 안성맞춤이다. 그렇다면 언제부터 얼마씩 금액을 넣어야 원하는 상속세 납부액을 만들 수 있을까?

위의 사례처럼 7억 원 정도가 상속세 재원으로 필요하다고 하자. 이 금액을 보장받기 위해서는 보험회사가 정한 기준에 따라 월 보험료를 산정해 본다. 나이가 많은 경우에는 보험 가입에 제한이 있을 수 있다. 이러한 경우를 대비하여 보험사에서는 다양한 상품을 개발하고 있으므로

참조하자.

여기서 한 가지 간과해서는 안 될 것이 있는데 보험금이 상속 재산에 포함되면 상속세 산출 세액이 늘어난다는 점이다. 앞의 상속세 예측에서 상속세 과세표준은 22억 원이었고 여기에 적용되는 세율은 40%였다. 보험금이 상속 재산에 추가된다면 보험금으로 인한 상속세는 다음과 같이 추가된다.

• 보험금에 의해 추가되는 상속세 예상액 : 7억 원×40%＝2억 8,000만 원

따라서 보험금이 상속세 재원으로 사용되는 것은 좋은데 이 보험금이 상속 재산에 포함되기 때문에 추가 과세된다는 점이 문제다. 그렇다면 이 보험금이 상속 재산에 포함되지 않으려면 어떻게 해야 하는가? 일단 다음과 같이 계약한다.

보험 계약자	피보험자	보험 수익자
자녀 1 자녀 2 배우자	피상속인(아버지)	자녀 1 자녀 2 배우자

상속을 받을 사람들이 미리 보험 계약자가 되는 동시에 보험 수익자로 가입하면 아버지의 사망으로 보험금을 수령해도 상속 재산에 포함되지 않는다. 단, 보험 계약자가 아버지의 재산으로 보험료를 납입하였다면 이는 실질과세 원칙에 의해 아버지의 유산으로 간주되어 상속세가 과세될 수 있다.

상속세 절세법 11가지

1. 사전 증여를 통한 상속세의 감소

현행 상속세 및 증여세법은 증여세를 상속세의 보완세로 보고 상속 개시일 전 10년 (비상속인은 5년) 이내의 증여 재산은 상속 재산에 가산하도록 하고 있다. 이는 상속세의 누진적 세 부담을 회피하기 위해 증여하는 것을 방지하기 위함이다. 10년(5년)이 경과한 경우에는 정당한 것으로 인정하므로 증여 재산 공제 범위액 안에서 증여한 경우 상속세와 증여세를 동시에 해결할 수 있다. 실무적으로 보면 상속 재산 가액이 10억 원을 넘어가는 경우 상속세가 예상되므로 상속 재산의 일부를 사전에 증여하면 상속세 부담을 줄일 수 있다.

미리 증여할 때에는 상가 등의 저평가 자산을 이전하는 것이 좋다. 또한 일찍 서두르고 가급적이면 여러 사람에게 분산하여 증여함으로써 적용 세율을 낮출 필요가 있다.

2. 상속 추정 제도에 주의

상속 추정은 적용 요건 중 하나인 기간 등을 벗어나는 경우라면 그 규정을 적용받지 않을 수 있다. 반면 피상속인이 상속 개시일 전 1년 이내에 2억 원(2년 내 5억 원) 이상의 재산을 처분 또는 채무를 부담한 경우로서 그 용도가 불분명한 경우에는 입증된 금액을 제외하고는 상속인이 상속받은 것으로 추정한다. 따라서 억울한 세금을 물지 않기 위해서는 이 기간과 금액을 고려하여 상속 재산 관리에 만전(자금 사용 용도와 증빙 관리를 말함)을 기해야 한다.

3. 상속 재산의 평가에 유의

부동산에 해당하는 상속 재산이나 증여 재산의 평가는 상속 개시일이나 증여일 현재의 시가로 한다. 그러나 시가 산정이 어려운 경우 토지는 공시지가, 건물은 국세청장이 고시한 가격을 기준으로 한다. 그러나 현재는 매매사례 가액으로 과세하는 경우가 많으므로 이에 유의해야 한다. 매매사례 가액을 적용할 때 문제점이 많으므로 두 군데 이상 감정을 통해 가격을 확인해 보는 것도 필요하다.

4. 채무 · 장례비용 등의 활용

채무나 장례비용 등과 관련된 절세 방안은 다음 표와 같다.

항목	절세 방안
채무	• 상속이 개시된 경우 채무의 합계를 계산한다. 채무가 재산보다 많다면 상속 포기 신청을 가정법원에 할 수 있다. 한편 한정승인에 대해서도 검토해 본다. • 피상속인이 부담한 채무는 원칙적으로 공제된다. 단, 객관적인 증빙 자료(금융기관 외의 경우에는 채무 부담 계약서, 채권자 확인서, 담보 설정 및 이자 지급 증빙 등)를 갖추어야 한다.
장례비용*	• 증빙이 없으면 500만 원을 공제하나, 그 이상의 금액(한도 1,000만 원)까지 공제받으려면 영수증을 챙겨야 한다.

＊ 납골묘(수목장 포함)를 설치하면 500만 원을 추가 공제한다.

5. 배우자 상속 공제의 활용

배우자가 상속을 받으면 배우자 상속 공제액을 올릴 수 있다. 단, 배우자 상속 공제는 무한정 적용하는 것이 아니라 한도만큼 적용하므로 이에 유의해야 한다.

6. 동거주택 상속 공제와 가업 상속 공제의 활용

2009년에 신설된 동거주택 상속 공제를 활용하면 공제액을 5억 원까지 늘릴 수 있다. 또한 가업을 승계하는 경우에는 최고 500억 원까지 공제를 받을 수 있다.

7. 세대 생략 상속과 할증 과세에 유의

손자의 아버지가 있는 상태에서 할아버지의 재산이 손자에게 상속으로 이전되면 상속 공제액의 한도액이 축소되고 할증 과세 30%가 추가되는 점에 유의해야 한다. 만일 협의 분할 과정에서 손자 · 손녀에게 재산이 임의로 이전되면 상속세 외에 증여세가 부과되는 점도 기억해야 한다.

8. 재산 가액이 하락한 경우 상속세 경정청구

상속 개시 후 1년이 되는 날까지 상속 재산의 수용 · 공매 · 경매로 인해 상속 재산 가액이 하락한 경우 사유 발생일로부터 6개월 내 경정청구를 하면 환급을 받을 수 있다.

9. 10% 신고 세액 공제의 적용

상속세는 상속 개시일이 속한 달의 말일로부터 6개월 내에 관할 세무서에 신고해야 한다. 신고가 제대로 된 경우에는 산출 세액의 10%를 세액 공제한다. 한편 상속세를 금전으로 납부하기 곤란할 때에는 연부연납이나 물납 방법을 이용할 수 있다.

10. 연대납세 의무의 활용

상속인 중 한 사람이 상속세를 모두 부담하는 경우가 있다. 이 경우 납부면제로 인해 이익을 본 상속인에 대해 증여세를 부과할까? 아니다. 세법은 상속인들은 연대납세 의무를 부담하므로 누가 상속세를 납부하든지 간에 이를 문제 삼지 않는다.

11. 실지조사와 사후 관리에 유의

상속세는 법정신고 기한 후 6개월 이내에 관할 세무서(재산 가액이 30억 원이 넘어가는 경우에는 관할 지방청)에서 실지조사를 실시한다. 따라서 이 기간 내에서는 가급적 상속 재산을 건드리지 말고 상속 채무를 상환할 때에는 자금출처에 대비해야 한다. 한편 고액 상속인의 경우 상속 후 5년간은 재산이 증감하면 또 세무조사를 받을 수 있다는 점도 기억해 두기 바란다.

기름 엎지르고 깨 줍지 마라

상속·증여 이후의 양도소득세

상속 · 증여받은 부동산의 처분과 양도소득세

"세무사님!"

이른 아침, 알뜰은 왕빛나 세무사에게 전화를 걸었다.

"무슨 일이세요?"

"저희 고객 중 한 사람이 예전에 상속받은 임야를 처분하려고 하는데 세금이 많이 나올 것 같다면서 좋은 방안이 없는지 묻습니다. 저는 상속 관련 양도소득세는 아직 잘 모르잖아요."

"이알뜰 씨, 부동산을 양도하면 양도소득세가 나온다는 것은 알고 계시죠?"

"그럼요."

"그렇다면 상속으로 받은 자산이나 증여를 받은 자산도 양도하면 양도소득세가 나올 수 있잖아요."

"그건 그렇죠. 하지만 이런 자산의 경우는 꽤 까다롭다고 해서요. 그래

242

서 전화를……."

"그렇군요. 제가 잠시 실수했습니다. 사실 상속이나 증여받은 자산을 처분할 때에는 주의해야 할 것들이 상당히 많습니다. 일반 취득과 다르기 때문입니다. 증여받은 재산을 5년 이내 양도하지 말라는 것도 이와 관계가 있죠."

"역시 세무사님의 도움이 필요할 것 같습니다."

"좋습니다. 지금부터 상속이나 증여 재산을 처분하는 경우의 세금 문제를 연구해 봅시다. 아주 중요한 대목입니다."

상속이나 증여받은 자산을 양도할 때는 양도소득세가 부과된다. 그런데 상속 등을 통해 취득한 자산의 양도소득세는 일반 취득 자산의 양도소득세와 다르다. 어떤 점이 다른지 비교해 보자.

구분		일반 취득 자산	상속 · 증여 자산
과세	양도 가액	실거래 가액	실거래 가액
	취득 가액	실거래 가액 (환산 가액 가능)	신고 당시의 평가액(시가→기준 시가, 1985년 1월 1일 이전 분은 환산 가액 가능)
	기타 필요경비	실제 경비	실제 경비
	장기보유 특별공제	취득일~양도일	상속 · 증여일~양도일
	세율* 적용	취득일~양도일	• 상속 : 피상속인 취득일~양도일 • 증여 : 증여일~양도일
	이월과세	–	증여 : 5년 내 양도 시 적용
비과세(주택)		취득일부터 2년 보유 등	• 상속 : 다양하게 적용 • 증여 : 일부 적용
감면(농지)		8년 자경 농지 등	• 상속 : 피상속인 자경 기간 합산 • 증여 : 증여자 자경 기간 합산하지 않음

＊ 양도소득세 세율은 263쪽 참조.

첫째, 과세되는 경우

양도소득세는 양도 및 취득 가액을 실거래 가액으로 과세한다. 즉 매매 가격을 기준으로 과세한다는 것이다. 그런데 상속이나 증여의 경우 양도 가액은 문제가 없으나 취득 가액을 계산하는 것이 문제다. 왜냐하면 상속이나 증여 재산은 대개 기준 시가로 평가되기 때문이다. 이렇게 되면 양도 가액은 실거래가, 취득 가액은 기준 시가가 돼 양도차익이 많이 나올 수 있다.

이외 장기보유 특별 공제는 일반 취득처럼 취득일부터 양도일까지의 기간에 따라 적용한다. 취득일이란 유상 매매의 경우에는 일반적으로 잔금 청산일을 말하며 상속은 상속 개시일, 증여는 증여일을 말한다.

한편 세율을 적용할 때는 상속의 경우 피상속인의 취득일로부터 기산하고 증여는 증여일로부터 기산한다. 따라서 상속의 경우가 세율을 적용할 때 훨씬 유리하다. 예를 들어 2000년에 피상속인이 취득한 부동산을 2008년에 상속받아 2014년에 양도하는 경우 세율에 적용되는 보유 기간은 2000년부터 시작한다는 말이다. 따라서 당해 부동산이 일반 세율을 적용받는다면 6~38%를 받을 수 있게 된다.

둘째, 이월과세 문제

이월과세는 증여받은 자산을 5년이 안 돼서 처분하는 경우, 취득 가액을 당초 증여자가 취득한 가액으로 양도소득세를 계산하도록 하는 제도를 말한다. 이런 제도를 두는 이유는 증여를 통해 취득 가액을 올린 후 양도소득세를 줄이려는 행위를 방지하기 위해서다.

그런데 이 제도는 상속에서는 없다. 상속은 인위적인 것이 아니라 부득이하게 발생하므로 조세회피행위와는 관계가 없기 때문이다.

셋째, 비과세를 받는 경우

상속과 증여로 받은 자산 중 양도소득세 비과세가 되는 경우는 주로 주택에서 찾아볼 수 있다. 하지만 상속의 경우에는 폭넓게 비과세가 적용되는 반면 증여는 특수한 상황에서만 이를 적용받는다. 정리하면 다음과 같다.

구분	비과세를 받을 수 있는 경우
상속	① 무주택자가 1주택을 상속받은 경우 ② 1세대 1주택자가 1주택을 상속받은 경우
증여	1주택 보유 중 동일 세대원에게 증여한 경우

상속의 경우 무주택자가 상속을 받은 경우로서 피상속인과 상속인이 동일 세대원이라면 피상속인의 보유 기간 등을 통산한다. 예를 들어 아버지 소유 주택을 어머니가 상속받은 경우에는 아버지가 취득한 날로부터 보유 기간 등을 따져 비과세한다는 것이다. 만일 동일 세대원이 아닌 경우에는 상속을 받은 날로부터 2년을 보유해야 한다. 이 밖에 1세대 1주택자가 1주택을 상속받은 경우에는 상속 주택이 아닌 주택을 먼저 양도하면 비과세를 적용한다.

그러나 1주택 보유 중 동일 세대원에게 증여한 경우에는 증여 전과 증여 후의 기간을 통산하여 비과세 요건을 따지게 된다.

기준 시가로
양도소득세를
계산하는 경우

왕빛나 세무사가 근무하는 정밀 세무법인은 고객들의 문의 전화와 방문 상담으로 정신이 없을 지경이었다. 왕빛나 세무사 역시 무척 바빴다.

"아버지에게 상속받은 임야를 양도하려고 합니다. 세금이 얼마나 나올까요?"

왕 세무사가 전화 상담을 하고 있었다.

"선생님, 세금을 계산하기 위해서는 몇 가지 파악할 것들이 있습니다. 하나씩 여쭤 보겠습니다. 상속받은 임야는 상속받은 시점이 중요합니다. 상속은 언제 받으셨나요?"

"1990년에 받았습니다."

"그때 상속세 신고는 하셨습니까?"

"아닙니다. 당시에는 상속세 신고가 있는지조차 몰랐습니다. 그리고 등기 이전도 안 되어 있고요."

"그렇군요. 선생님 말씀만 듣고는 세금이 얼마가 나올지 알 수가 없습니다. 이것저것 검토할 점들이 많습니다. 서류를 보내 주시면 고맙겠습니다."

왕 세무사는 고객에게 다음과 같은 서류를 요청했다.

등기부등본
호적등본
사망확인서
상속인들의 주민등록초본과 등본
매도 시 예상 양도 가액 등

왕 세무사는 최 실장에게 자료를 주고 양도소득세를 계산해 놓으라고 지시했다. 자료는 다음과 같았다.

- 취득일(상속 개시일) : 1990년 5월 8일
- 상속 면적 : 5,000m²
- 취득 가액 : ?
- 취득 시 기준 시가 : 1만 원/m²당
- 예상 양도 가액 : 5억 원
- 양도비용 : 1,000만 원
- 비사업용 토지 여부 : 해당되지 않음
- 양도소득세 세율 : 6~38%

얼마 뒤 왕 세무사와 고객이 다시 통화했다.

"세무사님, 이렇게 세금이 많이 나옵니까? 양도 가액은 5억 원밖에 안 되는데요."

구분	금액	비고
양도 가액	5억 원	
(−) 필요경비 취득 가액 기타 필요경비	6,000만 원 5,000만 원 1,000만 원	기준 시가 실제 경비 1,000만 원
(=) 양도차익	4억 4,000만 원	
(−) 장기보유 특별공제	1억 3,200만 원	30% 공제(10년 이상 보유)
(=) 양도소득금액	3억 800만 원	
(−) 기본 공제	250만 원	연간 1회 적용
(=) 과세표준	3억 550만 원	
(×)세율	38%	누진 공제 1,940만 원
(=) 산출 세액	9,669만 원	과세표준×38%−1,940만 원

고객이 물었다.

"세금이 많이 나오는 이유는 양도차익이 많기 때문입니다."

"보낸 자료를 보니까 취득 가액은 기준 시가 금액으로 한 것 같은데요. 취득 가액을 환산할 수는 없습니까? 누가 그러던데 취득 가액이 낮은 경우에는 이를 올리는 방법이 있다고 해서요."

"무슨 말씀인지는 알겠습니다. 제가 설명해 드릴 테니 잘 생각해 보세요. 좀 복잡하거든요."

상속이나 증여받은 자산의 양도소득세 계산의 핵심은 바로 취득 가액을 어떻게 적용하는가에 있다. 세법에서는 상속 또는 증여를 받은 자산의 취득 가액은 상속세 및 증여세법의 평가액으로 하도록 규정하고 있다. 이 평가액은 원칙적으로 시가(매매사례 가액, 감정 가액 포함)를 의미하며, 시가를 확인하기 힘든 경우에는 기준 시가를 의미한다. 따라서 이 사례에서는 시가가 확인되지 않으므로 기준 시가를 적용할 수밖에 없다. 그렇지만 고객이 요청한 환산 가액은 1985년 1월 1일 이전의 상속·증여분에 대해서만 인정된다. 왜 그런지는 뒤에서 살펴보도록 하자.

한편 취득 가액을 기준 시가로 하는 경우라도 기타 필요경비는 개산 공제(기준 시가×3%)를 적용하는 것이 아니라 실제 지출된 금액을 인정한다는 점에 주의해야 한다. 마찬가지로 이 문제도 뒤에서 살펴보자.

참고로 위 고객은 현재까지도 상속등기를 하지 않았다. 원래 상속등기는 상속 개시일로부터 6개월 이내에 해야 한다. 따라서 지금이라도 상속등기를 해야 처분할 수 있다.

> **TIP**
>
> ## 상속등기와 상속세·양도소득세 절세 방안
>
> 상속등기를 하기 전에 다양한 세금 관계를 고려하여 등기하는 것이 좋다.
> - 상속세가 많이 나올 것으로 예상되는 경우→배우자 상속 공제를 활용하는 것이 좋으므로 피상속인의 배우자 상속지분을 늘리도록 한다.
> - 상속 재산을 상속 후 바로 양도하고자 하는 경우→단독 등기보다는 상속인별로 균등등기를 하는 것이 절세에 도움이 된다.
> - 주택을 상속하는 경우→지분등기와 단독등기의 효과를 비교하여 상속명의를 정하도록 한다.
> - 농지를 증여하는 경우→8년 자경 농지에 대한 감면 효과 등을 고려하여 상속명의를 정한다.

상속등기와 세무상 쟁점

상속등기와 관련하여 다음과 같은 세무상 쟁점이 발생한다.

- 상속등기를 하지 않았으면 세법은 누구의 재산으로 간주하는가?
  - → 상속등기가 되어 있지 않으면 세법은 균등 상속한 것으로 본다.

- 상속등기를 하지 않았다면 양도소득세에서 취득 시기는 언제로 하는가?
  - → 상속에 의한 취득 시기는 등기일이 아니라 상속 개시일, 즉 사망일이 된다.

- 상속등기를 나중에 하는 경우 취득세 등을 내야 하는가?
  - → 일반적으로 상속등기를 상속 개시일로부터 6개월 내에 하지 않으면 20%의 신고불성실가산세와 하루 1만 분의 3의 납부불성실가산세가 부과된다. 참고로 사망일로부터 3개월 이내 법원의 판결을 받아 상속 포기를 하는 경우에는 취득세 납부 의무가 없다(한정 상속은 해당사항이 없음).

- 등기부등본상에 등기 원인이 상속 대신 매매나 증여로 되어 있다면?
  - → 상당히 중요한 내용이다. 등기 원인이 상속인데도, 관련 법률에 따라 나중에 등기할 때 등기 원인을 매매나 증여로 하는 경우가 있다. 이러한 경우에는 상속임을 밝혀 상속에 관련된 규정을 척용받도록 한다.

- 상속세도 양도소득세 계산 시 필요경비에 해당할까?
  - → 상속세는 필요경비에 해당되지 않는다. 단, 취득(상속 또는 증여) 당시 부담한 취득세 및 등록세는 필요경비에 해당한다.

취득 가액을
환산할 수 있는
경우

전화벨이 울리자 최동숙 실장이 수화기를 들었다.

"정밀 세무법인입니다."

"왕빛나 세무사님 부탁합니다."

"무슨 일이신가요?"

"오래전에 상속받은 땅이 있습니다. 이 땅을 팔려고 하는데 세금이 상당히 많이 나온다고 해서요. 그래서 이쪽 분야에 해박하신 왕 세무사님과 상담하려고 합니다."

"전화 잘하셨어요. 상속 재산은 좀 복잡합니다. 제가 면담 날짜를 정해 드리겠습니다."

그렇게 해서 왕 세무사는 그 고객과 상담하게 되었다. 자료는 최 실장이 미리 준비해 두었다.

자료를 받아든 왕 세무사가 심각한 표정을 지었다.

- 취득일(상속 개시일) : 1970년 5월 8일
- 상속 면적 : 1,000m²
- 취득 가액 : ?
- 취득 시 기준 시가 : ?
- 예상 양도 가액 : 2억 원
- 양도비용 : 200만 원
- 비사업용 토지 여부 : 해당되지 않음
- 양도소득세 세율 : 6~38%

"이 건은 시간이 걸릴 것 같습니다. 왜냐하면 1985년 1월 1일 전에 상속받은 부동산의 경우 그 계산 방법이 까다롭거든요."

"왜 그렇죠?"

"왜 그런지 설명 드리고 계산 결과는 나중에 말씀드리겠습니다."

일반적으로 상속 재산의 양도 시 취득 가액은 상속 당시의 평가액으로 한다. 따라서 시가로 신고가 되어 있지 않으면 대부분 기준 시가가 취득 가액으로 굳어질 가능성이 높다. 그런데 기준 시가로 평가가 되면 오래된 부동산일수록 양도차익이 커진다. 이렇게 되면 양도 가액에 대해 과세되는 폐단이 있어 오래 보유한 부동산에 대해서는 일반 취득과 다른 방식으로 양도소득세를 부과한다.

구체적으로 법은 1985년 1월 1일 이전에 취득한 부동산은 일단 1985년 1년 1일에 취득한 것으로 간주한다. 따라서 사례처럼 1970년에 취득한 자산은 1985년 1월 1일에 취득한 것이 된다. 문제는 이렇게 취득 시기를 이동함에 따라 취득 가액도 변동될 수밖에 없다는 것이다. 세법은 이러한 점을 반영하여 1985년 1월 1일 이전에 상속(또는 증여)받은 자산에 한해 기준 시가와 환산 취득 가액 중 유리한 것을 선택할 수 있도록 하고 있다. 그러나 1985년 1월 1일 이후에 상속 또는 증여받은 자산은 세법상 평가 금액이 되므로 시가로 신고하지 않는 이상 기준 시가가 취득 가액으로 되는 점에 주의해야 한다. 이를 정리하면 다음과 같다.

- 1985년 1월 1일 이전의 상속분 : 기준 시가와 환산 취득 가액 중 유리한 가액을 선택
- 1985년 1월 1일 이후의 상속분 : 시가(매매사례 가액 등 포함)가 없는 경우에는 기준 시가

사례에서 양도소득세를 계산하려면 1985년 1월 1일의 기준 시가와 환산 가액을 구해야 한다. 둘 중 유리한 가격으로 취득 가액을 산정할 수 있기 때문이다.

구분	금액	비고
양도 가액	2억 원	
(−) 필요경비 　　취득 가액 　　기타 필요경비	5,060만 원 5,000만 원 60만 원	환산 가액 기준 시가의 3%
(=) 양도차익	1억 4,940만 원	
(−) 장기보유 특별공제	4,482만 원	30% 공제(10년 이상 보유)
(=) 양도소득금액	1억 458만 원	
(−) 기본 공제	250만 원	연간 1회 적용
(=) 과세표준	1억 208만 원	
(×) 세율	35%	누진 공제 1,490만 원
(=) 산출 세액	2,082만 8,000원	과세표준×35%−1,490만 원

만일 당시의 기준 시가가 2,000만 원이고 환산 가액이 5,000만 원이라면 5,000만 원을 취득 가액으로 할 수 있다. 참고로 이렇게 오래된 부동산의 기준 시가와 환산 가액의 파악은 다소 난해하다. 그러므로 이 부분은 세무 전문가를 통해 알아보아야 한다.

표에서 양도차익을 구할 때 취득 가액은 환산 가액으로 산정했다. 1985년 1월 1일 이전의 상속 재산의 취득 가액은 환산 가액과 기준 시가 중 유리한 가액으로 할 수 있기 때문이다. 그런데 기타 필요경비가 기준 시가의 3% 수준으로 결정되었다. 앞 자료를 보면 실제 필요경비는 200만 원이었다. 그러면 이 상황을 어떻게 해석할 것인가?

일단 세법에서는 양도소득세 계산 시 필요경비를 산정할 때 실거래가로 취득 가액을 정하면 기타 필요경비도 실제 들어간 경비로 대응시킨다. 그리고 취득 가액을 환산하거나 기준 시가로 하면 기준 시가의 3%를 필요경비로 대응시킨다(앞의 사례와 같은 경우를 말함).

하지만 기준 시가로 상속이나 증여세 신고를 하는 경우에는 기준 시가의 3%가 아닌 실제 발생한 경비를 필요경비로 인정한다. 이는 상속 및 증여의 평가액이 실거래가로 인정되기 때문이다. 신고를 기준 시가로 했다면 이 금액이 바로 상속 또는 증여 당시의 실거래 가액 역할을 한다는 것이다. 이러한 내용을 정리하면 다음과 같다.

구분	시가 신고	취득 가액 환산 신고*	기준 시가 신고
상속	실제 필요경비	기준 시가의 3%	실제 필요경비
증여	실제 필요경비	기준 시가의 3%	실제 필요경비

단, 2011년 1월 1일부터는 필요경비를 '환산가액 + 개산공제액(3%)' 대신 '자본적 지출액 + 양도비'로 계산할 수 있다(2010년 세제 개편안).

상속·증여할 때 취득 가액을 올려 둬라

상속이나 증여가 발생하면 신고 금액을 잘 정할 필요가 있다. 나중에 처분할 때 취득 가액에 영향을 주기 때문이다. 그렇다면 무조건 시가로 신고하면 좋을까? 그건 아니다. 시가로 신고하면 당장의 상속세나 증여세가 커질 수 있기 때문이다. 따라서 신고 금액을 결정하는 문제는 사안마다 다를 수밖에 없다. 때에 따라서는 감정평가를 받아 해결할 필요도 있다. 관련 문제들을 살펴보자.

기준 시가로 신고하는 경우의 실익

상속세나 증여세를 기준 시가로 신고하면 상속 또는 증여 당시에 세금을 아낄 수 있다는 장점이 있다. 하지만 기준 시가로 신고한 자산을 양도하는 경우에는 양도소득세가 증가할 수 있다. 양도소득세에서 취득 가액은 상속 또는 증여 당시의 평가 금액으로 하기 때문이다.

기준 시가로 신고하더라도 양도소득세가 없거나 얼마 되지 않는 경우에는 기준 시가로 신고하는 것이 유리할 수 있다. 수증자가 1세대 1주택 비과세를 받는 경우가 대표적이다. 좀 더 이해를 확실히 하기 위해 사례를 들어보자.

서울 동작구 신대방에 살고 있는 김이철 씨는 자녀에게 주택을 증여하고자 한다. 주택의 시가는 4억 원이나 기준 시가는 2억 원이다. 어떤 금액으로 신고하는 것이 좋을까?

만일 김이철 씨의 자녀가 5년 후에 비과세 요건을 갖춘 상태에서 양도하는 경우에는 기준 시가로 신고하는 것이 좋다. 증여 때의 취득 가액과 관계없이 양도 시점에서 비과세 요건을 갖추면 9억 원까지는 전액 비과세되기 때문이다. 따라서 이런 상황에서는 가급적 증여 금액을 낮게 가져가는 방법을 강구해야 한다.

시가로 신고하는 경우의 실익

시가로 상속세나 증여세를 신고하면 기준 시가에 비해 당장의 세금이 많아진다. 이 점이 단점이라 할 수 있다. 하지만 시가 신고가 반드시 나쁜 것은 아니다. 향후 양도를 고려하면 높은 취득 가액은 낮은 양도소득세를 의미하기 때문이다. 예를 들어 1억 원에 산 부동산이 현재 5억 원(기준 시가 3억 원)이라 하자. 이 자산을 배우자에게 증여하고 수증자가 5년 후에 5억 원에 양도한다면 양도소득세를 모두 없앨 수 있다.

여기서 시가를 어떤 식으로 정할지 문제가 된다. 세금 신고는 근거를 가지고 해야 하는데 대개 상속 재산이나 증여 재산의 경우 시가를 알기가 힘들기 때문이다. 그래서 실무에서는 당해 재산과 유사한 재산의 매매사례

기준 시가로 신고하는 경우	시가로 신고하는 경우
양도 가액 5억 원	양도 가액 5억 원
(−) 취득 가액 3억 원	(−) 취득 가액 5억 원
(=) 양도차익 2억 원	(=) 양도차익 0원

가액을 찾아 신고한다. 하지만 이 부분이 여의치 않으면 감정평가(두 군데 이상의 감정평가 법인의 감정 가액을 평균)를 받아 신고하는 것이 일반적이다.

매매사례 가액을 전략적으로 이용하는 방법

상속의 경우에는 상속 개시일로부터 6개월 이내에 처분한 가액도 매매사례 가액으로 인정받을 수 있다. 따라서 상황에 따라서는 이 기간 내에 상속 재산을 처분하면 세금을 줄일 수 있다. 상속받은 토지를 상속 개시일로부터 6개월 이내에 처분하면 세금 관계가 다음과 같이 변하기 때문이다.

- 토지에 대한 상속 재산 가액 평가→ 처분 가액
- 토지에 대한 양도소득세 계산 시 양도 가액과 취득 가액→ 처분 가액으로 동일

이렇게 6개월 이내에 처분하면 상속 재산 가액이 늘어나 상속세가 늘어날 수는 있으나 대신 양도소득세가 줄어들 수 있다. 따라서 이 둘의 관계를 조합하여 적절한 의사 결정을 내려야 한다. 사례를 들어보자.

올에이 씨의 상속 재산은 상가밖에 없는데 시가로 10억 원(기준 시가 5억 원)이다. 그리고 이 재산을 상속 개시일로부터 6개월 이내에 10억 원

에 팔았다고 하자. 이 경우 세금은 다음과 같다.

상속세	양도소득세
상속 재산 가액 10억 원	양도 가액 10억 원
(−) 상속 공제 10억 원	(−) 취득 가액 10억 원
(=) 과세표준 0원	(=) 0원

그런데 만일 위의 재산이 20억 원(기준 시가 10억 원)이라고 하면 앞의 결과는 어떻게 달라질까?

상속세	양도소득세
상속 재산 가액 20억 원	양도 가액 20억 원
(−) 상속 공제 10억 원	(−) 취득 가액 20억 원
(=) 과세표준 10억 원	(=) 0원

이렇게 처분 금액이 큰 경우에 양도소득세는 나오지 않지만 상속세가 나올 수 있다. 따라서 상속 재산을 언제 처분할 것인지에 대해 숙고할 필요가 있다.

상속 · 증여 재산의 세율 및 장기보유 특별공제법

"세무사님, 오전에 상담한 분이 난처한 질문을 하셨어요."

최 실장이 왕 세무사에게 걱정스레 말을 꺼냈다.

"그래요, 무슨 일인가요?"

"그분이 8개월 전에 상속받은 상가를 팔았다고 합니다. 그래서 세금이 크게 나오지 않을까 걱정하더군요. 세율이 자그마치 50%나 되잖아요?"

"실장님, 상속 재산은 양도할 때 잘 따져 봐야 합니다. 세율이 50%라 뇨?"

"네? 상속을 받은 날로부터 8개월 안에 양도했으니 보유 기간이 1년 미만이잖아요. 그러니까 50%가 맞잖아요."

"아닙니다. 잘 찾아보세요. 그리고 빨리 고객에게 연락 드리세요."

최 실장은 끙끙거리며 관련 규정을 찾기 시작했다.

'상속 재산에 대한 양도소득세 세율은 피상속인이 보유한 기간과 상속인이 보유한 기간을 합산하는구나. 이렇게 되면 세율이 50%가 아니라 그보다 낮은 누진 세율이 적용되는데…….'

최 실장은 관련 내용을 확인한 후 재빨리 고객에게 사실을 알렸다.

"고객님, 세율이 6~38%입니다. 세금이 생각보다 크게 줄어들 것 같습니다."

"그래요? 얼마나 적어질까요?"

"제가 다시 검토한 후 연락 드리겠습니다."

최 실장은 자신이 파악한 자료를 가지고 양도소득세를 수정했다. 그러고 나서 이번에는 실수를 피하기 위해 미리 왕 세무사에게 검증을 받기로 했다.

- 피상속인의 취득일 : 1995년 5월 25일
- 상속 개시일 : 2014년 1월 8일
- 상속 물건 : 상가
- 상속세 신고가액 : 10억 원
- 예상 양도 가액 : 20억 원

"세무사님, 다시 계산한 자료입니다. 잘못된 곳이 있는지 검토해 주십시오."

왕 세무사는 계산표를 훑어보았다.

"그래도 틀린 곳이 있네요."

"네? 어디 말입니까?"

"최 실장님이 한번 찾아보세요."

'뭐가 틀렸다는 거지?'

구분	금액	비고
양도 가액	20억 원	
(-) 필요경비 취득 가액 기타 필요경비	10억 원 10억 원 -	신고 당시의 가액
(=) 양도차익	10억 원	
(-) 장기보유 특별공제	3억 원	30% 공제(10년 이상 보유)
(=) 양도소득금액	7억 원	
(-) 기본 공제	250만 원	연간 1회 적용
(=) 과세표준	6억 9,750만 원	
(×) 세율	38%	
(=) 산출 세액	2억 4,565만 원	과세표준×38%-1,940만 원

최 실장은 도무지 감이 잡히지 않았다. 그래서 각각의 항목들을 천천히 훑어보았다. 자신이 잘못 처리한 부분이 발견되었다. 다름 아닌 장기보유 특별 공제 부분이었다.

이는 장기보유를 한 자산에 대해 양도차익의 일부를 공제하는 것을 말한다. 공제율은 원칙적으로 보유 기간이 3년이 되면 10%, 10년 이상 보유하면 30%가 적용된다. 단, 1세대 1주택의 경우에는 24(3년 보유)~80%(10년 이상 보유)까지 공제받을 수 있다.

문제는 어느 날을 기준으로 기간을 계산하느냐이다. 최 실장은 피상속인이 취득한 날로부터 상속인이 양도한 날까지의 기간이 10년 이상이므로 최고 한도인 30%를 적용했다. 그런데 규정을 따져 보니 이 공제는 상속받은 날로부터 따져야 했다. 그렇게 되면 이 공제는 받을 수가 없다.

"세무사님, 장기보유 특별 공제를 받지 못해서 양도차익에서 기본 공제를 적용한 과세표준에 세율을 적용하니 당초보다 세금이 1억 원 정도 더 올라가네요."

"이제야 맞게 계산됐네요. 어떻습니까? 상속 재산의 양도소득세는 따져야 할 것들이 많죠?"

"정말 그렇군요."

최 실장은 이제 상속 또는 증여 재산을 양도할 때 양도소득세가 얼마나 나올지 정확히 알게 되었다.

세율은 양도소득세의 크기를 결정하는 주요한 요인 중 하나다. 일반적인 양도소득세 세율은 보유 기간에 따라 달라진다. 보유 기간이 1년 미만이면 50%, 1~2년 미만이면 40%, 2년 이상이면 6~38%이다. 다만, 2014년부터 주택에 대한 양도소득세 세율은 1년 미만 40%, 1년 이상이면 6~38%를 적용한다. 주택에 대한 거래활성화를 위해 세율을 완화하였기 때문이다. 참고로 주택에 대한 중과세제도는 폐지되었으나 토지에 대한 중과세제도는 계속 적용되고 있다. 다만, 토지 중과세세율은 60%가 아닌 16~48%가 2015년부터 적용된다. 이러한 내용을 정리하면 다음과 같다.

구분	주택	토지
세율	· 1년 미만 : 40% · 1년 이상 : 6~38%	· 1년 미만 : 50% · 1~2년 미만 : 40% · 2년 이상 : 6~38%
중과세세율	폐지	☐ 16~48%(2015년부터 적용)

최근 부동산관련 개정세법

2014년 이후부터 적용되는 개정세법 내용을 요약정리하면 다음과 같다.

구분	종전	개정	비고
1. 취득세 영구적 인하	2~4%	1~3%(6억 원 이하 1%)	2013년 8월 28일부터 적용
2. 누진세율 구간조정	3억 원 초과 : 38%	1억 5,000만 원 초과 : 38%	증세의 일환
3. 주택 중과세 제도 폐지	세율 한시적 적용유예	2014년부터 영구적 폐지	토지는 중과세제도 존치
4. 비사업용토지 중과세제도 완화	60%+장기보유특별공제 배제	6~38%+장기보유특별공제 배제	2015년 이후는 16~48%(10%p 가산)
5. 자경농지 감면강화	비전업농민도 8년 재촌 자경 시 감면 일부 허용	비전업농민의 연간 근로소득·사업소득이 3,700만 원 초과 시 그 기간은 자경기간에서 제외	2014년 중 시행령 개정 후 시행예정
6. 주택 단기보유 양도세 세율 완화	1년미만 : 50%, 1~2년 미만 : 40%	1년미만 : 40%, 1~2년 미만 : 6~38%	토지는 종전과 같음
7. 월세소득공제 상향조정	월세 지출액의 40% (300만 원)	월세지출액의 60% (500만 원 한도)	월세지출액 소득공제 상향조정(연봉 5,000만 원 이하자 적용 원칙)
8. 법인보유 주택과 비사업용토지 세율 완화	10~22% 외에 30% 추가	10~22% 외에 10% 추가	중소기업은 2015년부터 적용
9. 수용토지 감면율 인하	·현금보상 : 20% ·채권보상 : 25~50%	·현금보상 : 15% ·채권보상 20~40%	감면율 하향 조정
10. 직계비속 증여재산 공제 상향조정	·성년자녀 : 3,000만 원 ·미성년자녀 : 1,500만 원	·성년자녀 : 5,000만 원 ·미성년자녀 : 2,000만 원	나머지는 종전과 동일

상속주택·농지의
절세법

정밀 세무법인에서 한 고객이 최동숙 실장과 상담하고 있다. 그 내용은 보유한 주택 중 상속 주택이 포함된 경우의 양도소득세 과세 문제였다.

"선생님의 경우 상속 주택과 일반 주택이 각 한 채씩 있으므로 일반 주택을 먼저 양도하면 비과세를 받을 수 있습니다. 하지만 상속 주택을 먼저 양도하는 경우에는 과세가 되죠."

"그럼 일반 주택을 먼저 팔아야 하는군요. 어떤 주택을 먼저 팔더라도 세금은 깎아 줘야 하는 것 아닌가요? 어쩔 수 없이 상속을 받은 건데."

"법에 그렇게 정해져 있으니 어쩔 수가 없네요."

최 실장이 답했다.

상속 주택에 대한 세금 문제를 해결하는 것은 생각보다 힘들다. 상속이 일반 취득과 다른 특성이 있기 때문이다. 상속으로 받은 주택과 상속 농지의 세금 관계를 정리해 보자. 먼저 주택의 세금을 정리하면 다음과 같다.

무주택자가 상속을 받은 경우

무주택자가 주택을 상속받은 후 이를 양도한다고 하자. 이 경우 비과세를 받으려면 보유 기간에 대한 요건을 갖추어야 한다. 그런데 보유 기간을 언제부터 따지는지가 관건이다. 이에 대해 세법은 다음과 같이 정하고 있다.

- **동일 세대원이 상속받은 경우** : 피상속인의 취득일로부터 기산한다.
- **동일 세대원이 아닌 자가 상속받은 경우** : 상속 개시일로부터 기산한다.

이렇게 보면 동일 세대원이 상속받은 경우가 그렇지 않은 경우보다 비과세 측면에서 훨씬 더 유리하다.

1주택자가 상속을 받은 경우

1세대 1주택자가 상속 주택을 취득하여 2주택자가 된 경우에는 처분 순서에 따라 세금 관계가 달라지므로 유의해야 한다.

- **상속 주택을 먼저 양도하는 경우**

  양도소득세가 과세된다.

- **일반 주택을 먼저 양도하는 경우**

비과세 요건(2년 보유 등)을 갖춘 경우라면 비과세를 받을 수 있다. 단 동거 봉양을 위해 동일 세대원이 되는 경우를 제외하고, 동일 세대원(동거 봉양하는 경우는 제외)이 상속을 받아 2주택이 된 경우에는 비과세를 적용하지 않는다.

한편 피상속인이 주택을 여러 채 남긴 경우에는 한 채만 상속 주택으로 보아 위의 일반 주택에 대한 비과세를 적용한다. 여기서 상속 주택은 피상속인의 보유 기간이 가장 긴 것으로 한다. 보유 기간이 같은 경우에는 피상속인의 거주 기간, 피상속인이 상속 당시 거주한 주택 등을 가지고 판정한다.

2주택 보유자가 상속을 받은 경우

1세대 2주택자가 상속으로 인해 3주택자가 된 경우에는 과세 방법이 다음과 같이 결정된다.

- **비과세가 되는 경우**

일시적 2주택 비과세 특례가 가능한 상황에서 주택을 상속받으면 3주택이 된다. 이러한 경우 원칙적으로 비과세 혜택이 없으나 상속은 불가피성이 있으므로 일시적 2주택 비과세를 받을 수 있도록 법이 배려하고 있다. 일반 주택(A)이 있는 상황에서 일반 주택(B)을 구입한 후 주택을 상속받았다면 일반 주택(A)을 새로운 주택(B)을 산 날로부터 3년 이내에 양도하면 비과세를 적용한다는 것이다.

• 일반 주택이나 상속 주택이 과세가 되는 경우

위와 같이 상속주택을 포함한 주택이 3주택이라도 비과세를 받을 수 있다. 하지만 비과세가 적용되지 않는 상황에서는 일반주택을 먼저 양도하든 상속주택을 먼저 양도하든 과세가 된다. 물론 2014년부터는 주택에 대해서는 중과세제도가 폐지되었으므로 일반과세가 적용된다.

공동으로 주택을 상속받은 경우

공동으로 상속을 받은 경우에는 상속 지분이 가장 큰 상속인(지분이 같으면 당해 주택에 거주한 자, 최연장자 순으로 함)의 것으로 한다. 따라서 상속주택이 한 채인 경우 A의 지분율이 가장 크다면 A의 주택으로 간주되며, 소수 지분자의 주택으로는 간주되지 않는다. 따라서 A가 일반 주택을 한 채 더 보유하고 있는 상태에서 일반 주택을 먼저 양도하면 비과세를 받을 수 있다. 또 소수 지분자는 다른 주택을 처분하더라도 지분 상속 주택으로 인해 과세 내용이 달라지지는 않는다. 따라서 소수 지분자는 다른 주택을 언제든지 자유롭게 처분할 수 있다(단, 소수 지분이 2개 이상인 경우에는 이러한 혜택이 없음에 유의할 것).

참고로 공동 상속과 단독 상속은 세금 차이가 난다. 예를 들어보자.

단독 상속	균등 상속	
과세표준 10억×세율 6~38% =산출 세액 3억 6,060만 원	1명 기준	과세표준 2억×6~38% =산출 세액 5,660만 원
	5명 기준	5,660만 원×5명=2억 8,300만 원

상속으로 받은 부동산의 총 과세표준이 10억 원이라고 하자. 그런데 이 자산이 단독으로 상속된 경우와 5명으로 균등 상속된 경우의 세금 차이는 앞의 표로 확인하면 약 7,700만 원 정도가 된다. 단, 세율은 6~38%를 적용했다.

농지를 상속받은 경우

농지를 상속받은 경우에는 재촌·자경 기간 합산에 주의해야 한다. 세법은 이 기간이 8년 이상이면 양도소득세를 면제하는데, 상속의 경우에는 다음과 같이 피상속인의 자경 기간과 상속인의 자경 기간을 통산하기 때문이다.

① **상속인의 재촌·자경 기간이 1년 미만인 경우** : 상속 개시일로부터 3년 이내에 당해 농지를 처분하는 경우 통산한다.

② **상속인의 재촌·자경 기간이 1년 이상인 경우** : 언제든지 통산할 수 있다. 따라서 피상속인의 자경 기간과 상속인의 자경 기간을 합해 8년 이상이 되면 양도소득세 감면을 받을 수 있다.

결국 상속 농지는 상속 개시일로부터 3년 이내에 처분하거나 이 기간이 경과한 경우에는 1년 이상 재촌·자경하여 조건을 충족하는 것이 절세를 위해 좋다.

농지를 증여받은 경우의 양도세 감면 방법

대전에 살고 있는 유경란(52세) 씨가 알뜰의 소개로 정밀 세무법인을 찾았다. 왕 세무사와 상담하기 위해서였다.

유 씨는 15년 전에 농업인인 남편으로부터 농지의 절반을 증여받았는데 이를 팔려고 하니 양도소득세가 나올 상황이다. 만일 증여를 받지 않은 상태에서 남편 명의로 판다면 세금은 한푼도 낼 필요가 없다.

과연 유 씨는 어떻게 해야 세금을 절약할 수 있을까? 참고로 유 씨는 교사로 일하던 중 4년 전에 퇴직하고 농사를 지어 왔다.

농지에 대한 양도세 과세 방식은 다양하다. 비과세에서부터 일반 과세, 중과세, 그리고 감면 등이 복잡하게 얽혀 있다. 따라서 관련 내용들을 하나씩 뜯어보고 본인에 맞는 절세 방법을 찾아내야 한다.

첫째, 양도소득세를 비과세 받을 수 있는 길은 자격을 갖춘 농업인들이 농지를 맞교환하거나 분합(토지의 분할과 합병을 말함. 농가가 농지를 여러 곳에 분산 소유하고 있는 경우에 농지의 합리적인 관리를 위해 하는 행정처분)하는 정도가 있다.

둘째, 농지의 양도에 대해 비과세를 받을 수 없다면 이제 과세되는 것이 원칙이다. 과세 방법에는 일반 과세와 중과세가 있다. 일반 과세는 장기보유 특별 공제와 보유 기간에 따른 세율(50%, 40%, 6~38%)이 적용되는 것을 말하고, 중과세는 장기보유 특별 공제가 적용되지 않으며 세율을 16~48%(종전은 60%)로 적용하는 것을 말한다. 그런데 2009년 3월 16일부터 2014년 12월 31일까지는 비사업용 토지에 대한 세율을 위 보유 기간에 따른 세율로 바꿔 적용한다. 따라서 이 기간에 비사업용 토지를 처분하면 다소 낮은 세율을 적용받을 수 있다. 또한 이 기간 내에 취득한 토지는 앞으로 영구적으로 일반 세율을 적용하도록 했다.

셋째, 농지는 국민 생활과 직결되기 때문에 8년 자경한 농지나 대토한 농지에 대해 감면을 적용한다. 이 둘을 묶어 양도한 해에 개인별로 양도소득세를 2억 원(5년간 3억 원)까지 감면한다. 그중 8년 자경 농지에 대한 감면은 아주 폭넓게 적용되므로 세세한 부분까지 알아 두는 것이 좋다. 이 규정을 적용받으려면 농지 소유자가 농지 보유 기간 중 8년 이상을 농지 소재지에서 직접 거주하고 경작해야 한다. 거주는 농지 소재지로부터 20km 이내 또는 농지 소재지와 연접한 시·군·구(자치구인 구를 말함) 안의 지역에서 해야 한다. 만일 거주 사실과 주민등록초본이 다른 경우에는 전화 가입 증명원이나 인우 보증서 등으로 이를 입증하도록 한다. 자경은 원칙적으로 농지 소유자가 농작물의 2분의 1 이상을 자기의 노동력으로 직접 경작했음을 보여 줘야 한다. 따라서 대리 경작이나 다른 세대원이 농사를 짓는 것은 자경했다고 할 수 없다. 자경에 대한 입증은 농지 원부나 조합원 증명원, 농지 위원장이 확인한 자경 사실 확인서, 농업 일지, 농약 및 비료 구입 영수증, 인우 보증서 등으로 한다.

참고로 경작 기간을 따질 때는 피상속인의 경작 기간을 포함한다. 따라서 농지는 상속을 통해 받으면 경작 기간이 늘어나는 이점이 있다. 하지만 농지를 증여받은 경우에는 증여 전의 소유자와 수증자의 자경 기간이 합산되지 않음에 유의해야 한다. 한편 2014년 7월 1일부터는 연간 근로소득이나 사업소득이 3,700만 원 이상인 과세기간은 경작기간에서 제외됨에 유의해야 한다.

이제 유 씨 문제를 해결해 보자. 유 씨는 8년 이상 자경하지 않았으므로 8년 자경 농지에 대한 감면을 받지 못한다. 이런 경우에는 대토 농지에 대한 감면을 받아 보자. 이 규정은 4년 이상 재촌·자경한 농지 소유자가 그 농지를 팔고 다른 곳에 가서 농사를 지을 때 유용하다. 유 씨는 4년 이상 재촌·자경 조건을 충족하고 있으므로 새로운 농지를 취득하면 양도소득세를 1년간 2억 원까지 감면받을 수 있다. 이 규정을 적용받기 위해서는 종전 농지와 새로운 농지를 합하여 8년 이상 재촌·자경해야 하고, 새로 취득하는 농지 면적이 양도하는 농지 면적의 2분의 1 이상이거나 새로 취득하는 농지 가액이 양도하는 농지 가액의 3분의 1 이상에 해당되어야 한다. 새로운 농지는 기존 농지를 팔기 전이나 후에 취득해도 되지만 기존 농지를 먼저 양도한다면 양도일로부터 1년(수용 등은 2년) 안에 취득해야 한다. 만약 새로운 농지를 먼저 취득한다면 취득일로부터 1년 안에 기존 농지를 양도해야 한다.

[보론] 상속 재산 분배와 세금의 관계

상속 재산 분배는 상속 분쟁과도 관계가 있지만 상속세와도 관련이 깊다. 예를 들어 배우자가 상속을 많이 받으면 배우자 상속 공제가 많아져 상속세가 줄어든다. 또한 상속등기 후에 지분이 변동하면 증여세 문제가 발생하고, 균등 상속을 받은 후 양도하는 경우에는 양도소득세가 줄어들기도 한다.

따라서 상속등기를 하기 전에 재산 분배와 세금의 관계를 차분히 살펴볼 필요가 있다. 재산 분배에 따른 세금 문제를 살펴보자.

첫째, 배우자가 상속을 받으면 상속 공제액이 늘어난다.

배우자가 상속 재산을 많이 받으면 상속 공제액이 5억 원에서 최고 30억 원까지 늘어날 수 있다.

둘째, 유증과 상속 포기 등은 상속 공제액에 영향을 준다.

상속 공제는 한도가 있다. 따라서 상속세 공제액을 계산할 때 총 상속 재산 가액에 유증 가액과 증여 재산 가액 등이 있는지 파악해야 한다. 예를 들어 할아버지의 유산이 아버지를 거치지 않고 손자에게 직접 이전되는 경우에도 상속 공제 종합 한도가 축소된다.

• 상속 공제의 한도액

상속세 과세 가액－상속인이 아닌 자에게 유증·사인 증여한 재산 가액－상속인의 포기로 그 다음 순위의 상속인이 상속받은 재산의 가액－상속세 과세 가액에 가산한 증여 재산 가액(증여 공제액을 차감한 가액을 말함)

셋째, 사전에 증여한 재산은 상속세에 어떤 영향을 주는가?

사전에 증여한 재산은 10년(비상속인은 5년) 누적 합산과세가 된다. 따라서 사전에 증여한 재산은 상속세를 증가시키는 역할을 한다. 그런데 사전에 증여한 재산은 다음 항목에도 영향을 준다.

① 배우자 상속 공제 한도액

배우자에게 사전에 증여한 재산이 있는 경우 그 당시의 과세표준(과세가액 – 증여 공제)을 배우자의 법정 상속 재산 가액에서 차감한다. 과세표준을 차감하므로 배우자에게 6억 원 이하로 증여했다면 과세표준은 0원이므로 한도액에 영향을 주지 않는다.

• 배우자 상속 공제 한도액

  Min{(상속 재산 가액×배우자의 법정 상속분) – 배우자에게 증여한 재산에 대한 과세표준, 30억 원}

참고로 배우자 상속 공제를 적용할 때에 상속세 과세표준 신고 기한의 다음날부터 6개월이 되는 날까지 배우자 명의로 등기나 명의개서 등이 되어 배우자가 실제 상속받은 재산임이 확인되어야 한다(재산-106, 2009.12.21). 만약 이를 어긴 경우에는 배우자 상속 공제액이 축소된다. 실무에서 보면 배우자 상속 재산을 형식적으로 정한 뒤 배우자 상속 공제를 받는 경우가 있다. 이러한 행위가 적발되면 많은 세금이 부과된다(주의!).

② 상속 공제 종합 한도

상속 공제 종합 한도에서는 사전에 증여한 재산 가액을 차감하도록 되어 있다. 따라서 사전 증여를 할 때에는 상속 공제 종합 한도가 축소되는 점에 유의해야 한다. 다음 사례를 보자.

총재산 5억 원을 보유한 사람이 있다고 하자. 얼마 뒤 이 사람이 사망했다. 사전 증여를 한 경우와 사전 증여를 하지 않는 경우 세금은 얼마나 차이가 날까? 배우자는 없다고 가정하자.

만일 사전 증여가 없었다면 상속세는 없다. 상속 재산 가액 5억 원에서 상속 공제액 5억 원을 차감하여 상속세를 계산하기 때문이다.

만일 사전에 5억 원을 전액 성년 자녀 2명에게 각각 동일하게 증여했다면 다음과 같은 세금이 나온다. 이 경우의 증여세 산출 세액은 1인당 3,400만 원이며, 합계액은 6,800만 원이라고 하자. 그결과 10% 신고 세액 공제를 적용한 후의 납부할 세액은 6,120만 원이 된다.

상속세 정산	
상속 재산 가액	5억 원
(−) 상속 공제	6,000만 원*
(=) 과세표준	4억 4,000만 원
(×) 세율 20% − 1,000만 원(누진 공제)	
(=) 산출 세액	7,800만 원
(−) 증여 세액 공제	6,800만 원
(−) 신고 세액 공제	100만 원
(=) 차가감 납부 세액	900만 원

＊상속 공제 : Min{① 일괄 공제 5억 원, ② 한도 : 과세 가액 − (사전 증여 재산 가액 − 증여 공제) = 5억 원 − (5억 원 − 6,000만 원) = 6,000만 원} = 6,000만 원

결국 이렇게 사전에 증여한 재산이 상속 재산에 합산되면 상속 공제액이 축소되므로 사전 증여의 효과가 줄어들 수 있다.

넷째, 법정 상속분을 초과하여 상속받은 경우는 증여세 문제가 없다.

상속세 신고 기한 내에 특정 상속인이 법정 상속분을 초과하여 상속을 받은 경우가 많다. 예를 들어 상속을 포기한 사람이 나오면 다른 상속인의 지분이 증가된다. 그렇다면 이런 경우에 증여세 문제는 없을까?

상식적으로 자기의 지분보다 많이 받으면 다른 상속인으로부터 증여받았다고 보는 것이 자연스럽다. 그러나 세법은 본인의 상속 지분보다 초과하여 받았다 하더라도 증여세를 부과하지 않는다. 그렇지만 상속세 신고 기한이 끝난 후에는 내용이 달라진다. 만약 신고 기한이 끝난 후에 상속 지분을 조정하여 지분이 늘어난 사람에게는 증여세를 부과한다. 참고로 특정인이 부채를 법정 상속 지분보다 초과하여 상속받은 경우가 있다. 이런 경우 증여세 문제는 없을까? 이에 대해 세법은 상속 부채를 초과 인수함으로써 다른 상속인이 이익을 본 경우에는 이에 대해 증여세를 부과한다(서면 4팀-1542, 2006. 6. 1).

다섯째, 재산 가액이 하락하면 세금을 돌려받을 수 있다.

상속세나 증여세 신고를 마친 후 오히려 재산 가액이 하락한 경우에는 이를 인정하여 과다하게 납부된 세금을 돌려받을 수 있을까?

이에 대해 현행 상속세 및 증여세법에서는 상속의 경우에만 다음과 같은 사유가 발생하면 경정청구(사유 발생일로부터 6개월 이내 청구)를 통해 환급받을 수 있도록 하고 있다.

- 상속 재산에 대한 상속 회복 소송 등으로 인하여 상속 개시일 현재 상속인 간 상속 재산 가액이 변동하는 경우
- 상속 개시 후 1년이 되는 날까지 상속 재산의 수용 · 공매 · 경매로 상속 재산 가액이 하락하거나 할증 평가된 최대주주 등의 주식을 상속세 신고기한으로부터 6개월 이내에 일괄 매각한 경우로서 당초보다 가액이 하락한 경우

눈으로 우물 메워 봤자

상속·증여세 탈세와 세무조사

탈세 행위가
일어나는 이유
3가지

이알뜰과 왕빛나 세무사가 담소를 나누는 중이었다.

"공부한 소감이 어떻습니까?"

"문제가 하나, 둘씩 해결되는 것이 아주 재미있어요. 머지않아 세무사님을 따라잡을지도 모르겠어요, 호호."

알뜰은 신이 나서 대답했다.

"무슨 일이든 재미있게 하는 것이 중요하죠. 그나저나 오늘 이렇게 만나자고 한 것은 슬슬 마무리를 해야 할 것 같아서요."

"벌써요? 좀 아쉽네요. 세무조사에 대해서도 알고 싶었는데요."

"그런가요? 그렇다면 마지막으로 탈세를 연구해 봅시다. 그동안 주로 세무의 기본원리와 절세 방안에 대해서만 공부했잖아요. 그런데 탈세도 공부해야만 컨설팅을 완벽하게 할 수 있을 겁니다. 물론 탈세 컨설팅을 하라는 것은 아닙니다. 하하하."

"네, 잘 알겠어요. 그런데 탈세 얘기가 나왔으니 한 말씀 드릴게요. 우리 사회에서 소위 '재산가'들이 상속세나 증여세를 제대로 내지 않는 것 같아요. 재벌가에서도 편법으로 증여하고. 얼마 전에는 고가의 미술품을 두고 이런저런 말들이 많았잖아요. 100억대 미술품에 증여세를 과세하면 아마 수십억 원은 나올 텐데요."

"동감입니다. 현실적으로 증여인데도 세금을 안 내는 경우가 상당히 많죠. 원래 증여라는 것이 가족 간에 은밀히 발생하므로 제3자가 알기란 참 어렵죠."

"세무사님, 탈세 행위가 많이 발생하는 이유가 뭔가요?"

"여러 이유가 있겠지만……."

둘의 얘기는 한동안 계속되었다.

리히텐슈타인의 '행복한 눈물'이란 그림이 있다. 그 그림은 국내에서 소유자가 누구인지 논란이 되었을 만큼 유명한 작품으로 2002년 뉴욕 크리스티 경매에서 716만 달러(한화 86억 원)에 낙찰되었다.

그 작품을 상속 혹은 증여를 하면 세금이 얼마나 될까? 공제액이 없다고 가정하고 86억 원에 50%를 곱한 다음 누진 공제 4억 6,000만 원을 제하면 대략 38억 원에 달한다.

그렇다면 이런 작품을 포함 고가의 예술품에 대해 세금은 제대로 부과되고 있을까? 안타깝게도 현실은 그렇지 못하다. 왜냐하면 세금을 제대로 부과할 만큼 제도적인 뒷받침이 미비하기 때문이다. 즉 그림의 소재를 추적할 수 있는 시스템이 없다 보니 그림이 어디에서 흘러와서 누구의 손으로 들어갔는지 확인할 방법이 없다. 당연히 세금이 솔솔 빠져나간다.

탈세 행위는 이렇게 과세망이 허술할수록 기승을 부린다.

왜 이런 현상이 발생하는 걸까?

첫째, 거래 당사자 간에 담합이 쉽기 때문이다.

상속이나 증여는 불특정 다수인이 아닌 주로 가족 등 특수 관계자 간에 발생한다. 따라서 이해관계가 일치하므로 상속 재산이나 증여 재산을 쉽게 은닉할 수 있다.

둘째, 금융자산이나 동산은 추적이 힘들기 때문이다.

상속세와 증여세의 경우 현금이나 기타 금융자산, 그림이나 골동품 심지어 골드바 같은 고가의 동산을 추적하여 과세하기가 현실적으로 어렵다. 이런 이유로 재산가들은 부동산을 처분하여 현금화하거나 과세망에서 벗어나기 쉬운 그림 등을 보유하기를 선호한다. 그리고 자녀 등에게 그림 등을 물려주기 위해 갖은 편법을 동원하기도 한다.

셋째, 신종 편법 상속 · 증여 행위가 많기 때문이다.

현실적으로 비상장주식을 자녀 명의로 구입한 후 이를 상장하거나 자녀 이름으로 법인을 설립한 후 일감을 몰아주는 일이 많다. 유학 간 자녀에게 유학 경비 등의 명목으로 외화를 반출한 후 외국에서 부동산 등을 구입하기도 한다. 또 증여임에도 매매로 한다든지 자금 대여로 하는 경우도 있다. 그런가 하면 부모 등의 카드를 사용하게 한 후 대금 결제를 부모가 하는 경우도 있다. 이러한 행위들은 증여에 해당될 수 있으나 적발될 가능성은 그리 높지 않다. 이외에도 차명 거래도 상당히 많다. 편법 상속이나 증여를 밝혀낼 세무조사 시스템이 제대로 작동되지 않는 것도 원인 중 하나라 할 수 있다.

부동산 명의신탁의 문제점

실무에서 보면 차명으로 운용되는 부동산들이 꽤 많다는 것을 느낀다. 차명(□□)은 말 그대로 이름을 빌려 거래하는 행위인데 현행법상 불법 거래에 해당한다. 그런데 차명 거래가 여전히 근절되지 않는 이유는 무엇일까?

무엇보다 세금 측면에서 그 이유를 찾을 수 있다. 현행 세법에서는 1세대가 1주택을 보유하면 양도소득세 비과세 혜택을 준다. 이런 비과세 혜택을 누리기 위해 차명 거래를 하는 것이다. 또 주택을 많이 보유할수록 세금이 무거워지므로 이를 피하기 위해서도 선호한다.

한편 제대로 적발되지 않는 이유는 무엇일까? 가장 큰 이유는 이런 거래를 적발할 시스템이 미흡하기 때문이다. 차명 거래에 대해서는 부동산실명법이 존재하나 현장에서는 거의 무용지물이다. 다시 말해 시스템을 만들어도 거래 당사자들이 담합하면 한계가 있을 수밖에 없는 것이다.

차명 거래는 거래 당사자에게 세무 측면에서 다양한 영향을 미친다. 양측의 입장에서 어떤 문제점이 있는지 알아보자.

명의를 빌려 준 사람

명의를 빌려 준 사람은 금융자산의 경우 큰 문제가 없다. 금융자산의 차명에 대해서는 세법이 이에 대해 세금을 부과할 수 없기 때문이다. 단, 차명 금융에 대해 세무조사가 실시되면 증여로 간주될 가능성이 높다.

그런데 부동산의 경우에는 금융자산과는 달리 손해 볼 가능성이 높다. 우선 주택 소유 사실이 있으면 청약 등을 위한 무주택 기간 산정 등에서 불이익이 있을 수 있다. 또 차명 주택 외에 본인의 주택이 있는 경우에는 비과세 혜택을 누릴 수 없거나 중과세 세율을 받을 수도 있다.

이 밖에도 건강보험료 등 공적 부담이 증가될 수도 있다.

명의를 빌린 사람

차명 거래는 주로 명의를 빌린 사람의 주도하에 이루어지는 것이 일반적이다. 차명 거래의 동기는 주로 자금 세탁이나 세금 탈루 등이다. 여기서 자금 세탁은 주로 금융자산을 통해, 세금 탈루는 주로 부동산을 통해 이루어진다. 현실적으로 현행 금융실명법이나 부동산실명법에 따라 처벌이 이루어지고 있기는 하다.

그렇다면 이미 차명으로 거래된 부동산은 어떤 식으로 관리되고 있을까? 만일 차명 거래된 자산이 부모 등의 것이고 상속이 곧 된다면 상속으로 이전받는 것이 더 유리하다. 상속 재산이 10억 원에 미달하면 상속의 취득세와 등록세 정도만 부담하면 재산을 이전받을 수 있기 때문이다. 증여는 증여자와 수증자의 관계에 따라 세금의 크기가 달라진다. 따라서 차명 거래된 부동산을 증여로 옮기는 것은 세금이 과도하게 나올 수 있다.

매매는 무상 이전 방식이 아닌 유상의 대가를 받고 소유권을 이전하는 방식이다. 거래는 제3자나 명의를 빌린 사람을 대상으로 할 수도 있다. 그러나 이러한 거래를 선택할 때는 특수 관계자 간의 저가양도에 신경을 써야 한다.

이 밖에는 소송을 통해 법적 소유권을 확인하는 것을 말한다. 그러나 이러한 거래는 부동산실명제를 위반한 결과가 되므로 현실적으로 발생할 가능성은 높지 않다.

금융거래 시 주의해야 할 제도들

최근에 쟁점으로 대두된 고액현금거래보고제도 등에 대해 알아보기로 한다.

① 고액현금거래보고제도(CTR, Currency Transaction Report)

하루 2,000만 원 이상 고액의 현금거래에 대해 이를 금융정보분석원(FIU, Korea Financial Intelligence Unit)에 보고토록 하는 제도를 말한다. FIU는 자금세탁 등을 막기 위해 설립된 재정경제부 산하기관에 해당한다.

② 혐의거래보고제도(STR, Suspicious Transaction Report)

현금 · 수표 · 외환거래 중 '자금세탁 등이 의심되는 경우'에 한해 FIU에게 보고하는 제도를 말한다. 이 제도는 금융기관의 판단이 들어간다는 점에서 앞의 CTR제도와 차이가 난다.

③ 해외계좌신고제도

해외계좌에 10억 원이 넘게 입금된 날이 하루라도 있으면 이에 대한 계좌를 다음 해 6월에 국세청에 신고해야 하는 제도를 말한다. 이를 제대로 신고하지 않으면 미신고금액의 10%내에서 과태료가 부과된다.

④ 해외금융계좌납세협력법(FATCA)에 의한 금융계좌신고제도

2014년 7월부터 한국에 연고를 둔 미국 영주권 · 시민권자 중에서 한국의 금융기관에 5만달러(법인은 25만달러) 이상 금융계좌를 갖고 있는 경우 이에 관련된 금융정보가 미국에 통보된다.

탈세하면
반드시 세무조사가
따라 붙는다

"그런데 세무사님, 솔직히 말씀드리면 상속세와 증여세는 과세망이 너무 허술해서 법을 아는 사람들은 잘만 빠져나간다는 데요. 재벌들도 주식을 편법으로 이전하는 등 갖은 방법을 동원해서 빠져나가잖아요."

"뭐, 과세망이 허술하다는 데는 동의합니다. 하지만 이를 없애기는 상당히 힘들어 보입니다. 상속과 증여라는 것이 가족 간에 은밀히 발생하고 또 이를 견제할 장치들이 많지가 않거든요."

왕 세무사가 이알뜰에게 말을 했다.

"그럼 세무서에서는 어떤 식으로 탈세조사를 할까요?"

"좋은 질문을 하셨네요."

일반적으로 탈세나 조세회피행위가 발생하면 과세 당국은 자금출처 조사 같은 세무조사 제도를 통해 대응한다. 그렇다면 세무조사는 구체적으로 어떤 모습을 띠고 있을까? 재산의 거래 동기별로 세무조사의 내용을 정리해 보자.

재산 취득 시

재산을 취득할 때에는 취득 자금의 출처에 대해 조사가 이루어질 수 있다. 이는 주로 부동산과 관련성이 높다. 금융자산은 쉽게 가입 사실이 노출되지 않기 때문이다. 그런데 이 조사는 주로 미성년자나 고령자 또는 주부 등 국세청에 소득이 보고되지 않은 사람들이 그 대상이 된다. 따라서 이들은 미리 자금출처 조사에 대비해야 한다. 일반적으로 취득세 등을 포함해 구입 자금의 80%까지는 소명하도록 준비해야 한다. 이때 소명은 구체적으로 소득세 납세증명서, 원천징수영수증, 매매 계약서, 부채 증명서, 임대차 계약서 사본이다. 이 밖에도 상속세나 증여세 신고서도 있다. 만일 소득세를 정확히 신고하지 않는 경우에는 소득 자료가 없으므로 이때에는 관련 내용을 정리하여 두면 나중에 취득 자금으로 입증할 수 있다.

한편 다음 표에 나와 있는 금액 이하의 취득에 대해서는 증여 추정 규정을 아예 적용하지 않는다. 자금출처 조사의 실익이 없기 때문이다. 하지만 이 금액 이하가 되더라도 증여임이 밝혀지면 당연히 증여세를 부과한다. 참고로 이 금액은 매번 재산을 취득한 시점을 기준으로 하는 것이 아니라 증여세 부과 제척기간(통상 15년간)을 기준으로 한 것이다.

재산 보유 시

재산을 보유하고 있는 중에는 보유한 재산에 대한 세무조사를 진행하는 경우는 흔하지 않다. 다만, 금융자산의 경우 계좌이체를 최소화하는 것

구분		취득 재산		채무 상환	총액 한도
		주택	기타 재산 (상가 등)		
세대주인 경우	30세 이상 자	2억 원	5,000만 원	5,000만 원	2억 5,000만 원
	40세 이상 자	4억 원	1억 원	5,000만 원	5억 원
세대주 가 아닌 경우	30세 이상 자	1억 원	5,000만 원	5,000만 원	1억 5,000만 원
	40세 이상 자	2억 원	1억 원	5,000만 원	3억 원
30세 미만 자		5,000만 원	3,000만 원	3,000만 원	8,000만 원

을 생각해 보아야 한다. 계좌이체는 A의 돈이 B로 이동된다는 것인데 이는 증여로 볼 가능성이 높기 때문이다. 물론 모든 계좌상의 이체 금액을 증여로 보는 것은 아니다. 생활비나 치료비, 학자금 같은 항목은 증여세와 무관하다. 또한 증여세 비과세 한도 내의 금액, 차입금 또는 차명 거래에 의해 이체된 금액들은 증여세가 부과되지 않는다. 따라서 사전에 금융자산에 대해 증여세가 부과되는지 안 되는지를 정확히 구별할 필요가 있다.

한편 상가를 임대하거나 주택을 임대하는 경우에는 임대소득세 관리에 만전을 기해야 한다. 과세 당국이 이에 대한 세원 관리를 점점 강화할 것으로 예상되기 때문이다. 예를 들면 주택 전세 보증금에 대한 소득세 과세가 시행되고, 상가 임대차 계약을 갱신할 때마다 임대차 계약서를 관할 세무서에 제출해야 한다.

재산 처분 시

부동산을 처분하거나 보험 상품 등을 해지하면서 받은 돈에 대한 사용처는 상당히 조심해서 다룰 필요가 있다. 이 자금이 증여로 흘러가는 경우가 많기 때문이다. 특히 고령자는 매우 주의해야 한다. 국세청에서는 '과세자료의 제출 및 관리에 관한 법률'을 제정하여 시행하고 있기 때문이다. 이는 고령자가 부동산을 처분하거나 보상금을 받은 경우 이 자금이 어디로 흘러갔는지를 추적하여 증여세 등을 부과하게 된다.

참고로 아버지 계좌로 받은 토지 보상금을 관리 목적상 어머니의 통장으로 이체하여 관리하던 중 아버지가 사망했다고 하자. 이 돈은 상속 재산에 포함이 될까? 과세 당국은 이에 대해 피상속인의 금전을 상속인 명의의 예금계좌에 입금한 것이 관리 편의상 단순히 상속인 명의만을 빌려서 예치한 것이라면 증여에 해당하지 않는다고 본다. 그러나 만일 실제 증여한 것이라면 증여로 본다. 증여인지 아닌지 여부는 관할 세무서장이 구체적인 사실을 확인하여 판단한다.

TIP

상속세 · 증여세 조사

상속세 신고 기한 후 6개월 이내에 이루어지는 상속세 조사는 주로 재산이 누락되었는지, 매매사례 가액이 있는지, 부채가 정당한지, 그리고 상속 추정 제도를 적용받는지 등을 위주로 진행될 수밖에 없다. 만일 사전에 증여한 재산이 있는 경우에는 이 부분을 합산에서 누락했는지, 상속 공제는 올바르게 이루어졌는지 등도 검토 대상이다. 고액 재산가의 경우, 피상속인은 물론 그의 배우자, 자녀(그의 배우자 포함) 등의 금융거래를 상속 개시일 전 10년까지도 추적할 수 있다는 점에 각별히 유의하자. 만일 이 과정에서 신고하지 않은 금액이 적발되면 증여세와 상속세가 부과될 수 있다.

한편 신고 후 3개월 이내에 이루어지는 증여세 조사는 주로 매매사례 가액이 있는지, 사전 증여 재산을 누락했는지, 증여 공제를 정확히 적용했는지 등이 주요 검토 대상이다.

재산의 상속 · 증여 시

재산 상속 · 증여 시의 세무조사는 주로 신고서에 대한 검증 작업을 말한다. 그래서 만일 이상이 없으면 그냥 통과가 되나 그렇지 않으면 세무조사를 실시하게 된다. 한편 상속 재산의 가액이 30억 원 이상인 경우로서 상속 개시일로부터 5년이 되는 날까지 상속인의 부동산이나 주식 등의 재산이 상속 개시 당시에 비하여 현저하게 증가한 경우에는 신고한 내용에 오류가 있었는지 등을 다시 조사하게 된다(사후 관리에 유의할 것).

TIP

세무조사에 대응하는 방법

상속세나 증여세 등과 관련된 세무조사를 받으면 세무대리인을 잘 정하는 것이 중요하다. 선정된 세무대리인은 세무조사과정에 입회하고 진술하는 등의 행위를 하게 된다. 참고로 세무조사에 의해 적출된 세금이 있다면 과세예고통지를 거쳐 고지서가 발부되는데 이때에는 다음과 같은 제도를 활용할 수 있다.

① 과세예고통지서를 받은 경우

통지서를 받은 날로부터 30일 이내에 과세 전 적부심사를 청구할 수 있다.

② 납세고지서를 받은 경우

과세 전 적부 심사청구 후 납세자의 의견이 받아들여지지 않으면 과세예고가 된 대로 납세고지서가 발급된다. 이때에는 이를 받은 후 90일 이내에 심사청구 또는 심판 청구를 할 수 있다(이의신청은 필요에 따라 할 수도 있다).

③ 심사청구나 심판청구에서 기각결정이 난 경우

결정 통지서를 받은 날로부터 90일 이내에 행정소송을 제기할 수 있다.

납세자별 재산 과세자료의 수집 및 관리

국세청은 다음과 같이 재산 규모나 소득 수준 등이 뛰어난 사람들을 대상으로 매년 전산에 의해 과세자료를 관리하고 있다(상속세 및 증여세법 제87조). 따라서 이와 관련이 있는 사람들은 자산 관리에 만전을 기할 필요가 있다.

- 부동산 과다 보유자로, 재산세를 일정금액 이상 납부한 자 및 그 배우자
- 부동산임대에 대한 소득세를 일정금액 이상 납부한 자 및 그 배우자
- 종합소득세를 일정금액 이상 납부한 자 및 그 배우자
- 납입자본금 또는 자산규모가 일정금액 이상인 법인의 최대주주 등 및 그 배우자
- 고액의 배우자 상속 공제를 받거나 증여에 의해 일정금액 이상의 재산을 취득한 자
- 일정금액 이상의 재산을 상속받은 상속인
- 일정금액 이상의 재산을 처분하거나 재산이 수용된 자로, 일정 연령 이상인 자 등

무능력자
꼼짝 마!
자금출처 조사

텔레비전을 보고 있던 알뜰은 아나운서의 말에 귀를 기울였다. 강남 재건축 아파트를 산 사람들을 대상으로 자금출처 조사를 진행한다는 보도 때문이었다.

알뜰은 왠지 마음이 불안해졌다.

'자금출처 조사는 사회적으로 문제가 되는 현상이 발생할 때마다 국세청이 즐겨 쓰던 카드잖아.'

알뜰은 다음 날 왕 세무사를 찾아갔다.

"소득 능력이 떨어지는 사람들은 소득 능력을 갖출 때까지 경제 행위를 하기가 힘들겠다고 생각했어요. 그런데 우리 고객 중에는 미성년자도 있고 성인이라고 해도 소득이 없는 경우가 많거든요. 사업자들도 많고요. 상황이 모두 다른데 어떤 식으로 해야 세무상 문제가 없을까요?"

알뜰은 실무상 이러한 문제들에 자주 맞닥뜨렸다. 소득이 없는 사람이 보험 계약자가 되는 경우가 많기 때문이었다.

"차근차근 생각해 봅시다. 그러면 어떤 상황이라도 제대로 대처하는 요령을 터득할 수 있을 테니까요."

왕빛나 세무사가 말했다.

소득 능력이 있는 사람들은 자금출처 조사 시 큰 문제가 없다. 왜냐하면 소득이 있는 상태에서는 부모 등으로부터 증여를 받은 개연성이 있더라도 자금출처를 입증할 확률이 높기 때문이다. 예를 들어 연봉이 5,000만 원인 사람이 부모로부터 5,000만 원 현금을 증여받아 보험료를 납입했더라도 이 보험료의 자금 원천을 자신의 연봉으로 소명할 수 있으므로 자금출처 조사를 진행할 수 없다.

무능력자와 증여세 등과의 관계

현실적으로 자금출처 조사는 소득 능력이 없는 자를 중심으로 할 수밖에 없다. 그럼 소득 무능력자에는 어떤 사람들이 있을까?

일단 미성년자와 전업주부, 연로자 등은 소득 능력이 아예 없거나 다른 경제활동인구에 비해 능력이 현저히 떨어진다. 이 밖에도 학생이나 고시생, 그리고 경제활동은 왕성하나 국세청에 소득을 적게 신고한 사람들도 소득 무능력자로 볼 수 있다.

이러한 소득 무능력자들과 세금의 관계는 어떠한가?

일단 소득이 없는 무능력자들이 재산 취득을 하면 이는 십중팔구 증여받았을 개연성이 높다. 따라서 증여세 신고를 제대로 하지 않았다면 자금출처 조사 등을 통해 세금을 추징하면 일이 쉽게 마무리된다. 한편 소득이 적게 잡힌 상태에서 부동산을 취득하거나 금융자산을 구입하면 소득의 탈루를 조사받아 세금을 낼 수도 있다.

이처럼 소득이 적거나 없는 상황에서 재산 취득 행위를 하는 것은 여러 가지 측면에서 부담되는 것이 사실이다.

무능력자의 자금출처 조사 대처 요령

그렇다면 무능력자는 어떻게 자금출처 조사에 대비해야 할까? 다음 두 가지를 생각해 보자.

• 증여로 능력 갖추기

일단 증여는 재산권이 수증자에게로 넘어가는 것을 의미하므로 증여한 재산이 자금출처원이 된다. 따라서 증여에 의해 재산을 취득할 수 있는 능력을 갖추는 것도 한 방법이다. 이때 증여에 대해서는 증여세 신고를 한다. 미성년자는 20년 동안 4,000만 원까지는 증여세를 없앨 수 있다. 그리고 성년이 되는 해에 5,000만 원의 한도를 이용하면 9,000만 원의 출처를 쉽게 만들 수 있다.

• 무능력자가 능력자로 변할 때 대처 요령

25세인 자녀가 학생이라면 아직까지는 소득이 발생하지 않는 것이 일반적이다. 하지만 향후 3년 후에 소득이 발생할 것으로 예상된다면 소득이 발생되지 않는 동안에 필요한 자금은 미리 증여할 수 있다. 예를 들어 학생인 자녀 앞으로 보험에 가입하는 경우 3년 동안 불입할 금액을 미리 증여를 통해 납부하고 소득이 발생한 이후에는 자녀의 소득으로 불입하도록 하는 것이다. 실무적으로 자금출처 조사 대비는 세무 전문가와 같이 하는 것이 좋다.

조심해야 할 PCI 시스템

최근 국세청에서는 '소득−지출 분석 시스템(PCI 분석시스템, Property, Consumption and Income Analysis System)'을 개발하여 운영하고 있다. 이 시스템은 재산 증가액(신용카드 사용액과 해외 체류비 등을 합산)과 최근 5년간 국세청에 보고된 소득을 비교해 그 차이가 큰 경우 탈루 혐의자로 보아 세무조사하는 것을 목표로 하고 있다. 예를 들어 어떤 사람의 재산 취득액과 카드 사용액이 20억 원인데 국세청에 신고된 소득금액은 5억 원이라면 이 시스템은 소득금액 15억 원이 탈루되었다고 보아 해당자를 세무조사 대상자로 선정하게 된다. 이 시스템이 정착되면 소득에 대한 세무조사와 재산 취득 자금액에 대한 자금출처 조사가 동시다발적으로 진행될 수 있어 파괴력이 상당할 것이다. 따라서 앞으로는 본인의 소득과 재산이 균형을 이루는 관점에서 자산을 관리할 필요가 있다.

보험금에도
따라 붙는
세무조사

"선배님, 저축성보험을 중도에 인출하면 증여세 문제는 없나요?"

강초롱이 이알뜰에게 질문했다.

"인출금을 누가 사용하느냐가 중요하겠지. 계약자 본인이 사용하면 문제가 없겠지만 이를 자녀가 사용하면 증여세가 나올 테고."

"하지만 인출금 자료는 국세청에 통보가 안 된다니 증여세 문제는 없지 않을까요?"

"초롱 씨, 누가 통보가 안 된다고 했어?"

"그렇게 알고 있는데요."

"아니야. 중도 인출금도 누적 인출금이 1,000만 원이 넘으면 국세청에 자료를 통보하도록 돼 있어."

"정말 어렵네요. 뭐가 뭔지 하나도 모르겠어요. 선배님이 저축성보험의 중도금 인출과 관련된 세무 문제를 가르쳐 주세요."

"그럼, 초롱 씨가 점심 사는 거야?"

"넵!"

최근 보험금 수령자에 대한 세무조사가 있었다. 이는 주로 저축성보험과 같은 상품에서 고액 보험금을 탄 사람들이 대상이었다. 즉 보험료를 누가 내고, 보험금을 타서 이를 어디에 사용했는지가 쟁점이었다. 만일 보험료를 타인이 냈거나 보험금을 자녀에게 증여했다면 증여세가 과세될 수밖에 없다. 참고로 여기서 고액이란 대개 30억 원 이상인 것으로 알려져 있다.

그런데 현실적으로 보험금에 대한 세무조사는 만기에 수령한 보험금뿐만 아니라 중도에 인출한 경우에도 발생할 수 있다. 보험금 중도 인출에 대해 국세청은 어떤 입장을 취하고 있는지 상담 사례를 보자.

국세청 인터넷 상담 (2008년 6월 23일)

(질의)

상담 1 부모로부터 현금 1억 원을 증여받아 증여세 신고 및 납부를 한 성년 자녀가 본인을 계약자, 피보험자, 수익자로 하는 변액유니버설보험(생명보험으로서 보험료 불입액 중 일정 부분을 국내외 펀드에 투자하는 보험)에 가입했습니다. 5년이 경과한 후 펀드 수익률이 좋아 보험금 지급사유(보험사고 및 만기경과)가 발생하기 전에 중도 인출(보험사마다 차이는 있지만 대부분 중도 인출 시점의 해약 환급금의 50% 범위 이내에서 인출 가능함) 1억 5,000만 원(중도 인출 시점의 해약환급금 3억 원 가정)을 하는 경우 현금 증여받은 금액 1억 원을 제외한 5,000만 원에 대해 증여세가 과세되는지 궁금합니다.

한편 증여세가 과세된다면 중도 인출 횟수에는 제한이 없으므로 계속 중도 인출을 하다 중도 인출금의 누적액이 현금 증여액을 초과하는 시점에 증여세가 과세되는 것인지도 궁금합니다.

상담 2 변액유니버설보험을 계약함에 있어 보험료 불입자, 즉 계약자는 아버지이고 피보험자도 아버지, 수익자만 자녀인 경우 보험금 지급사유(보험사고 또는 만기경과)가 발생해서 실제 보험금이 수익자인 자녀에게 지급되는 시점에 증여세가 과세되는 것으로 알고 있습니다.

만약 위와 같은 보험에서 펀드 수익률이 좋아 만기가 되기 전에 중도 인출을 하는 경우 아버지가 자녀에게 현금을 증여한 것으로 보아 증여세가 과세되는지 궁금합니다. 즉 중도 인출의 경우에도 보험금 지급사유에 해당되는지 알고 싶습니다.

상담 3 상속세 및 증여세법에 따르면 중도 인출금의 누적액이 1,000만 원 이상인 경우 보험금의 지급조서가 제출되는 것으로 알고 있습니다. 그 의미가 중도 인출을 보험금 지급사유로 본다는 것인지 궁금합니다.

상담 1의 경우 증여받은 금전으로 변액보험에 가입한 자가 중도금을 인출한 경우에도 인출일 현재의 전체 가액(3억 원)과 그 불입 보험료(1억 원)와의 차액(2억 원) 중에서 인출일 현재의 전체 가액(3억 원) 중 인출 금액(1억 5,000만원)이 차지하는 비율에 상당하는 금액을 증여 재산 가액으로 함이 타당하다고 판단됩니다.

상담 2의 경우 아버지가 보험 계약자, 피보험자이며, 자녀를 수익자로 하여 보험계약을 체결한 경우로서 보험사고가 발생하기 전에 아버지가 일부 중도 인출하여 그 금액을 자녀에게 지급한 경우에는 아버지가 인출한 금전을 자녀에게 증여한 것으로 보아 자녀에게 증여세가 과세됩니다.

상담 3의 경우 '중도 인출금의 누적액이 1,000만 원 이상인 경우에도 보험금 지급조서를 제출하도록 하는 취지'는 중도금을 중도에 해약하거나 인출한 경우에도 보험금의 지급으로 보아 증여세 또는 상속세 과세 여부를 판단하기 위한 목적으로 판단됩니다.

현행 세법상 보험료를 본인이 중도에 인출하는 것은 형식상 문제가 없다. 하지만 인출한 보험료가 본인이 아닌 제3자(자녀 등)에게 흘러간다면 겉으로 드러나는 문제는 없으나 증여세 문제가 나타난다. 이 부분에 대해 과세 여부를 판단할 때에는 무상 대여인지 아니면 실질 증여인지를 둘러싸고 납세자와 과세 당국 간에 마찰이 발생할 가능성이 높다.

- **현금 증여에 해당하는 경우**

  현금에 대해 증여세가 과세된다.

- **무상으로 사용되는 경우**

  무상으로 대여한 금액이 1억 원 이상에 해당하는 경우 세법에서 정한 이자율(8.5%)만큼을 증여액으로 보아 증여세를 과세한다.

참고로 보험 세무에서 논란거리가 되는 항목이 하나 있었다. 그것은 다름 아닌 저축성보험계약을 변경하는 경우 증여세 과세 문제였다. 일반적으로 변액보험 같은 저축성보험은 가입 기간이 10년 이상이 되면 이자소득세를 한푼도 내지 않아도 된다. 따라서 이 상품은 기본적으로 금융소득 종합과세가 걱정되는 부유층이 가입하면 합법적으로 세금을 안 낼 수 있는 수단이 된다.

그런데 본인이 가입한 보험을 자녀를 위해 계약을 변경하는 경우가 있다. 이렇게 되면 두 가지 쟁점이 발생한다.

하나는 보험금을 수령할 때 보험금에 대해 증여세가 과세되는지, 다른 하나는 이자소득세 비과세는 어느 시점부터 적용되는지이다.

먼저 세법은 보험금을 수령하면 보험료 불입 비율에 따라 증여 금액을 결정한다. 만일 아버지와 자녀가 반반씩 보험료를 불입했다면 보험금 중 절반은 증여 금액에 해당한다. 다음으로 계약을 변경한 경우 이자소득세 비과세 기간은 계약 변경일로부터 따지는 것이 아니라 당초 가입일로부터 따진다(재소득−52, 2009. 1. 22). 따라서 그로부터 10년을 유지하면 계약 변경과 관계없이 비과세를 적용받을 수 있다. 다만, 2013년 2월 15일 이후에 가입한 보험은 계약변경일로부터 10년을 유지해야 비과세를 받을 수 있음에 유의해야 한다.

보험금 지급명세서에는 어떤 정보가 들어 있을까?

보험금 지급명세서를 대략적으로 살펴보면 다음과 같다.

보험금 지급명세서

보험의 종류	지급 보험 금액	지급 유형 ①	보험금 지급 사유 ②	보험 계약일	보험 사고 발생일 (중도 해지일)	보험금 수취인			보험 계약자 (보험료 불입자) ③		명의 변경 일자 ④
						성명	주민등 록번호	관계	성명	주민등 록번호	

① 연금, 정기금, 일시금으로 구분
② 사망, 만기 지급, 중도 해약, 기타로 구분
③ 사망으로 인한 보험금 지급의 경우에는 보험 계약자, 기타 보험사고로 인한 보험금 지급의 경우에는 보험료 불입자의 인적 사항을 기재함
④ 보험(해약환급)금 지급 시 명의변경된 경우 최종 명의변경 일자를 기재함

위의 명세서를 보면 만기나 중도 해약 등에 의한 보험금 지급 및 보험료 중도 인출 등에 관한 모든 기록이 국세청에 통보됨을 알 수 있다. 단, 보험금 수취인과 보험료 불입자가 같은 경우로서 보험금 지급액이 누적 1,000만 원 미만인 경우에는 통보되지 않는다.

매매를
증여로 보는
증여 추정 제도

아버지가 자녀에게 부동산을 매매할 수 있을까? 상식적으로 보면 이해가 되지 않지만 현행법으로는 불법이 아니다. 문제는 이런 거래 형식을 통해 세금을 줄이려는 시도가 많다는 데 있다. 세법에서는 이러한 거래 행위를 일종의 조세회피행위로 보아 거래 당사자가 유상 매매임을 입증하지 못하면 증여로 보고 증여세를 부과한다(증여 추정 제도). 이때 유상 매매는 대가 관계를 명확히 해야 인정된다.

그런데 어떤 사람들은 이 제도를 악용해 자녀에게 5억 원짜리 집을 1억 원에 판다. 그래서 과세 당국은 이러한 행위를 규제하기 위해 저가양도 등에 대한 증여 규정을 별도로 만들어 이익을 본 사람에게 증여세를 부과한다. 또한 싸게 판 사람에게는 부당행위계산부인 제도를 적용해 시가대로 양도소득세를 부과한다.

이해하기 쉽도록 예를 들어보자. 아버지가 5억 원짜리 주택을 자녀에게 1억 원에 판다고 하자.

① 아버지에 대한 세금 검토

일단 아버지가 자녀에게 양도하는 것인 만큼 부당행위계산부인 제도가 적용되는지 살펴보아야 한다. 사례는 특수 관계자 간의 거래를 통해 세금을 부당히 감소시키는 경우에 해당하여 이 제도를 적용받게 된다. 과세당국은 아버지에게 양도소득세를 다음과 같이 고쳐서 과세한다.

당초 양도세	수정 양도세
양도 가액 1억 원	양도 가액 5억 원
(−) 취득 가액 ×××	(−) 취득 가액 ×××
(=) 양도차익 1억 원 − ×××	(=) 양도차익 5억 원 − ×××

부당행위계산부인 제도는 당초 거래 금액을 시가로 고쳐 과세하는 제도다. 그런데 이 시가가 정당한지 아닌지를 둘러싸고 과세 당국과 마찰이 발생할 수 있다. 과세 당국이 양도일 전후 3개월 이내의 매매사례 가액으로 과세하려고 하기 때문이다. 매매사례 가액 제도는 이처럼 양도소득세에서도 적용되고 있다.

② 자녀에 대한 세금 검토

자녀는 이 거래를 통해 이익을 본 경우에 해당한다. 따라서 이익에 대해서는 증여세를 과세하는 것이 맞다. 단, 이익이 시가의 30% 또는 3억 원 이상이 되어야 하므로 이 부분을 먼저 따져야 한다. 이 조건을 충족해야 비로소 증여 추정 제도를 적용할 수 있기 때문이다.

이 사례에서 시가는 5억 원이며 이 금액의 70%는 3억 5,000만 원이므로 저가양도에 대한 증여 규정이 적용된다. 따라서 자녀가 받은 이익에 대해서는 증여세가 과세된다. 단, 현행법에서는 5억 원에서 1억 원을 차감한 4억 원에 대해 과세하는 것이 아니라, 4억 원에서 다음 중 적은 금액을 차감한 잔액에 대해 과세한다.

㉠ 시가의 30%{사례의 경우 1억 5,000만 원(5억 원×30%)}
㉡ 4억 원

따라서 증여세는 다음과 같이 과세된다.

증여 재산 가액 2억 5,000만 원(4억 원－1억 5,000만 원)
(－) 증여 공제 5,000만 원(위의 자녀가 성인인 경우)
(＝) 과세표준 2억 원
(×) 세율 20%(누진 공제 1,000만 원)
(＝) 산출 세액 3,000만 원

특수 관계자 간에 저가 매매를 하면 양도소득세와 증여세* 과세 문제가 발생한다. 그래서 납세자와 과세 당국 간에 마찰이 발생할 소지가 높다. 따라서 문제를 없애기 위해 사전에 시가의 70%(실무적으로 80%) 선에서 거래하는 것도 한 방법이다.

＊ 증여세는 특수 관계를 불문하고 과세될 수 있다.

일반인들이 실수하기 쉬운 사례들

1. 상속세와 증여세 신고는 기준 시가가 원칙이다?

상속세나 증여세는 원칙적으로 시가로 신고해야 한다. 시가에는 일정 기간(상속·증여 개시일 전 6개월(증여 3개월)부터 상속제·증여세 신고 시까지를 말함) 매매사례 가액이나 감정평가액 그리고 경매가격 등 유사 시가도 포함된다. 따라서 신고하기 전에 이러한 유사 시가가 있는지를 먼저 확인해야 한다. 이런 내용을 무시하고 대충 기준 시가로 신고했다가 시가 과세 문제로 상당한 어려움을 겪을 수도 있다.

2. 상속세와 증여세는 신고 시 확정된다?

상속세와 증여세는 관할 세무서에서 결정을 해야 신고의 확정 효력이 생긴다. 따라서 관할 세무서에서는 신고서 내용을 확인한 후 결정하게 된다.

3. 10년 누적 합산과세는 상속에만 있다?

상속 개시일로부터 소급하여 10년간(비상속인은 5년) 발생한 증여 금액은 상속 재산 가액에 합산된다. 따라서 상속이 10년을 벗어난 상태에서 발생하면 합산과세를 적용받지 않는다. 이렇게 되면 누진적인 세 부담을 회피하게 되므로 세법에서는 최종 증여일로부터 10년 이전에 동일한 증여자에게 받은 증여 금액을 합산하여 정산하도록 하고 있다. 따라서 합산과세는 상속세와 증여세에 각각 적용된다.

4. 상속 전 자금 추적은 2년만 한다?

아니다. 과세 당국은 일단 상속이 발생하면 상속 추정액을 발견하기 위해 2년 동안의 금융 자료를 조회한다. 그러나 재산 가액이 큰 경우에는 증여 재산이 있는지를 확인하기 위해 이 기간을 확대하여 5~10년 전의 것도 조회한다. 조회 대상은 피상속인과 상속인 모두가 해당한다.

5. 상속 및 증여에 대한 취득세의 과세표준은 시가를 기준으로 한다?

그렇지 않다. 상속세나 증여세를 신고할 때 매매사례 가액 같은 시가로 신고를 하더라도 취득세 등의 과세표준은 기준 시가로 해야 한다.

6. 취득세 대납분에는 증여세가 붙지 않는다?

자녀에게 부동산을 증여하는 경우 증여세와 취득세 등은 자녀가 부담해야 한다. 자녀가 부담해야 할 증여세와 취득세를 부모가 대신 부담한 경우에도 증여세가 추가로 부과되는 점에 유의하자.

7. 상속세와 증여세 산출 세액이 50만 원 미만이면 세금을 안 내도 된다?

산출 세액이 아닌 과세표준이 50만 원에 미만이어야 한다.

8. 재산평가액의 차이로 세금이 늘어나면 가산세를 부담해야 한다?

기준 시가로 신고가 된 상속 또는 증여 재산 가액을 과세 당국이 시가로 고쳐서 세금을 추징하는 경우가 있다. 이 경우에는 본세와 가산세가 부과되는데 가산세 중 신고불성실가산세는 부과가 되지 않는다. 재산평가액의 차이에 의한 부분에 대해서는 신고불성실가산세를 부과하지 않도록 하고 있다.

9. 상속등기를 하지 않아도 재산을 처분할 수 있다?

상속등기를 하지 않으면 소유권을 행사할 수 없다. 따라서 상속 재산을 처분하려면 반드시 소유권 이전 등기를 해야 한다. 참고로 상속등기가 되어 있지 않으면 세법은 균등 상속한 것으로 본다.

10. 상속등기의 원인이 증여나 매매로 되어 있으면 상속으로 처리할 수 없다?

오래전에 발생한 상속에 대한 등기를 하지 않고 있다가 등기 특별조치법에 의해 나중에 등기를 할 때 등기의 원인을 증여나 매매로 하는 경우가 있다. 그러나 이렇게 등기가 되었다 하더라도 실질은 상속이므로 상속 재산으로 보아 세금 처리를 한다.

11. 상속 · 증여 등기 후 재산 변동이 발생하더라도 세금 문제는 없다?

상속이나 증여 등기 후에 재산이 변동하면 변동된 내용에 따라 세금 문제가 추가된다. 예를 들어 상속세 신고 기한이 끝난 후 지분이 변동하면 증여세 문제가 발생한다. 또한 증여등기 후에 증여의 반환 등이 일어나는 경우에도 증여세 문제가 따라다닌다. 지분 변동이 일어나는 경우에는 반드시 세금 문제가 있으므로 이에 대해 주의할 필요가 있다.

12. 상속세 신고를 하지 않았다면 양도소득세 계산 시 취득 가액은 무조건 기준 시가로 한다?

상속세를 신고하지 않았다면 일반적으로 양도소득세를 계산할 때 취득 가액은 기준 시가가 될 것이다. 하지만 1985년 이전 상속분은 취득 가액을 환산할 수도 있고 상속 당시에 매매사례 가액 등이 있다면 그 가액으로 할 수도 있다.

13. 상속 재산을 받지 않으면 상속세를 내지 않아도 된다?

그렇지 않다. 상속세는 상속인들 간에 연대납세 의무를 부여하고 있으므로 상속 재산을 받지 않더라도 상속세를 내는 경우가 발생할 수 있다.

14. 상속 채무를 혼자 떠안으면 문제가 없다?

그렇지 않다. 법정지분을 초과하여 떠안은 상속 부채에 대해서는 증여 금액으로 보아 이익을 본 상속인에게 증여세를 부과한다.

15. 세금이 나오지 않으면 상속세와 증여세를 신고하지 않아도 된다?

그렇다. 하지만 상속세의 경우 미리 시가로 신고해 두면 향후 양도소득세를 줄일 수 있다. 그리고 상속세나 증여세 공통으로 신고된 자료를 가지고 자금출처를 소명할 때에도 해명 자료로 삼을 수 있다.

매사는 불여튼튼

무엇이든 물어보세요

현명한
재산 관리가
상속세를 줄인다

경기도 부천시에 거주하는 오지랖 씨는 부천 시내에 나대지를 보유하고 있는데 요즘 땅값이 급등하여 재산이 상당히 늘었다. 그런데 오 씨의 얼굴은 어둡기만 하다. 세금이 만만치 않기 때문이다. 물론 상속세를 말한다. 그렇다고 미리 증여를 하면 증여세도 만만치 않다. 오 씨는 어떻게 해야 상속세를 줄일 수 있을까?

오 씨처럼 세금 때문에 한숨을 쉬는 사람들이 많아지고 있다. 젊어서부터 일궈온 재산이 수십 배 늘어난 것은 좋지만 세금 때문에 재산을 온전히 지킬 수 있을지 걱정되기 때문이다.

예를 들어 오 씨의 땅은 그대로인데 땅값이 지금 100억 원이 된다고 하

자. 이 상태에서 오 씨가 사망하면 상속세만 30억 원에서 40억 원이 된다. 이 돈을 상속인들이 현금으로 내지 못하면 땅은 처분할 수밖에 없다. 그래서 상속세가 무섭다는 것이다. 그렇다면 오 씨는 어떻게 해야 상속세를 덜 내면서 재산을 지킬 수 있을까?

가장 좋은 것은 취득 시점부터 공동 명의를 해 두는 것이다. 만일 오 씨가 미리 재산을 배우자와 자녀 명의로 해 두었다면 지금처럼 큰 고민을 하지 않았을 것이다. 상속세는 돌아가신 분이 남긴 유산에 대해 나오기 때문에 배우자나 자녀 명의로 되어 있는 자산은 오 씨의 재산과 섞이지 않는다. 단, 부동산을 취득할 때는 자금출처 조사를 조심해야 한다.

그런데 오 씨처럼 단독명의로 재산을 보유하다가 재산이 불어난 경우에는 다음 방법 중 하나를 선택해야 한다.

먼저 증여를 조금씩이라도 할 필요가 있다. 부동산은 지분으로도 증여가 가능하다. 기준 시가로 신고할 수 있다면 10년 누적 합산과세가 되더라도 세금이 그리 크지 않을 것이다. 다음으로 증여가 여의치 않으면 상속을 통하여 재산을 이전할 수도 있다. 그런데 상속 재산이 시가로 평가되면 세금이 많이 나올 수 있으므로 기준 시가로 신고가 가능한지 알아보아야 한다. 만약 기준 시가로 신고했다면 상속 개시일로부터 6개월이 지난 후에 양도가 되어야 상속세가 증가하지 않는다. 물론 6개월 후에 처분할 때 취득 가액이 낮으므로 양도소득세가 많아질 수는 있다. 이런 점을 고려한다면 기준 시가 신고도 좋지 않을 수 있다. 그래서 그 대안으로 감정평가를 받아서 신고하는 방법을 추천한다.

일반적으로 재산을 처분하지 못해 세금을 걱정하는 경우 죽는 날까지 재산을 가지고 있겠다는 생각을 하고 있다. 하지만 재산을 마냥 깔고 앉아 있으면 상속세 문제로 머리가 아프게 된다. 그러므로 본인에 맞는 전략을 짜서 미리 대비할 필요가 있다.

상속세에 대한 대비는 나이와 재산 규모에 따라 내용이 달라진다. 50대 이하는 주로 자녀의 성장을 돕기 위해 소액 증여가 활발하다. 하지만 60대 이후는 재산을 지키는 것이 중요하므로 상속세를 예측해 가면서 사전에 적극적인 증여를 하는 것이 좋다. 이 나이 대에는 재산을 부동산보다는 현금과 예금 중심으로 가지고 있는 것이 바람직하다. 알다시피 부동산은 유동성이 떨어지나 현금은 그렇지 않기 때문이다.

TIP

상속세를 대비하는 사전 증여의 원리

상속세를 줄이기 위해서는 미리 상속세를 예측하고 그에 맞게 사전 증여를 실행할 필요가 있다. 이때 중요한 요소는 누구에게 얼마의 재산을 어떻게 이전할 것인가이다. 66쪽을 참조하자.

상속이 임박했을 때 증여를 받는 것이 좋은가?

서울 광진구 자양동에 거주하는 주황당(55세) 씨에게 최근 새로운 고민거리가 생겼다. 그의 아버지는 현재 병원생활을 하고 있는데 형제들이 아버지 생전에 재산을 서로 나누어야 문제가 없다고 빨리 나누자고 주장한다. 아버지의 재산은 10억 원 정도다. 정말 그렇게 해야 문제가 없을까?

이런 현상은 대한민국 곳곳에서 찾아볼 수 있다. 부모의 재산은 부모에게 처분 권한이 있기 때문에 생전에 받기를 원한다. 미리 정해 두지 않으면 상속 때 다툼이 발생할 가능성이 높다. 이런저런 이유를 들어 더 많은 지분을 확보하려는 과정에서 마찰이 일어나곤 한다.

주황당 씨 가족도 마찬가지다. 생전에 아버지가 정해 준다면 잡음이 발생하지 않기 때문에 이를 원하는 것이다. 그런데 이렇게 사전에 증여를 받게 되면 증여세가 나온다는 사실을 잊어서는 안 된다. 아버지의 재산을 성인 자녀가 증여를 받으면 증여세가 나온다. 이렇게 증여세를 낸 다음에는 상속이 발생하더라도 미리 납부한 증여세는 환급이 되지 않는다. 그래서 괜히 증여세만 납부하는 결과가 생길 수 있다.

참고로 사전에 증여받은 자산이 농지면 더욱 심사숙고해야 한다. 평생 농사를 지어 온 땅을 덥석 증여로 받게 되면 양도소득세 감면 혜택이 사라지기 때문이다.

세법은 8년 이상을 농지 소재지 등에 거주하면서 농사를 직접 지은 사람들에게는 당해 농지를 양도하더라도 세금을 100% 면제해 준다. 물론 1년간 2억 원까지만 감면한다. 그런데 농지를 소유한 분이 돌아가시면 어쩔 수 없이 상속을 받게 된다. 세법은 이렇게 부득이한 사유를 고려하여 상속인이 상속 개시일로부터 3년 이내에 농지를 양도하면 100% 양도소득세를 면제한다. 3년이 지났다면 그 이후 1년만 농사를 지어도 된다. 농지를 상속으로 받으면 이런 혜택이 있는데 증여를 받게 되면 이런 혜택이 없다는 사실에 주의해야 한다.

이제 앞으로 돌아가서 해결책을 생각해 보자. 일단 사전에 증여를 받게 되면 증여세를 내야 하므로 임종이 가까운 경우에는 가급적 증여를 삼가는 것이 좋다. 현실적으로 주황당 씨 가족은 상속을 통해 재산을 이전받는 것이 좋다.

그런데 여기서 재산 분배를 어떻게 할 것인지가 무척 중요하다. 이를 미리 대비해 두지 않으면 재산 분쟁이 발생할 수 있기 때문이다. 주황당

씨의 경우에는 미리 유언장을 남겨 각자의 몫을 정해 놓으면 분쟁을 예
방할 수 있다.

상속 개시일 전후에 주의해야 할 제도들

상속 개시일 전후에 주의해야 할 제도들을 요약하면 다음과 같다. 자세한 것은 본
문을 통해 확인하기 바란다.

- 상속 개시 전 6개월 : 매매사례 가액 적용(동일 및 유사 재산)
- 상속 개시 전 1년 또는 2년 : 상속 추정 제도
- 상속 개시 전 5년 또는 10년 : 합산과세(5년은 비상속인)
- 상속 개시 전 10년 : 금융 자료 추적(고액 상속 재산)
- 상속 개시 후 6개월 : 매매사례 가액 적용(유사 재산은 신고 시까지 적용)
- 상속 개시 후 5년 : 고액 상속 재산 사후 관리
- 상속 개시 후 15년 : 국세부과 제척기간(은닉 금액이 50억 원 초과 시는 평생)

자녀에게
증여할 때 증여세를
피할 수 있는가?

부산광역시에 거주하는 옥수수 씨는 자녀에게 증여하려고 한다. 문제는 자녀에게 증여하면 증여세가 나온다고 하는데 어떻게 하면 이를 피할 수 있는지 궁금하다. 참고로 옥 씨는 현재 60세로 상속세와는 거리가 먼 재산을 보유하고 있다.

자녀가 미성년자인지 성인인지에 따라 대응 방법이 달라진다.

먼저 자녀가 성인인지 경우를 살펴보면, 소득 능력이 있느냐 없느냐에 따라 증여 방법이 달라진다. 소득이 있다면 자력으로 재산 취득 자금 등을 입증할 수 있기 때문에 자금출처 조사 등을 받을 가능성이 적다. 하지만 소득이 없는 자녀의 경우에는 이를 받을 가능성이 높다. 따라서 소득이 없는 자녀가 부동산을 취득하는 것은 매우 힘들 수 있다. 단, 소액이거나 전세 보증금 등을 활용한다면 취득이 불가능한 것도 아니다.

다음으로 미성년자에 대한 증여 요령이다. 미성년자에 대한 증여 공제는 10년간 2,000만 원이다. 이렇게 공제 금액이 소액이다 보니 미성년 자녀에 대해서는 청약 상품이나 펀드, 보험같이 매월 소액으로 불입하는 상품이 주요 증여 수단이 되고 있다. 이러한 상품에 가입한 경우 증여세 신고를 해야 하는지가 관심 사항이다.

만일 원금이 비과세 한도 내라면 굳이 신고하지 않아도 된다. 단, 기대수익이 클 것으로 예상되거나 자금출처원을 만들어 두고자 미리 신고해 두는 것이 좋다. 신고했다면 증여받은 원금에서 발생한 수익에 대해서는 문제가 발생하지 않기 때문이다. 그러나 신고하지 않더라도 운용 수익을 학자금이나 생활비 등에 사용했다면 문제를 비켜 갈 수 있다. 부모가 자녀를 위해 가입한 보험은 보험료를 불입할 때가 아니라 '보험사고가 발생한 때(만기 포함)'가 증여 시기가 된다는 사실에 유의해야 한다.

참고로 자녀를 위한 유학자금이나 생활비가 증여세 과세에서 제외되는 이유는 이러한 자금에 대해 증여세를 과세하는 것이 사실상 불가능하므로 과세에서 제외하고 있다. 다만, 생활비 등의 명목으로 취득한 재산의 경우에도 당해 재산을 예·적금하거나 전세자금, 주택 등의 매입자금 등으로 사용하는 경우에는 증여세가 비과세되는 생활비로 보지 않는다.

한편 축의금이나 조의금 등에 대한 과세 문제도 한번 살펴보자. 세법은 본인이 회사 동료나 친구 등으로부터 받은 축의금 또는 조의금이 본인에게 귀속되면 증여세를 부과하지 않는다. 물론 사회통념상 인정되는 금액이어야 한다. 하지만 부모님에게 귀속되는 축의금이나 조의금을 자녀가 증여받거나 사용한 경우에는 해당 금액을 부모로부터 증여받은 것으로 보아 증여세가 부과될 수 있음에 주의해야 한다.

> **TIP**
>
> ## 소득 능력이 없는 자녀에게 부동산 증여 시 주의할 점
>
> - 소득 능력이 없는 자녀가 증여를 받을 때에는 취득세와 증여세 등에 대해서도 증여세가 부과될 수 있다.
> - 부채와 함께 증여하면 향후 부채 상환금액에 대해 조사가 진행된다. 따라서 부채 상환에 대한 소명이 제대로 이루어지지 않으면 증여세가 추징될 수 있다.

남의 명의를
내 명의로
바꾸는 방법

경기도 수원시에 거주하는 순진해(40세) 씨는 요즘 골머리를 앓고 있다. 3년 전에 순진해 씨 명의로 언니가 주택을 한 채 샀는데 이것 때문에 본인의 주택이 비과세를 받을 수 없다고 한다. 그래서 고민 끝에 언니에게 주택을 가져가라고 말을 꺼냈다.

하지만 언니 또한 세금 때문에 이러지도 저러지도 못하고 있다. 어떻게 해야 이 문제를 해결할 수 있을까?

이런저런 이유로 명의가 제대로 되어 있지 않은 경우가 많다. 세금을 회피하기 위해서든, 혹은 부도에 대비하기 위해서든지 등 여러 이유 때문에 다른 사람 명의로 재산을 취득하곤 한다.

그러나 명의신탁은 현행법에서 처벌 대상이 된다. 징역형도 가능하고 과징금도 30% 붙는다. 하지만 현실적으로 이렇게 처벌을 받은 사람은 거의 없다. 명의신탁인지 아닌지 가려내는 것이 매우 힘들기 때문이다.

하지만 순진해 씨의 사례처럼 명의신탁으로 인해 세금 관계가 복잡해지는 경우가 있다. 좀 더 자세히 살펴보자.

먼저 순진해 씨의 세금 관계를 보자. 일반적으로 대한민국에서 1세대가 집 한 채를 가지고 있으면 양도소득세는 없다. 물론 비과세 요건을 갖추어야 한다. 그런데 문제는 순진해 씨가 언니의 주택을 보유함으로써 외관상 2주택이 되어 비과세 혜택을 받을 수 없다는 점이다.

다음으로 순진해 씨의 언니 입장에서 세금 관계를 파악해 보자.

순 씨의 언니가 그 집을 가져오는 방법은 몇 가지가 있다. 증여를 통해 받을 수도 있고 매매를 통해 받을 수도 있다. 물론 여기서 매매는 본인이 직접 매수자가 될 수도 있고 아니면 제3자에게 처분한 후 매매대금을 회수할 수도 있다. 문제는 이렇게 저렇게 해도 세금이 나온다는 것이다. 그렇다면 어떤 식으로 정리하면 좋을까?

일단 순진해 씨가 언니의 주택으로 인해 불이익을 받을 수 있으므로 이 부분을 잘 조율해야 한다. 예를 들어 비과세를 받으면 양도 가액 전체가 순진해 씨 몫이지만 세금이 나오면 그만큼 현금흐름이 줄어든다. 따라서 이 줄어든 현금을 언니한테 청구하는 식이 된다.

그리고 만일 순진해 씨 언니의 주택을 먼저 이전하는 경우에는 매매와 증여 방법 중 유리한 쪽을 선택하는 것이 좋다.

성유리 씨는 곧 결혼식을 앞두고 있다. 집을 살까 전세로 들어갈까 고민한 끝에 집을 사기로 했다. 그런데 대출을 받아 집을 사려고 하니 아버지가 돈을 주시겠다고 한다. 본인 돈이 안 들어가니 기분은 좋지만 증여세 때문에 상당히 신경이 쓰인다. 그래서 차용증을 쓰고 아버지로부터 계좌 이체를 받은 다음 그 돈을 매도인에게 주기로 했다. 증여받을 금액은 약 2억 원 정도다.

성 씨는 별 문제없이 넘어갈 수 있을까?

현실적으로 이러한 행위가 자주 일어난다. 현금거래나 자금이체 거래는 은밀히 할 수 있으므로 과세 당국에 걸릴 확률이 거의 없어서 증여세 신고를 하지 않는 것이 일반적이다. 문제는 그럼에도 불구하고 증여 당사자들은 자금출처 조사에 전전긍긍한다는 것이다. 즉 조사를 받을 확률이 조금이라도 있으면 이에 사로잡혀 대책을 강구하기 바쁘다는 것이다. 그래서 생각하는 것이 바로 차용증이다.

차용증은 돈을 빌렸다는 것을 입증하는 문서에 해당한다. 이런 차용증은 대개 제3자 간에 작성되지만 가족 간에도 인정되는 것이 원칙이다. 문제는 실질은 증여인데도 차용증으로 이를 숨기는 경우가 있다는 것이다. 특히 정치권에서 많이 볼 수 있는데, 과세 당국의 고민은 바로 여기에 있다.

과세 당국은 이 문제를 해결하기 위해 특수 관계자 간에 작성된 차용증은 원칙적으로 인정하지 않고 있다. 그런데 가족 간에도 돈은 빌려 쓸 수 있다. 그래서 가족 간의 차입거래를 무조건 부인할 수도 없는 입장이어서 차용증에 구체적으로 이자율이나 차입금 상환 방법 등을 기록하고 그에 따른 자금 거래가 일치하면 이를 인정하고 있다.

예를 들어 돈을 빌린 날짜에 돈이 제대로 수수되고 이자를 지급하기로 한 날에 이자가 꼬박꼬박 지급되는 등 자금 거래가 입증된다면 부채 거래를 인정한다는 것이다.

어떤 사람들은 차용증을 변호사 사무실에서 공증을 받아 두기도 하는데, 이렇게 되면 법적 다툼이 있을 때 유리하기 때문이다.

참고로 개인 간의 이자에 대해서는 25%(지방소득세를 합하면 27.5%)를 원천징수한다. 100만 원을 지급하기로 하였다면 27만 5,000원이 원천징수 되는 금액이다. 상당히 높은 세금을 물어야 한다. 그래서 무이자로 빌려 주는 경우도 있다. 세법은 이런 무상 대여 금액이 1억 원 이상이 되면 연간 8.5%의 이자율에 해당하는 금액을 증여 금액으로 본다. 1억 원이면 연간 850만 원의 증여 금액이 발생할 수 있다. 하지만 이 정도의 금액으로는 당장 증여세 문제는 없다. 성인인 자녀는 5,000만 원까지 증여세가 부과되지 않기 때문이다.

가족 간 금융거래 대비법

가족 간의 금융거래는 자칫 증여로 볼 가능성이 높다. 따라서 가급적 불필요한 자금 거래는 하지 않는 것이 중요하다. 불가피하게 자금 거래를 해야 하는 상황이라면 앞에서 본 것처럼 차용증(공증 포함)을 제대로 구비해 두는 것이 좋다.

장학재단을
설립하면
좋은 점

서울 중구 신당동에서 사는 최충전 씨는 본인의 재산을 자녀에게 물려주지 않고 사회에 환원하려고 한다. 물론 장학재단을 만들어서 말이다. 만일 최 씨가 자신의 모든 재산을 장학재단에 증여하거나 아니면 유증을 통해 출연하면 증여세나 상속세가 나올까?

상식적으로 보건대 이런 경우에는 세금을 거둬서는 안 된다. 그런데 자칫 좋은 일을 하는데도 세금이 나올 수 있다. 재단을 설립한 출연 가족들이 관련 재산을 마음대로 사용하는 것을 방지하기 위해 세법이 여러 규정을 정해 놓았기 때문이다. 그래서 이러한 제도를 이용하려면 사전에 세무 전문가와 함께하는 것도 좋은 방법이다.

참고로 당해 공익법인이 재산을 무상으로 출연받은 경우로서 그 출연받은 재산을 출연받은 날로부터 3년 이내에 직접 공익 목적 사업(직접 공익 목적 사업에 충당하기 위하여 수익용 또는 수익 사업용으로 운용하는 경우를 포함)에 사용하는 경우에는 상속세 및 증여세법 제48조의 규정에 의하여 증여세가 과세되지 않는다. 또한 상속 재산 중 피상속인 또는 상속인이 종교·자선·학술 기타 공익을 목적으로 하는 사업을 영위하는 자에게 출연한 재산 가액에 대해서는 제67조의 규정에 의한 신고 기한(상속받은 재산을 출연하여 공익법인 등을 설립하는 경우로서 부득이한 사유가 있는 경우에는 그 사유가 종료된 날이 속하는 달의 말일부터 6개월을 말함) 이내에 출연한 경우에 한하여 상속세 과세 가액에 산입하지 않는다.

TIP

비영리법인의 과다 인건비 제한

2012년부터 비영리법인이 인건비를 지출할 때 세법에서 정하는 임직원 총 인건비(8천만 원)를 초과하는 경우에는 이에 대한 비용을 공익목적사용으로 보지 않는다(다만, 사전에 주무관청에서 인건비에 대한 승인을 받거나 고유목적사업준비금을 계상하지 않는 방법을 선택하면 이러한 규제를 적용받지 않는다. 저자 문의). 그 결과 운용소득의 공익목적에 미사용에 따른 가산세를 부과받고 기부금단체에 대한 지정이 취소될 수도 있다. 이는 비영리법인 경영의 투명성을 제고하고 변칙적인 상속·증여를 방지하기 위해 도입되었다.

시가와 기준 시가 차이가 많이 나는 토지일 때 신고법

서울 서대문구에 거주하는 송상무 씨가 보유한 땅은 400평이 되는데 평당 기준 시가는 200만 원밖에 되지 않는다. 그런데 시가는 놀랍게도 기준 시가의 10배인 2,000만 원이라고 한다. 기준 시가로 하면 8억 원 정도, 시가로 하면 80억 원 정도가 된다.

기준 시가와 시가의 차이가 심한 이유를 떠나서 송 씨는 그저 혼란스럽다. 지금 이 땅을 증여한다면 세금이 얼마나 부과될지 고민이 많다. 시가로 신고하면 세금은 어마어마하겠지만 기준 시가로 신고가 가능하다면 그렇지 않을 수도 있다.

송 씨는 어떻게 해야 이 문제를 제대로 해결할 수 있을까?

실무에서는 시세와 기준 시가의 차이가 상당한 부동산을 종종 본다. 상가의 부속 토지, 농지, 임야 등이 특히 그렇다. 그런데 시세와 기준 시가의 차이가 심하면 신고 시 평가 기준을 어디에 두어야 할지 혼란스럽다. 왜냐하면 기준 시가로 신고하면 과세 당국은 시가 과세를 위해 이것저것 따지기 때문이다.

하지만 상가나 토지 등의 경우 시가를 매매사례 가액으로 파악하는 것은 상당히 어렵다. 매매사례 가액이 거의 존재하지 않기 때문이다. 그래서 현실은 스스로 감정평가를 하지 않는 이상 법에서 정하는 기준 시가로 신고할 수밖에 없고 실제로도 기준 시가로 신고하는 경우가 일반적이다(단, 상가는 임대보증금 등으로도 평가를 해야 한다).

그러나 기준 시가 신고가 꼭 좋다는 보장이 없다. 왜냐하면 향후 처분할 때에는 양도소득세를 내야 하는데 이때 취득 가액이 기준 시가로 정해지기 때문이다. 따라서 상가나 토지 등을 증여하고자 하는 경우에는 처분 시기를 살펴 감정평가를 할 것인지 또는 기준 시가로 할 것인지를 정할 필요가 있다.

참고로 직계존비속이나 배우자로부터 증여를 받은 후 5년 이내에 양도하는 경우에는 이월과세 제도가 적용된다는 점에 주의해야 한다. 이 제도는 증여받은 후 5년 이내에 양도하면 당초 증여자의 취득 가액을 기준으로 양도소득세를 계산하는 제도를 말한다. 단, 증여받은 자가 내는 증여세와 양도소득세의 합계액이 이월과세를 적용하여 나온 양도소득세보다 더 많으면 이 제도가 적용되지 않는다.

골동품, 골프 회원권,
미술품, 자동차에도
세금이 붙을까?

골동품의 경우 세원 관리가 마련되지 않아 시세를 파악하기 어렵다. 그래서 부자들의 단골 편법 증여 수단으로 자리를 잡은 것 같다. 예를 들어 아버지가 아들에게 시가 3억 원 상당의 골동품을 물려준다 해도 이를 아들이 현금화하지 않는다면 증여세를 매길 수 없는 것이 현실이다. 그리고 증여받은 아들이 몇 년이 지나 현금화한다고 해도 과세 당국이 이를 적발하기란 거의 불가능에 가깝다. 그림이나 서예 작품 역시 마찬가지다. 더욱이 거액의 자산가일수록 골동품, 그림 등 고가 예술품을 '취미' 삼아 수집하는 경우가 늘면서 고가 예술품 증여 또한 갈수록 느는 추세다.

이 밖에도 과세망에 포착이 잘 안 되는 금이나 자동차, 기타 묻지마 채권이나 CD(양도성 예금증서), 비상장회사의 주식을 저가로 양도하는 경우도 은밀히 이루어지고 있다. 또 자녀 명의로 채권을 구입해 주고 이자소득에 대해 10년 장기채권 분리과세를 신청한 후 10년 뒤에 자녀가 상환받을 수 있도록 처리하는 경우도 있다.

이러한 편법 증여 등을 방지하기 위해 2013년부터는 미술품과 골동품에서 발생하는 소득을 기타소득에 편입시켜 기타소득세를 부과한다. 이에 대한 세원이 지속적으로 관리되므로 편법적인 부의 이동을 일부 차단하는 결과를 가져올 것이다.

골동품 · 미술품 소득세 과세

2013년부터는 골동품이나 미술품 등에서 발생한 소득을 다음과 같이 기타소득으로 과세할 예정이다.

• 기타소득 : (양도 가액 − 필요경비) × 원천징수 세율 20%

여기서 필요경비는 미술품 등의 실제 취득 가액을 말하나, 취득 가액이 불분명한 경우에는 보유기간이 10년 미만은 양도 가액의 80%, 10년 이상은 90%를 인정한다. 보유기간이 5년 된 미술품을 7,000만 원에 양도한다고 하자. 이 미술품의 취득 가액은 입증할 수 없는 상태다. 이 경우 미술품 구입자는 다음의 금액을 지급 금액에서 공제한 후 정부와 지자체에 납부해야 한다.

• (양도 가액 − 필요경비) × 20% = (7,000만 원 − 7,000만 원 × 80%) × 20%* = 280만 원

미술품은 점당 양도 가액 6,000만 원 이상인 회화, 데생, 파스텔 및 콜라주, 오리지널 판화 등과, 제작 후 100년이 초과된 골동품에 대해 과세가 된다. 그러나 양도일 현재 생존해 있는 국내 원작자의 작품은 과세 대상에서 제외된다.

＊ 지방소득세 10% 포함 시 원천징수 세율은 22%가 되며 이 경우 원천징수 세액은 308만 원이 된다.

부친 명의의 토지를
무상 사용할 때
세금을 내야 하나?

기준 시가가 5억 원이고 월 임대소득이 1,000만 원인 상가가 있다. 그런데 건물은 본인 소유지만 그 토지(공시지가 10억 원)는 부친 명의로 돼 있다. 이 경우 증여세를 내야 한다고 하는데 어떻게 대비해야 하나?

특수 관계자로부터 부동산을 무상으로 빌려 사용하면 무상 이익에 대해 증여세가 부과된다. 또한 무상으로 빌려 준 사람에게는 무상으로 사용케 한 금액을 수입으로 보아 소득세를 부과한다.

따라서 특수 관계자 간의 무상 임대차 계약은 이런 세금 문제가 있으므로 사전에 이를 예방할 수 있어야 한다. 예를 들어 증여세 등을 피하기 위해서는 정식으로 임대차 계약을 맺는 것이 좋다. 세법에서 임대료는 통상 개별 공시지가의 2%를 요구하고 있으므로 월 166만 원* 정도가 예상된다. 이렇게 정상적으로 임대료를 주고받으면 무상 사용하는 것이 아니므로 증여세 문제를 피할 수 있다. 참고로 특수관계자간의 무상임대에 대해서 부가가치세를 과세하고 있다.

* 실무적으로는 다음과 같이 계산한다.

$$\text{부동산 무상 사용 이익} = \sum_{1}^{5} \frac{\text{각 연도 부동산 무상 사용 이익}^{*1}}{(1+\text{이자율})^{n}}\,{}^{*2}$$

*1 각 연도 부동산 무상 사용이익 : 부동산 가액(상속세 및 증여세법상 평가액) × 2%
*2 n : 5년을 기준으로 함(무상 사용기간이 5년 미만인 경우에는 경정청구하여 증여세를 환급받을 수 있음)

TIP

2주택자가 주택의 건물 부분만 증여하여 비과세를 받는다?

어떤 사람이 단독주택과 아파트를 보유하고 있는데 아파트를 먼저 양도하면 양도소득세가 나온다고 한다. 이러한 상황에서 단독주택 중 토지를 제외한 건물 부분을 세대가 분리된 자녀 등에게 증여한 후 아파트를 양도하면 비과세를 받을 수 있을까? 일단 주택 중 건물 부분을 증여했으니 이 사람은 아파트 한 채와 한 필지의 토지를 보유하게 되는 셈이 된다. 따라서 외관상 1세대 1주택자에 해당되어 비과세를 받는 데는 법적으로 문제가 없어 보인다. 그러나 이러한 행위는 자칫 조세회피 행위에 해당되어 불이익을 받을 가능성이 높다.

달라진
연금보험의
평가 방법

서울 성북구 성북동에 사는 마행운 씨는 아버지가 계약자이고 수익자인 연금보험을 들어 놓았다. 피보험자는 마행운 씨다. 만일 아버지가 사망한다면 이 연금보험도 상속 재산에 포함될 것 같은데 이 상품은 어떻게 평가되는지 궁금하다.

상속이나 증여 재산 중 연금상품이 있는 경우에는 재산평가법이 다소 까다롭다. 연금을 수령하는 기간이 계약 내용에 따라 다르기 때문이다. 예를 들어 연금상품이라도 상속이 발생하면 일시금으로 정산할 수도 있고 상속인이 승계하여 연금을 계속 수령할 수도 있다. 그런데 상속인이 일시금으로 받거나 기간을 정해 연금을 받는 경우라면 이를 평가하는 데 큰 문제가 없으나, 연금 수령 기간이 정해지지 않은 상품이라면 평가하는데 어려움을 겪을 가능성이 높다. 그래서 세법은 이러한 문제점을 해결하고자 정기금(연금)에 대한 평가 방법을 다음과 같이 정하고 있다.

• 수급 기간이 정해져 있는 상품(유기 정기금)

연금 수령 기간이 10년 또는 20년으로 정해져 있는 상품의 경우 해당 기간에 받을 금액을 6.5%로 할인하여 평가한다. 단, 정기금을 할인한 금액은 1년분 정기 금액의 20배(한도)를 초과할 수 없다.

• 수급 기간이 정해져 있지 않은 상품(무기 정기금)

무기 정기금의 경우 1년분 정기 금액의 20배를 평가 금액으로 한다. 예를 들어 기한이 정해져 있지 않은 연금보험에서 1년분 정기 금액이 1,000만 원이라면 이 금액에 20을 곱해 2억 원으로 평가한다는 것이다(무기 정기금은 할인을 하지 않으므로 평가액이 유기 정기금에 비해 클 수 있음).

• 종신까지 연금이 나오는 상품(종신 정기금)

죽을 때까지 연금이 나오는 상품에 대해서는 각 연도에 받을 금액을 국세청이 정하는 할인율(6.5%로 고시)로 할인하여 재산을 평가한다. 단, 할인을 위해서는 수급 기간을 정할 필요가 있는데 지금까지는 수급 기간을 75세까지를 기준으로 했으나, 2011년부터는 통계청이 매년 발표하는 기대수명까지를 기준으로 한다. 현재 기대수명이 75세를 넘어섰으므로 상속 재산이나 증여 재산의 평가 가액이 증가하게 된다.

이제 마행운 씨의 사례를 해결해 보자.

일반적으로 시중에 나와 있는 연금보험은 본인이나 자녀 등의 종신이나 확정 기간 동안 또는 상속 때 보험금을 받을 수 있도록 설계되어 있다. 사례의 경우 상속 연금에 해당하는데 이는 평소에는 보험 계약자가 연금을 수령하나 보험 계약자가 사망한 경우 연금을 상속인에게 상속하는 상품을 말한다. 그렇다면 이러한 상속 연금보험은 어떻게 재산평가를 할까? 일단 연금보험은 피상속인을 기준으로 평가하는 것이 아니라 상속인이 어떤 식으로 연금을 수령하느냐에 따라 평가 방법을 달리한다.

사례의 마행운 씨가 아버지 사망 후에 일정 기간 동안 연금으로 계속하여 지급받을 경우에는 그 지급 기간에 따라 유기 정기금의 방법으로, 수익자로 지정된 마 씨가 죽을 때까지가 지급 조건인 경우에는 종신 정기금의 방법으로, 일시금으로 지급받을 경우에는 그 지급받은 일시금을 상속 재산 가액에 포함한다.

보험회사의 연금보험 마케팅 원리

계약자와 피보험자 그리고 보험 수익자를 자녀로 하는 종신연금보험에 대한 계약을 체결하고 아버지가 5억 원의 보험료를 일시에 불입했다고 하자. 연금 지급은 20년 뒤에 시작된다. 이러한 상황에서 어떤 세금 문제가 있는지 순차적으로 살펴보자.

첫째, 당장 어떠한 세금 문제도 발생하지 않는다. 보험의 경우 보험료를 납입한 날짜가 증여 시기가 아니라 보험사고가 발생한 날이 증여 시기가 되기 때문이다. 따라서 사례의 경우 증여 시기는 20년 뒤가 되며 그 이전에는 증여세가 부과되지 않는다(현행 세법이 불완전하기 때문에 이러한 현상이 발생함).

둘째, 20년 뒤 연금을 지급받는 시점에서 증여세를 신고해야 한다. 물론 세법 적용은 그 당시의 법률에 의한다.

셋째, 증여세 신고 시 증여 재산 가액은 앞의 정기금에 관한 평가 방법을 사용하는데 사례의 경우 종신연금이므로 1년분의 정기 금액에 기대수명을 곱해 계산한 후 국세청이 고시한 할인율(현재는 6.5%)로 할인하여 평가한다. 그 결과 기대수명을 벗어난 부분은 증여 재산 가액에 포함되지 않는다(이로 인한 절세 효과를 기대할 수 있다).

그동안 위와 같은 논리에 의해서 종신연금보험에 대한 마케팅이 활발하게 전개되었다. 하지만 최근 정부는 2011년부터 종신연금의 재산평가 기준을 75세에서 통계청이 매년 발표하는 기대수명을 기준으로 변경하였다. 이렇게 함으로써 그동안 75세 이후의 연금 수령분이 상속세나 증여세 과세에서 제외되던 것이 일부 과세되어 절세 효과가 축소될 것으로 보인다. 또한 최근에는 거액의 보험료를 일시납한 후 자녀명의로 계약을 변경하면 계약변경일을 증여시기로 하여 증여세를 과세하고 있는 등 보험에 대한 과세가 강화되고 있으므로 이에 유의해야 한다.